内定獲得のメソッド

業界＆職種研究ガイド

自分に合った仕事は何だろう？

マイナビ

就職活動の第一歩は業界＆職種研究！

○×大学のカフェテリア内
就活へGO!!!
今週末 一緒に買い物に行かない?
○×大学3年 A君
いいよ 新色のリップが欲しいから付き合うよ
○×大学3年 Bさん
あ おれダメ 今週末は業界研究するんだ
ふ
○×大学3年 C君
えっ!? もう やってるんだ
受けたい企業 決まってるの?
IT系!
これからはIT系だよ フフッ ここ一本に絞って受けるんだ
どや!
おれ何も決めてねーや
私はバクゼンと化粧品業界 でも それから どーすれば…
フフフ 君たち悩んでるね
ふ
ヌッ
一体 何を どーすればいいの!?
岡先生!
ジョブアナリスト 岡茂信
就活に悩んだらキャリアセンターに行くんだよって言ってるのに
君たち全然行ってないでしょ
すみませ～ん
よし! まずはA君
ビシッ
キミは はじめの一歩を 迷ってるんだね

就活って いっても 何から 手をつけて いいか…
先生！ おれはもう 決まってるから 心配ご無用です！
チッチッチッ
それは非常に キケンだね
就職活動には 広〜い視野が 必要なんだ
社会のさまざまな 仕事を知ることも 大事だよ
第一 ソコ落ちたら どーすんの？
う
根拠のない 自信と視野の 狭さに要注意！
さてBさんは 興味のある業界はあるけど 就活の進め方がわからない！
化粧品業界… なんですけど
何からどう手を つけていいのか…
みんな就活を 難しく考え過ぎて いるようだね
そんなときは…
A君のコーヒー！！
C君の スマート フォン！
Bさんの リップ！
就活は 君たちが 何気なく使っている モノからだって 始められるんだ
次のページへ GO！

「コーヒー」から見る業界の仕組み

コーヒーを提供するまでにかかわっているのは、コーヒーメーカーやカフェだけではありません。原材料である豆を輸入する商社や、豆を加工する機械をつくる機械メーカーなど、コーヒーがＡ君のもとに届くまでに、多くの人や業界がかかわっているのです。

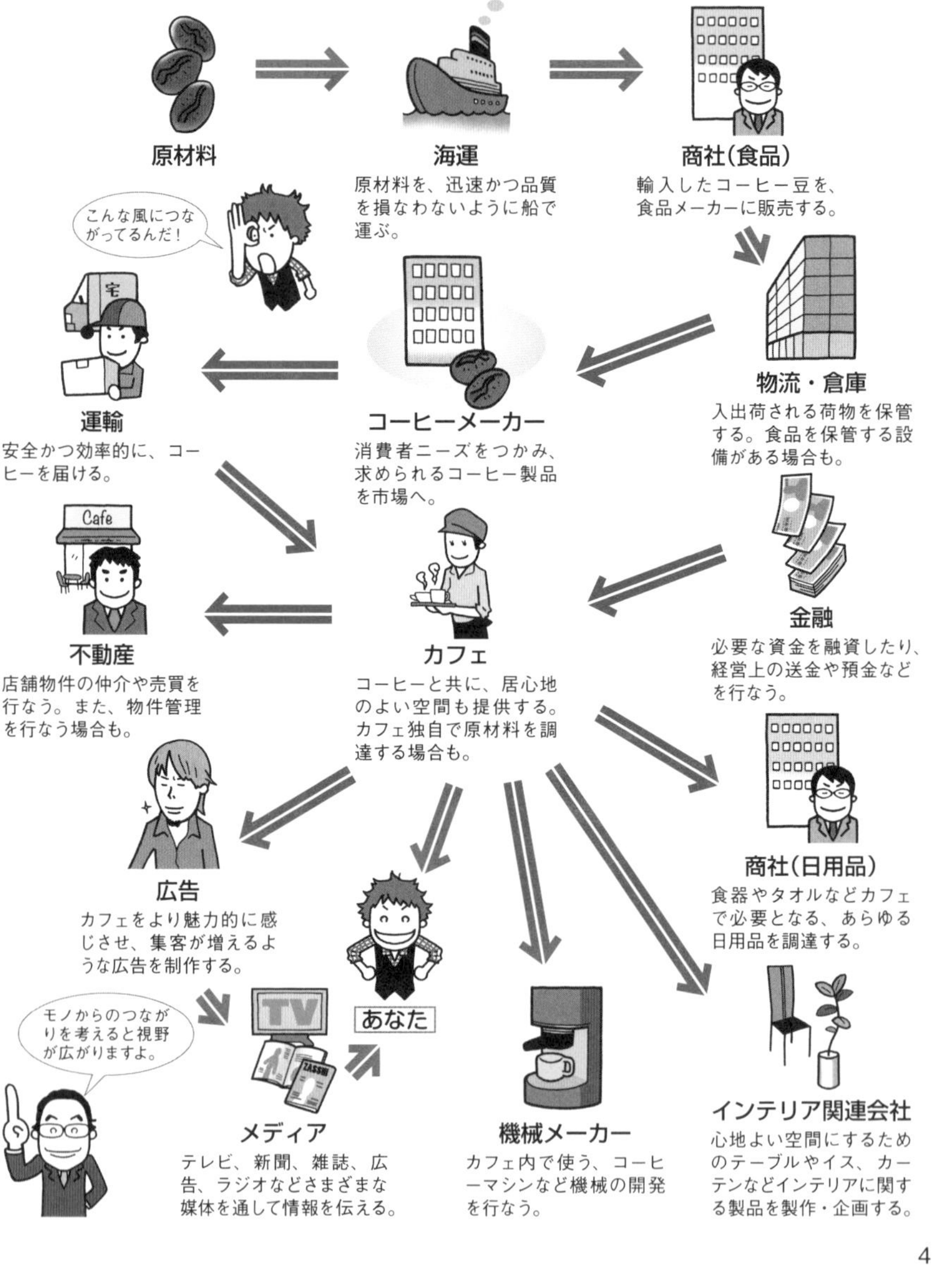

原材料
海運
原材料を、迅速かつ品質を損なわないように船で運ぶ。
商社(食品)
輸入したコーヒー豆を、食品メーカーに販売する。
こんな風につながってるんだ！
物流・倉庫
入出荷される荷物を保管する。食品を保管する設備がある場合も。
コーヒーメーカー
消費者ニーズをつかみ、求められるコーヒー製品を市場へ。
運輸
安全かつ効率的に、コーヒーを届ける。
宅
Cafe
不動産
店舗物件の仲介や売買を行なう。また、物件管理を行なう場合も。
カフェ
コーヒーと共に、居心地のよい空間も提供する。カフェ独自で原材料を調達する場合も。
金融
必要な資金を融資したり、経営上の送金や預金などを行なう。
商社(日用品)
食器やタオルなどカフェで必要となる、あらゆる日用品を調達する。
広告
カフェをより魅力的に感じさせ、集客が増えるような広告を制作する。
あなた
モノからのつながりを考えると視野が広がりますよ。
TV
ZASSHI
メディア
テレビ、新聞、雑誌、広告、ラジオなどさまざまな媒体を通して情報を伝える。
機械メーカー
カフェ内で使う、コーヒーマシンなど機械の開発を行なう。
インテリア関連会社
心地よい空間にするためのテーブルやイス、カーテンなどインテリアに関する製品を製作・企画する。

「化粧品」から見る業界の仕組み

化粧品がBさんのもとに届くまでにかかわっているのは、百貨店や化粧品メーカーだけではありません。あらゆる製品に印刷する技術を提供する印刷会社や、買い物が便利なインターネット通販など、多くの人や業界がかかわっているのです。

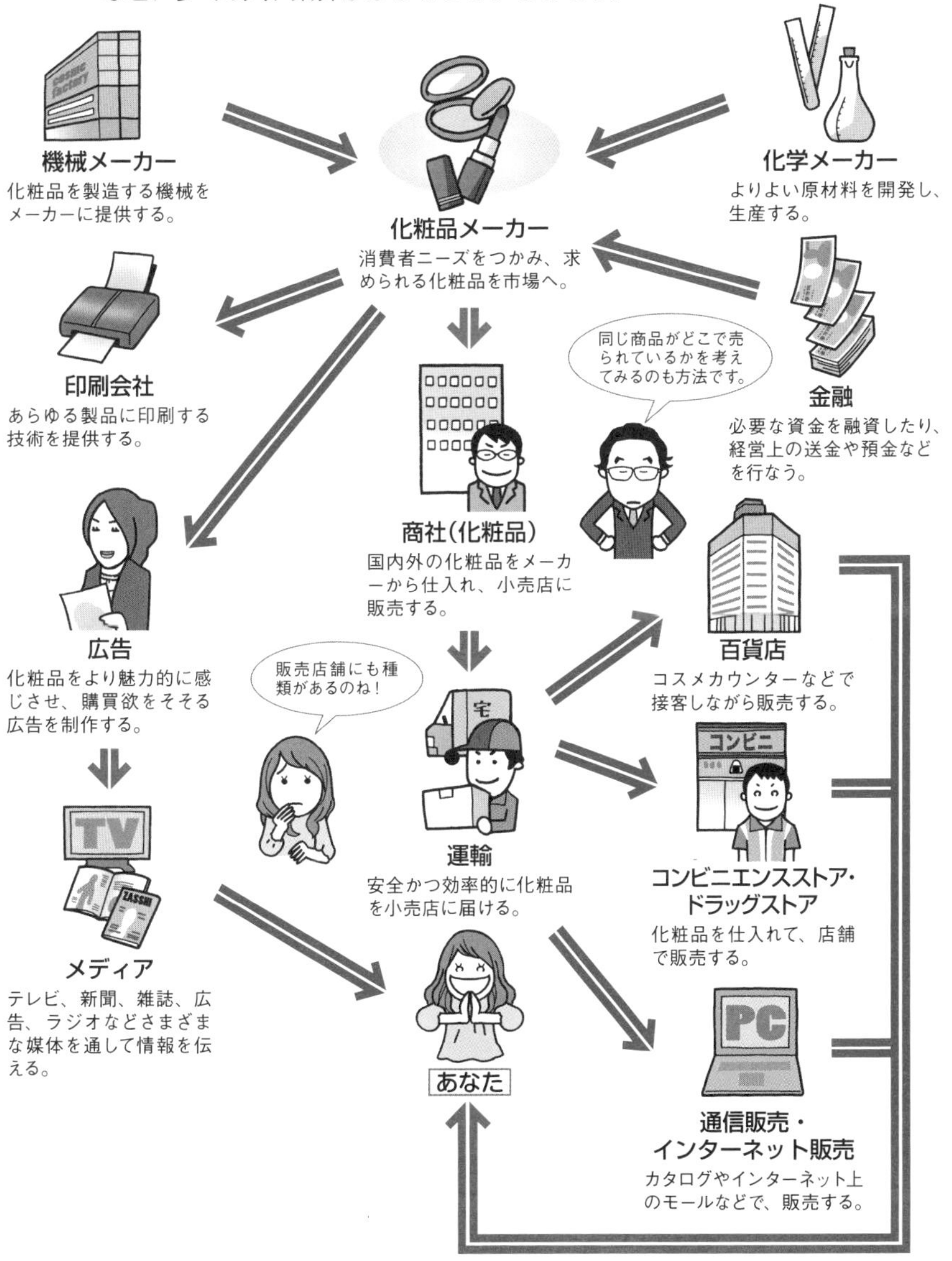

機械メーカー
化粧品を製造する機械をメーカーに提供する。
化粧品メーカー
消費者ニーズをつかみ、求められる化粧品を市場へ。
化学メーカー
よりよい原材料を開発し、生産する。
印刷会社
あらゆる製品に印刷する技術を提供する。
同じ商品がどこで売られているかを考えてみるのも方法です。
金融
必要な資金を融資したり、経営上の送金や預金などを行なう。
広告
化粧品をより魅力的に感じさせ、購買欲をそそる広告を制作する。
商社(化粧品)
国内外の化粧品をメーカーから仕入れ、小売店に販売する。
百貨店
コスメカウンターなどで接客しながら販売する。
販売店舗にも種類があるのね!
宅
コンビニ
TV
ZASSHI
運輸
安全かつ効率的に化粧品を小売店に届ける。
コンビニエンスストア・ドラッグストア
化粧品を仕入れて、店舗で販売する。
メディア
テレビ、新聞、雑誌、広告、ラジオなどさまざまな媒体を通して情報を伝える。
PC
あなた
通信販売・インターネット販売
カタログやインターネット上のモールなどで、販売する。

「スマートフォン」から見る業界の仕組み

毎日何気なく使っているスマートフォンにも、重要な機能を果たす半導体を製造するメーカーや、楽しめるコンテンツを提供する通信事業サービスなど、さまざまな人や業界がかかわっています。

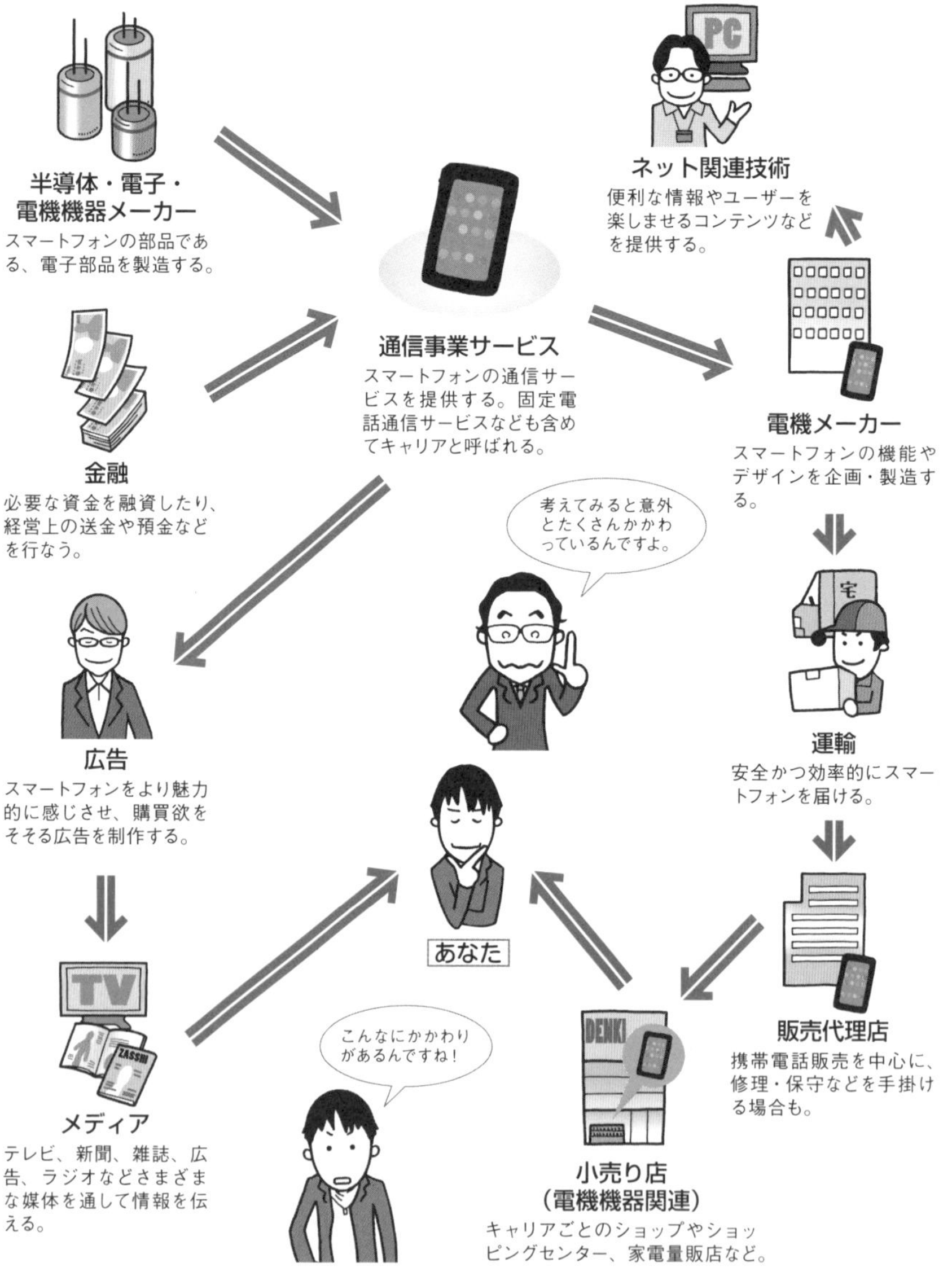

半導体・電子・電機機器メーカー
スマートフォンの部品である、電子部品を製造する。
金融
必要な資金を融資したり、経営上の送金や預金などを行なう。
通信事業サービス
スマートフォンの通信サービスを提供する。固定電話通信サービスなども含めてキャリアと呼ばれる。
PC
ネット関連技術
便利な情報やユーザーを楽しませるコンテンツなどを提供する。
電機メーカー
スマートフォンの機能やデザインを企画・製造する。
宅
運輸
安全かつ効率的にスマートフォンを届ける。
販売代理店
携帯電話販売を中心に、修理・保守などを手掛ける場合も。
考えてみると意外とたくさんかかわっているんですよ。
広告
スマートフォンをより魅力的に感じさせ、購買欲をそそる広告を制作する。
TV
ZASSHI
メディア
テレビ、新聞、雑誌、広告、ラジオなどさまざまな媒体を通して情報を伝える。
あなた
こんなにかかわりがあるんですね！
DENKI
小売り店
（電機機器関連）
キャリアごとのショップやショッピングセンター、家電量販店など。

身近なモノにはいかにたくさんの業界や人がかかわっているかわかったかな?
こんな身近なモノでも業界研究ができるんですねボク　服が好きなんで研究してみます!
IT系って決めてはいたんですけどこんなにたくさん業種があったんだ就職してから後悔しないように視野を広げて研究してみます
化粧品にかかわる仕事って販売職かメーカー勤務しかないと思ってました自分が何をしたいか掘り下げて考えてみます
そうそう!その調子　就活は難しく考える必要はないよ
就職活動は恋愛と同じ…
「好き」や「興味」が出てくるとどんどん知りたくなるしどうにか振り向いて欲しくてアプローチ方法も考えるでしょ
でも「就職できたらどこでもいいや」では「誰でもいいから付き合いたい」っていうのと一緒　そんなのうまくいきっこないよね
ボクはたまにそれでもいいと思います…
ふぴん…
就職活動の第一歩はさまざまな仕事を知ること!
そのためにしっかりと業界&職種研究していこうね!

目次

本書の使い方 …… 12

序章 業界＆職種の基本 …… 13

●業界＆職種研究の進め方
ビジネスの仕組みと
さまざまな職種を知る …… 14
●業界の選び方
業界のライフサイクルを見て
成長期の業界を選択する …… 16
●職種の選び方
自分の性格、向き・不向き、
将来設計を踏まえ、賢く選択 …… 18
職種の概要① 事務・管理 …… 20
職種の概要② 営業・販売サービス …… 21
職種の概要③ クリエーティブ／企画 …… 22
職種の概要④ 技術・研究／専門 …… 23
職種の概要⑤ IT系技術職 …… 24

第1章 業界について詳しく知ろう …… 25

製造業界① 電機・機械業界 26
電機 …… 28
電子部品 …… 30
OA・精密機器 …… 32
造船・重機 …… 34
自動車 …… 36

製造業界② 素材業界Ⅰ 38
鉄鋼 …… 40
非鉄金属 …… 42
化学 …… 44
ガラス …… 46

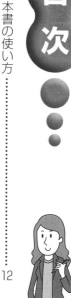

製造業界③　素材業界Ⅱ …… **48**
セメント …… 50
タイヤ・合成ゴム …… 52
紙・パルプ …… 54
繊維 …… 56
製造業界④　生活関連用品業界 …… **58**
化粧品・トイレタリー …… 60
食品・飲料 …… 62
医薬品 …… 64
アパレル …… 66
流通・小売業界Ⅰ …… **68**
商社 …… 70
卸 …… 72
百貨店 …… 74
スーパーマーケット …… 76
コンビニエンスストア …… 78
通信販売 …… 80
流通・小売業界Ⅱ …… **82**
家電量販店 …… 84
ドラッグストア …… 86
ホームセンター・ディスカウントストア …… 88
専門店 …… 90
金融業界 …… **92**
銀行 …… 94
証券 …… 96
生命保険 …… 98
損害保険 …… 100
ノンバンク …… 102
交通・運輸業界 …… **104**
陸運 …… 106
空運 …… 108
海運 …… 110
鉄道 …… 112

建築・住宅・不動産業界 114
住宅 116
住宅設備・建材 118
不動産 120
ゼネコン 122
プラントエンジニアリング 124

エネルギー業界 126
石油 128
電力 130
ガス 132

レジャー業界 134
旅行 136
ホテル 138
レジャー施設 140
フードサービス（外食） 142

エンターテインメント業界 144
映画・映像 146
ゲーム 148
音楽 150

福祉・教育・サービス業界 152
介護 154
予備校・塾・通信教育 156
大学・専門学校 158

マスコミ業界 160
新聞 162
テレビ 164
ラジオ 166
出版 168
印刷 170
広告 172

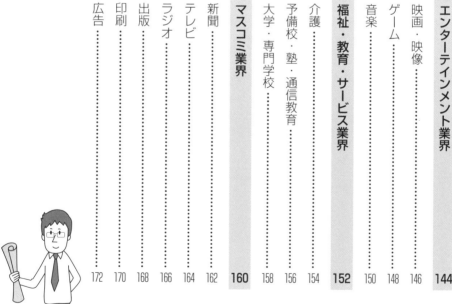

通信・情報サービス業界 174
通信 …… 176
ソフトウエア …… 178
インターネット …… 180
情報サービス …… 182
コンサルティング …… 184
コラム　なぜ、「業界研究」が大事なのか …… 186

第2章 優良企業の見つけ方 …… 187

優良企業を見つけるための基礎知識①
「優良企業」ってどんな企業？ …… 188
企業の優位性を知る …… 190
優良企業を見つけるための基礎知識②
優良企業の探し方 …… 192
優良企業を見つけるための基礎知識③
外部情報で判断する優良ポイント①
情報を分析する方法 …… 194
外部情報で判断する優良ポイント②
売上高と事業内容を押さえる …… 196
外部情報で判断する優良ポイント③
会社制度と社会貢献をチェック …… 198
自分の目で判断する優良ポイント①
社長・社員の話と企業の未来像を知る …… 200
自分の目で判断する優良ポイント②
聞きたいこと・気になることを聞く …… 202
優良企業チェックリスト …… 204

本書の使い方

業界リンク
各業界がそれぞれに深く関係する異業界を解説しています。

各業界の概要
それぞれの業界の扱う商材やビジネスの仕組みなど業界の概要を解説しています。

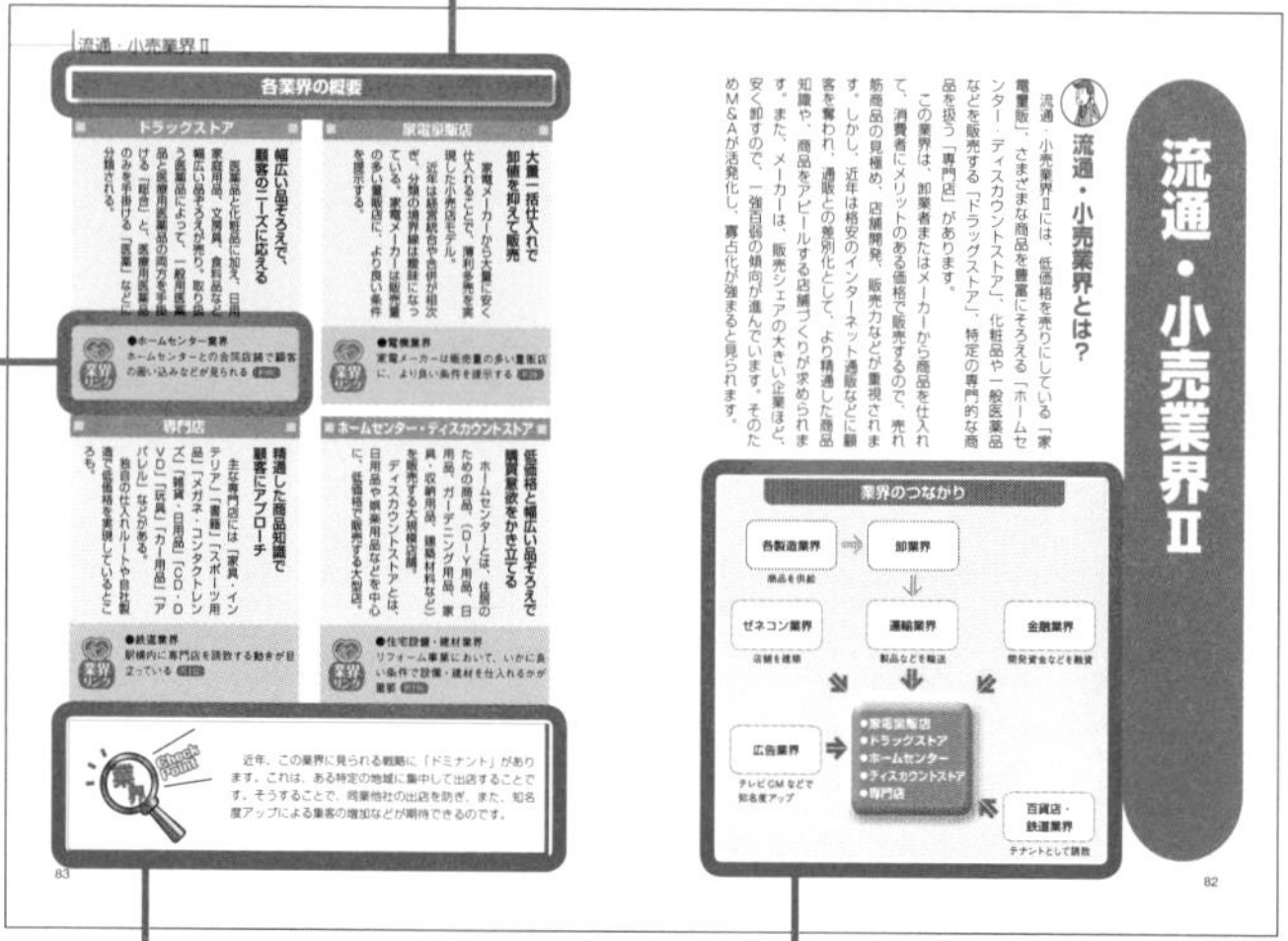

業界チェックポイント
より深く業界を知るための、注目したいポイントを解説しています。

業界のつながり
⇒はサービス・製品を提供される関係、⇒はサービス・製品を提供する関係を表しています。またグレーの枠で囲われている業界は間接的につながっている業界です。

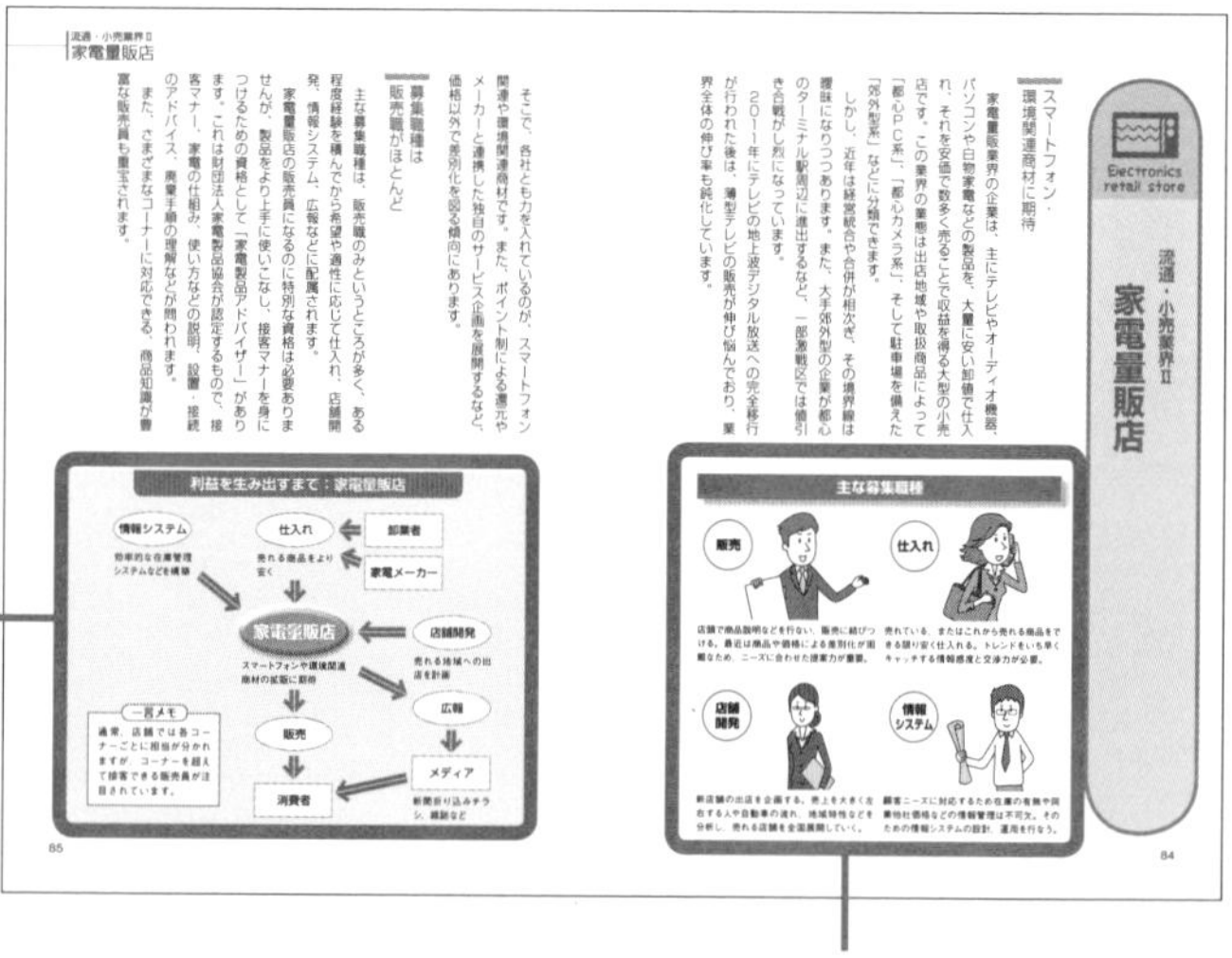

利益を生み出すまで
消費者に製品・サービスが届くまでの過程です。◯は会社内の職種を表し、□はそれ以外を表しています。

主な募集職種
各業界が主に募集する職種について解説しています。

序章

業界&職種の基本

ビジネスの仕組みとさまざまな職種を知る

業界研究は2ステップで進める

就職活動で、「業界研究」はとても重要です。自己PRの方が大切では？ と思う人もいるかもしれませんが、自己PRでは、「私は、この仕事で○○を実現したいです」という仕事のビジョンを伝えることが大事なので、必然的に目指す仕事の内容を理解する必要があるのです。

業界研究は段取りよく進めないと、いくら時間があっても足りません。日本には約400万の企業がありますが、それらは「製造業」や「流通業」、「金融業」などの業界に大別できます。まずは、それぞれの業界のビジネスがどのような仕組みなのかを把握したうえで、興味のある業界の業種（製造業における「電機」や「自動車」などの分類）の概要と、活躍する職種を調べてみましょう。

奥が深い職種研究

職種には「営業」や「事務」、「技術」、「クリエーティブ」などがあります。しかし、同じ「営業」でも、その仕事内容は業種や企業によって大きく異なります。同じ企業内であっても、顧客や扱う商材によって営業の仕事は違うので、志望する企業の実際の仕事内容をよく調べておく必要があります。

また、職種は、「直接部門職」という収益を上げるための職種と、「間接部門職」という直接部門職をサポートする職種（左ページ参照）の2つに分けられます。新卒採用では、そのどちらの部門でも募集があります。このような職種の分類も頭に入れながら、職種研究を進めるようにしましょう。

製造業界の業種例

製造業界

- アパレル
- 医薬品
- 食品・飲料
- セメント
- ガラス
- 化学
- 鉄鋼
- OA・精密機器
- 電子部品
- 電機

例えば製造業界を見ても、そこに含まれる業種は多岐にわたります。業界を選んだ後、さらに業種の研究を進める２ステップが重要です。

営業職のさまざまな仕事内容

営　業

- 個人向け新規開拓メイン
- 法人向け新規開拓メイン
- 営業推進・販売促進
- 個人向け既存顧客メイン
- 法人向け既存顧客メイン

顧客や営業スタイル（飛び込み営業や既存顧客を巡回するルート営業など）の違いによって、営業職という呼称でもその仕事の内容はさまざまです。

職種の２分類

直接部門職

企業の生産や販売、つまり収益を上げるための事業活動に直接かかわる職種。
（例）営業、販売、プログラマー、セールスエンジニア、インストラクターなど

間接部門職

直接部門職をサポートする職種。直接的には収益を上げる活動を行なわない。
（例）人事、総務、広報、経理、財務、法務、経営企画、秘書など

業界のライフサイクルを見て成長期の業界を選択する

就活の際には3つの選択が必要

就活の際には3つの選択をしなければなりません。第1に、どの業界を選ぶか、第2に、どの職種を選ぶか、第3に、どの企業を選ぶかです。いずれも重要な選択ですが、特に業界選びは慎重に行なう必要があります。失敗すると、多難な道を歩むことになり、路頭に迷うこともありえるからです。

1940～50年代に隆盛を誇ったのは石炭業界で、当時、最も優秀な学生は、こぞってこの業界に進みました。ところが、1960年代になると日本のエネルギー源は石炭から石油へと急速に転換が進み、全国の鉱山は次々と廃鉱になりました。純然たる石炭会社は表舞台から消え去り、社員たちも失業。転職で苦労することになりました。

業界選びのポイントは?

業界選びのポイントは、成長業界を選ぶことです。製品や企業と同様に、業界にもライフサイクルがあります。

ある業界が誕生し（誕生期）、成長・発展を遂げ（成長期）、売上が上昇しない成熟期を迎え、やがて市場が縮小して衰退期に至るサイクルのことです。

一般論ではありますが、成熟期や衰退期にある業界の市場規模が、今後、大きく拡大する可能性は、成長期の業界のそれと比べると、決して高いわけではありません。

一方、成長期の業界の市場はどんどん拡大するので、かじとりを間違えなければ、企業の業績も順調に上昇します。

業界のライフサイクルを見て成長期の業界を選択する

業界分類図

社会基盤系
- 建築・住宅・不動産業界
- エネルギー業界
- 通信・情報サービス業界
- 交通・運輸業界

モノを販売・仲介する
- 流通業界
（商社、百貨店、コンビニ、ホームセンター、専門店など）

モノを作る
- 製造業界
（電機・機械、素材、生活関連用品など）

業界を大まかに分類すると、このように分類されます。業界を選ぶときには分類が分かっていることが大事です。

モノ以外のサービスを提供する
- レジャー業界
- エンターテインメント業界
- マスコミ業界
- 福祉・教育・サービス業界

お金を動かす
- 金融業界
（銀行、証券、生命保険、損害保険、ノンバンクなど）

業界が成長期かどうかは業界団体が公表している数字や、その業界の主要企業の売上推移から判断することができます。

ただ、成熟期の業界の企業は、設立から時間が経っていることも多いので、職場環境の整備が行き届いていたり、福利厚生が手厚かったりする場合が多いことは見逃せません。

また、特定のマーケットを支配している企業などは、安定して売上・利益を伸ばしていることもあるので要チェックです。

職種の選び方

自分の性格、向き・不向き、将来設計を踏まえ、賢く選択

職種とは企業内の役割分担

業界選び、企業選びと並んで、職種選びも重要です。職種とは、仕事内容の違いによる企業内の役割分担のことで、販売、研究・開発、製造、総務、経理、法務、広報など、さまざまな分野があります。分野ごとに独立した部門になっていることが多く、製造部、研究・開発部、総務部、経理部、人事部といった名称が付いています（企業によって、その名称は異なります）。

企業が小さいときは総務部に総務課、経理課、人事課などが置かれることがあります。企業が大きくなると、それぞれの部門が独立し、総務部、経理部、人事部の3部門に分かれることが多いようです。大企業ほど職種は細分化されています。

入社後の職種変更は難しい

企業の仕事を大きく分けると、例えば製造業者の場合、①製品（モノ）をつくる製造業務、②モノを販売する販売業務、③組織を円滑かつ効率的に運営する管理業務の3つに分けられます。

募集の際も、この区分に従って、製造・開発職、事務職、販売職の3つに分けて募集するケースや、事務職（販売職含む）と製造・開発職に分けて募集するケースなどがあります。

職種は、基本的に、会社からの辞令など以外で、入社後に変更することはできません。入社には、専門の知識や学歴・資格などを必要とするケースもあるので、応募条件や応募資格などはしっかり調べておきましょう。

自分の性格、向き・不向き、将来設計を踏まえ、賢く選択

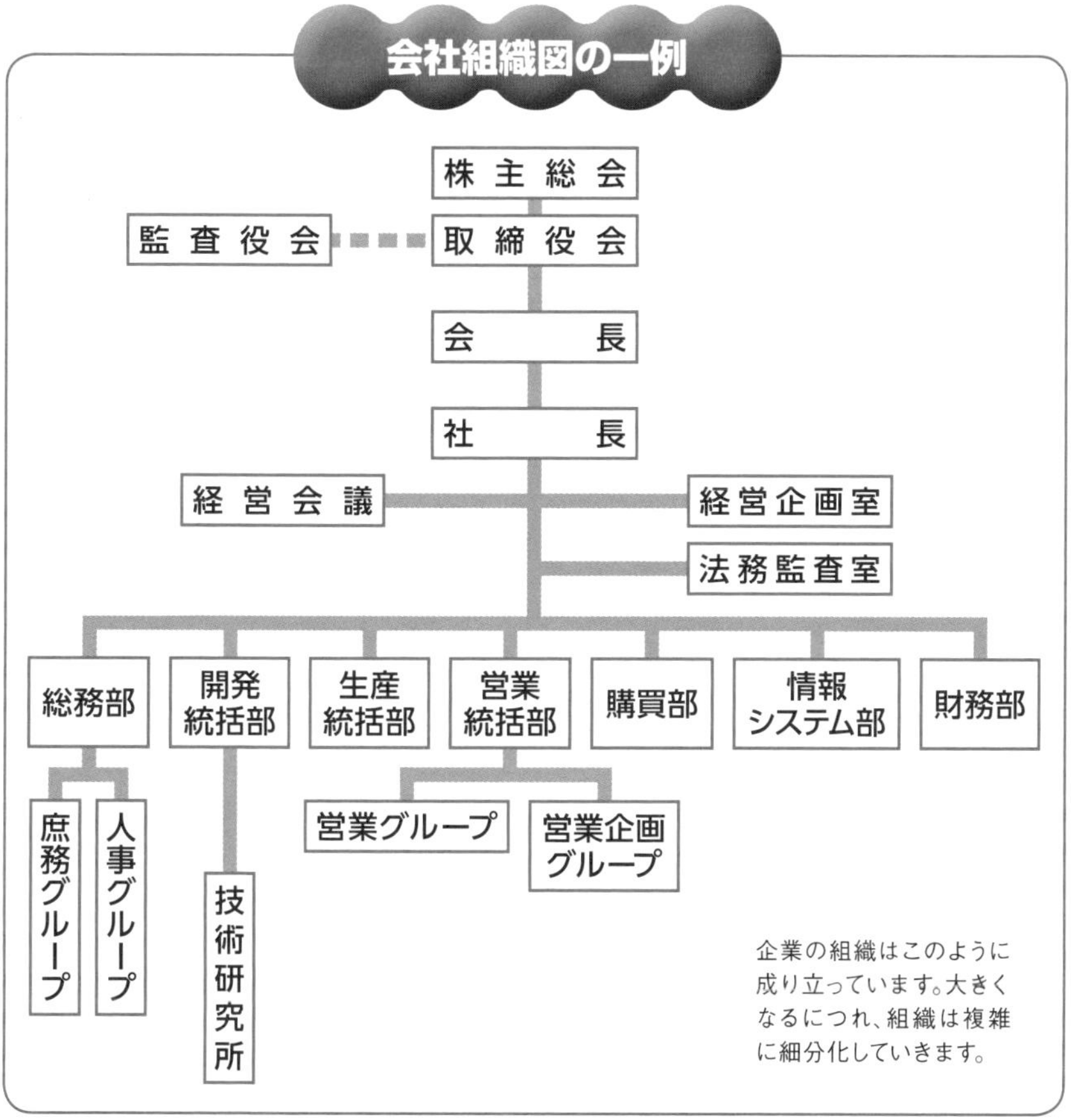

企業の組織はこのように成り立っています。大きくなるにつれ、組織は複雑に細分化していきます。

そのほか、経理部門を志望するなら、簿記や会計の資格を取得しておく方が有利になることがあるなど、職種によっては有利な資格もあるので、ここもよくチェックしておきましょう。

職種選びのポイントは、自分の性格と将来設計をしっかり踏まえて考えることです。

上昇志向が強く、積極的な性格なら出世のスピードが速く、業績次第で給与・賞与額が決まる販売職や営業職、協調性を重んじ、安定志向で、それを給与・賞与にも望むのであれば、事務職や製造・開発職が望ましいでしょう。

自分に何が向いていて、何がしたいのかなど、自己分析は職種を考えるときにも重要になります。

事務・管理（総務・人事・財務・経理）

事務・管理は企業を側面から支える

事務・管理とは総務、人事、財務、経理などの職種の総称です。総務部は管理部門の中心で、社内の組織や仕事が円滑になるよう、労務・給与管理、広報関連（社内広報・社外広報）、庶務関連、法務関連などの仕事を行ないます。縁の下の力持ち的な存在と言えるかもしれません。

人事は従業員の募集・採用に始まり、教育・研修を施し、給与・賃金を支払い、評価し、昇給・昇格させ、異動を命じるなど、従業員が入社してから退職するまでの人事関係のすべての事柄を担当しています。

財務・経理関係の仕事は、お金そのものを取り扱う資金管理関係の業務と、お金の動きを記録し、決算書などの財務諸表をまとめる会計業務に分かれます。

資産管理関係の業務には、資金を調達し（増資＝株式の発行、社債の発行）、資金を運用し（資金運用）、支払いを実行する仕事（出納業務）などが含まれ、会計業務には取引を記録し、月次試算表や損益計算書（P／L）、貸借対照表（B／S）などの財務諸表にまとめ、税金を支払う仕事などがあります。

1日のタイムスケジュール

不動産事務職の一例

8:30	出社
8:45	朝礼
9:30	夜間金庫の確認
10:30	書類処理
12:00	お昼休み
13:00	窓口対応
16:00	出納締め処理
17:30	終礼
18:00	残りの書類処理
19:00	退社

営業・販売サービス

商品が売れなければ企業は回らない

営業も販売サービスも顧客に商品・サービスを提供し、引き換えに代金を回収する職種です。営業と販売は同じ意味ですが、あえて区別すれば、営業は顧客のところへ足を運んで商品・サービスを売り込む仕事であるのに対し、販売サービス職は店舗などへ顧客に足を運んでもらい、商品・サービスを売る仕事であると言えます。なお、商品とは、形のあるもの、サービスとは旅行代理店の業務など、形のないものを言います。

営業（販売）は企業の基幹部門で、営業がいなければ企業は売上が立ちません。営業の重要性は、どんなに強調しても強調し過ぎることはありません。

営業の仕事は、相手が法人の場合と個人の場合で異なります。法人の場合なら、①見込み客のリストアップ、②販売ツールの作成、③訪問・アプローチ、④商品説明、⑤疑問点の解消、⑥クロージング（顧客の了解を得る）、⑦契約、⑧アフターフォロー、となります。商品の見本やカタログ、企画書などを示しながら、相手の疑問を解消し、購買にまで持っていきます。

1日のタイムスケジュール

法人営業職の一例

8:30	出社
8:50	朝礼
9:00	テレアポ
10:30	飛び込み営業へ
12:30	お昼休み
13:45	アポ訪問
14:30	エリアを移して飛び込み営業
16:00	アポ訪問
17:30	帰社
	書類作成
	テレアポリスト作成
19:00	退社

職種の概要③

クリエーティブ／企画

いかに作り、いかに売るかをデザインする

クリエーティブとは、「創造性」の意味で、商品設計にかかわる業務やプロモーション（販売促進）にかかわる業務を担当する職種です。例えば、自動車メーカーを例にすると、いかに作るか（車のデザインなどを考える仕事）、いかに売るか（広告・宣伝やプロモーション、店舗開発、陳列・ディスプレーなどに関連した仕事）の両方でクリエーティブ職が活躍しているわけです。いずれにしても、デザイナーとしての能力・スキルを要求されることも多く、美術系の大学・専門学校の出身者が多く活躍する職種です。

企画は、経営企画と営業企画があります。経営企画は企業の中枢的な職種で、経営方針の策定、各種の調査・リサーチ、経営会議の運営、経営戦略・計画の立案・実施・修正などを担当。経営陣の意思決定をサポートする、知恵袋のような存在です。

営業企画は、商品のプロモーション（販売促進）やマーケティングを担当する職種と、顧客に対して提案営業を実施する販売的な職種があります。

1日のタイムスケジュール

経営企画職の一例

8:30	出社
	チームのスケジュール確認
9:00	データ調査
	会議用の資料作成
12:00	お昼休み
13:30	会議
	打ち合わせ
17:00	書類作成
	資料作成
19:00	退社

技術・研究／専門

高度な専門知識が必要とされる

理工系の学生には技術・研究職への道があります。大きく区分すれば、製造関係の仕事ですが、製造が既存の商品の生産・製造を行なっているのに対し、技術・研究職は新商品開発や、より基礎的な研究に従事しているのが特徴です。中には本業とは縁遠い分野や、全く関係のない分野の研究を手掛けているケースさえあります。例えば、ある大手自動車メーカーは、遺伝子組み換え技術を使って植物の種子で油脂成分を大きく増加させることに成功しました。研究職には高度な専門知識が必要とされることから、多くが修士号、博士号の取得者です。

専門職とは、長期の教育訓練を通じて習得される高度な専門知識・経験を必要とする職位。一般には、国家資格が必要な職種で、博士号取得者、医師、弁護士、公認会計士、税理士、一級建築士、薬剤師、弁理士、技術士、システムアナリスト、社会保険労務士などの資格取得者が代表的です。法律系、医療系、会計系が3大専門職と言えます。

日本企業は、近年、特許などの知的財産をめぐる紛争が増えており、企業内弁護士の雇用が増えつつあります。

メーカー設計職の一例

9:00	出社
9:30	保守設計
	電話で故障対応
	図面修正
12:00	お昼休み
13:00	研究部門の会議に参加
17:30	要求仕様書の作成
18:30	各案件進行チェック
	書類処理
	事務処理
19:30	退社

職種の概要⑤

IT系技術職

目まぐるしく変化する商材を扱う

急速に進歩するIT（インフォメーション・テクノロジー）関係の技術者・デザイナーに対する一定のニーズがあります。

1つは情報システム系の企業からの求人で、ソフトウエア開発、計算処理などを受注する情報処理サービス、急速に拡大する通販市場で巨大なシェアを占めるインターネット通販会社、情報システムの構築・運用を手掛けるシステムインテグレーター、拡大が続くソーシャルネットワーキングサービス、隆盛期を迎えつつあるオンラインゲームなど、情報システム業界は群雄割拠の様相を呈しています。

近年、業界内で注目を集めているクラウドサービス関連事業は、市場規模が急速に拡大しており、人手不足に陥っています。

もう1つは、一般企業でもITに強い人材が求められています。情報投資を抑えるため、情報システムの構築や運用をアウトソーシングしたとしても、専門的な知識を備えた人材が社内にいなければ、アウトソーシング先の企業の管理さえできないからです。

1日のタイムスケジュール

システムエンジニアの一例

8:00	出社
8:30	ミーティング
9:00	データの移行
12:00	お昼休み
13:00	プログラム実行テスト
16:00	新システムの勉強会
18:00	ミーティング
19:30	退社

第1章

業界について詳しく知ろう

製造業界①

電機・機械業界

電機・機械業界とは?

電気・機械業界の企業は、生活家電や空調機器などを製造する「電気」、モーターやコンデンサー、半導体などを製造する「電子部品」、プリンターやデジタル複合機、デジタルカメラなどを製造する「OA・精密機器」、そして、「造船・重機」、「自動車」に分けられます。

この業界の企業は、原材料を輸入し、高性能で価格メリットのある製品を製造して輸出することで、日本経済をけん引してきました。世界経済に対する影響力も非常に大きい業界ですが、近年は韓国企業の台頭、リーマンショック、さらに東日本大震災、タイの洪水による減産で、苦しい経営を強いられています。

今後は、世界的にニーズが高く、日本が技術的にリードできるハイブリッドカーや省エネ家電など、エコ製品での差別化が急務となっています。

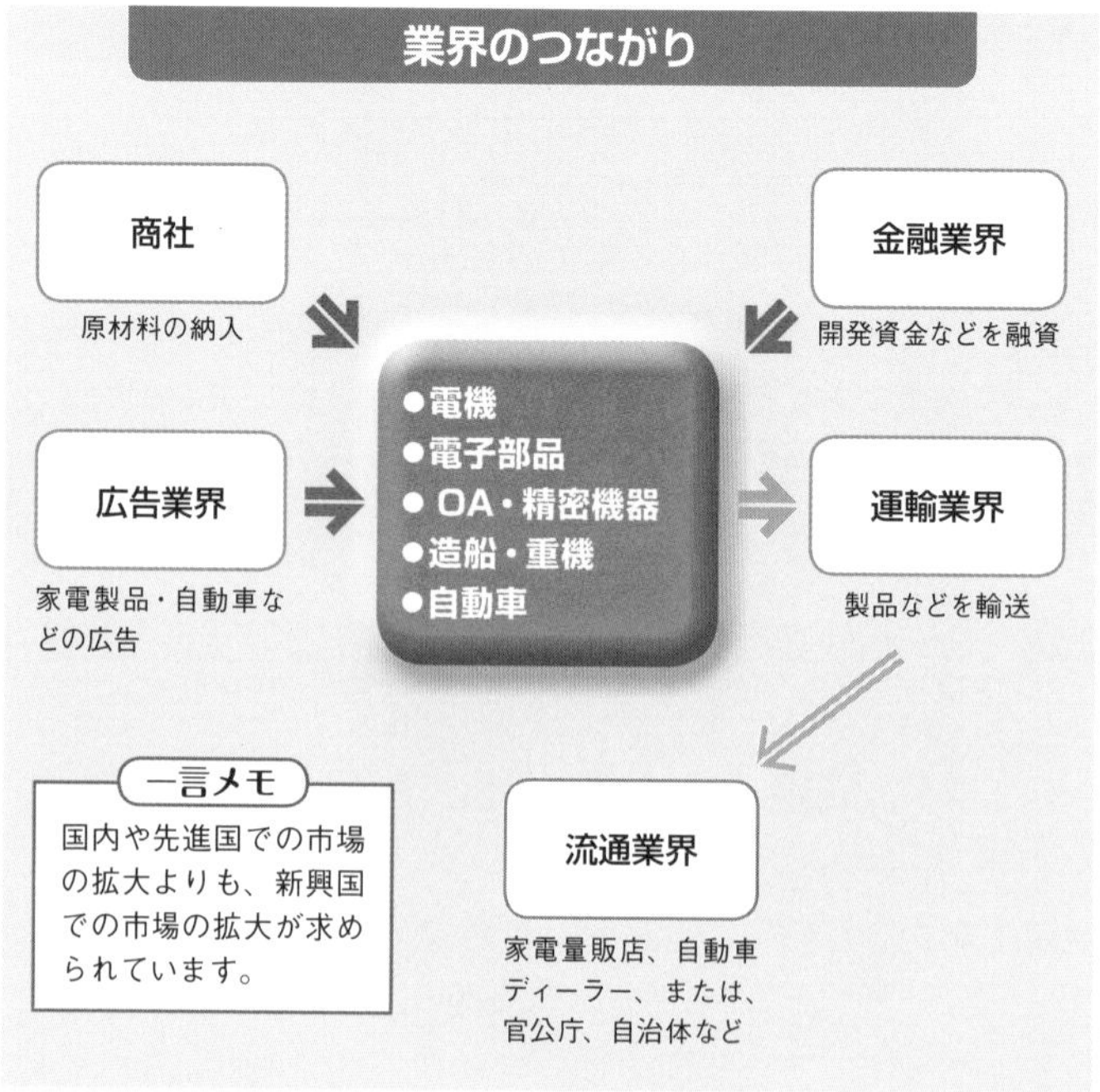
業界のつながり
商社
原材料の納入
金融業界
開発資金などを融資
●電機
●電子部品
● OA・精密機器
●造船・重機
●自動車
広告業界
家電製品・自動車などの広告
運輸業界
製品などを輸送
流通業界
家電量販店、自動車ディーラー、または、官公庁、自治体など

一言メモ

国内や先進国での市場の拡大よりも、新興国での市場の拡大が求められています。

各業界の概要

電子部品

あらゆる電化製品の部品を製造する

モーターやコンデンサー、コネクターなど電化製品の部品を製造。大型の電化製品だけでなくスマートフォンやパソコン、照明器具、各種測定機器、ラジコンなどの玩具など使用される製品の種類は非常に幅広い。

業界リンク
●自動車業界
自動車はカーオーディオからブレーキ、変速機まで、電子部品に頼る部分が多い P.36

電機

部品を仕入れて電化製品を製造

電子レンジ・洗濯機などの白物家電、オーディオ・BDレコーダーなどのAV機器、エアコンなどの空調設備といった電化製品を製造。モーターやコンデンサーなどの部品はそれぞれの専門メーカーから仕入れる。

業界リンク
●電子部品業界
薄型テレビなどの部品・コンデンサーなどは、電子部品メーカーで製造される P.30

造船・重機

大型機械などを世界各国へ販売する

造船は文字通りタンカーなどの船を造る。重機はトラクターなどの農業機械からクレーンなどの建設機器、鉄道車両まで多種多様な大型機械を製造している。そのため販売先は世界各国に広がっている。

業界リンク
●プラントエンジニアリング業界
火力発電所で使用されるガスタービンは、重機メーカーが製造する P.124

OA・精密機器

豊富な商品であらゆる業界と取引

コピー機、FAX、パソコン、プリンターなどのOA機器やデジタルカメラ、レンズ、医療機器などの精密機器を製造。取引先は企業、官公庁、大学といった教育機関、医療施設など、ほとんどすべての業界になる。

業界リンク
●印刷業界
OA機器メーカーはデジタル商業印刷機を武器に印刷業界へ進出している P.170

自動車のBRICsでの販売や、クレーンなどの建設機械のアジア圏新興国への輸出が目立っており、日本の製造業界にとっては、今後ますます新興国市場の開拓が重要になるはずです。

※BRICs＝ブラジル、ロシア、インド、中国

自動車

乗用車からトラック、除雪車まで製造

軽自動車中心もあればダンプカーまでフルラインアップと、製造する車両は企業によってさまざま。輸出の割合が高く、円相場の影響を受けやすい。販売会社（ディーラー）は、各地域を拠点とする別会社となっている。

業界リンク
●鉄鋼業界
そのほかガラス、電機、電子部品など自動車に関連する業界は非常に多い P.40

Electrical machinery

製造業界❶ 電機・機械業界

電機

環境・エネルギー分野での新技術に期待

電機業界の企業では、電子レンジ・冷蔵庫・洗濯機・掃除機などの「白物家電」と呼ばれる生活家電や、オーディオ・BDレコーダーなどのAV機器、エアコンなどの空調設備といった電化製品を製造しています。

業態は「AV家電」「生活家電」「空調」などの専門分野を持つ中堅企業と、それらすべてを取り扱う大手（総合）企業に分類されます。なお、これらの電気製品の製造に必要なモーターやコンデンサーなどの電子部品は、それぞれの専門メーカーから仕入れています。

2000年代中盤までは、「薄型テレビ」といえば日本企業の独壇場でしたが、いまや世界シェアの1位と2位を占めるのは韓国企業です。韓国企業は巨額の設備投資を行なってコストダウンを実現し、競争力の高い製品を次々と

主な募集職種

営業

民生用の商品を担当する場合は家電量販店や販売会社、インフラ系の商品を担当する場合は官公庁や自治体が顧客となる。

調達

世界中の安くて品質の良い部品を調達する。企業の収益を左右する、非常に重要な部門。そのため粘り強い交渉力が不可欠。

研究開発

商品開発の前段階に当たる基礎研究などを担当。まだ誰も着手していない領域を模索しながら、他社とは違う技術を開発する。

品質管理

製品が要求される性能に達しているか、きちんと機能しているかなどを、測定機器などで検証。不備が発見されれば原因究明も行なう。

世界市場へ投入しました。超円高、東日本大震災、欧州危機、タイの洪水などの影響で苦しい経営が続いており、日本企業は「3D」、「有機EL」などで巻き返しを図っていますが、すぐに追いつかれてしまうといった状況です。今後は画期的な新技術に加え、太陽光発電など環境・エネルギー分野での躍進に期待したいところです。

新興国の市場開拓に積極的。安価で高品質な部品調達がカギ

従業員が数万人の大企業が数多く存在する業界だけに、募集職種は多岐にわたっています。主なものに、事務系で営業、調達、技術系で研究開発、品質管理などがあります。

また、薄型テレビやオーディオなどの製品を生み出す、日本のお家芸とも言える業界なので、どの企業も新興国の市場開拓を積極的に行なっており、事務系・技術系問わず英語力が求められるケースが多くなっています。特に、安価で高品質な部品を粘り強く交渉して世界中から集めてくる調達担当者は、企業が他国との価格競争に勝ち抜くためにも、非常に重要な役割を担うことになるでしょう。

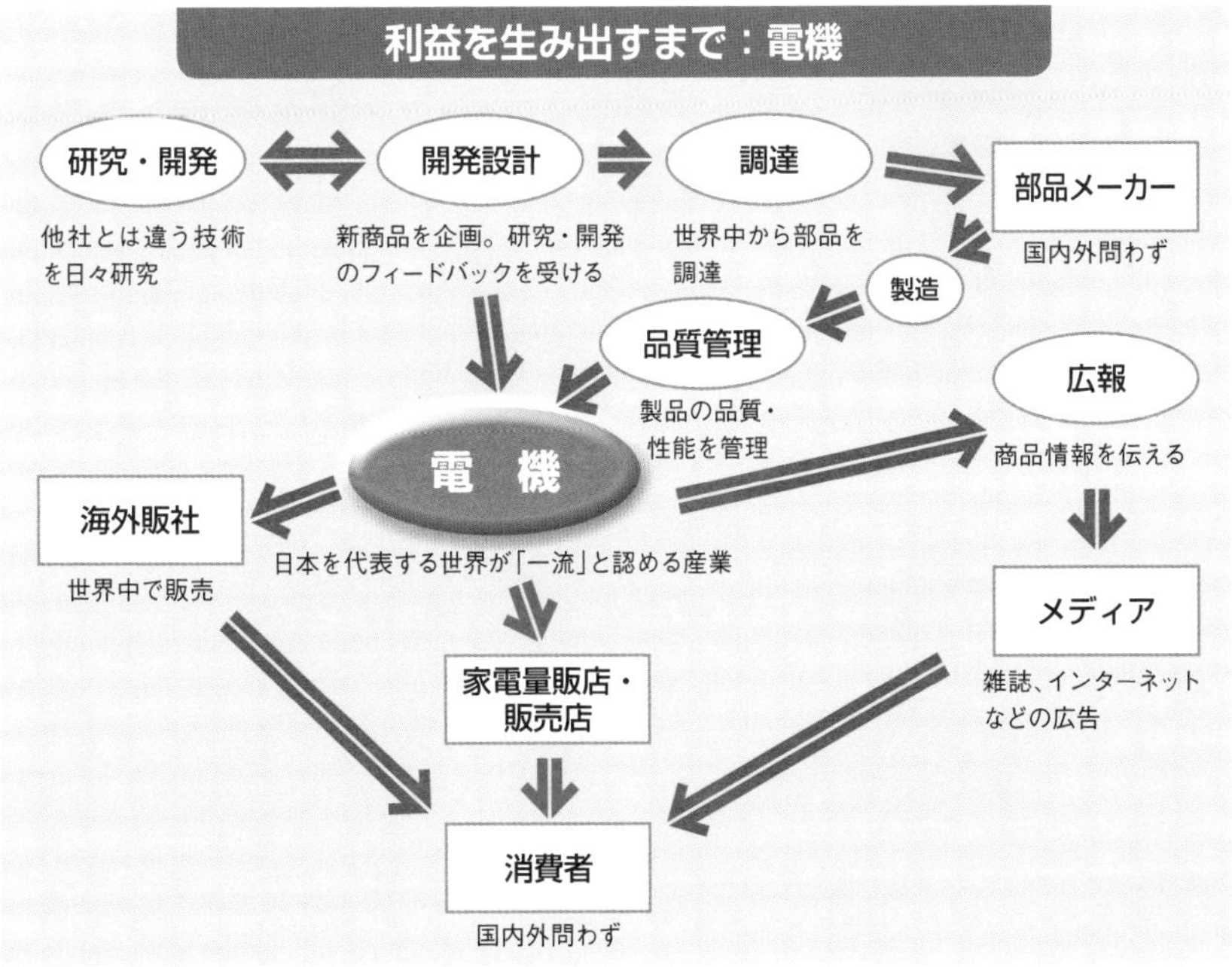
利益を生み出すまで：電機
研究・開発
他社とは違う技術を日々研究
開発設計
新商品を企画。研究・開発のフィードバックを受ける
調達
世界中から部品を調達
部品メーカー
国内外問わず
製造
品質管理
製品の品質・性能を管理
広報
商品情報を伝える
電　機
日本を代表する世界が「一流」と認める産業
海外販社
世界中で販売
メディア
雑誌、インターネットなどの広告
家電量販店・販売店
消費者
国内外問わず

Electronic component

製造業界❶ 電機・機械業界

電子部品

日系企業が全世界の約40%のシェアを握る

電子部品を扱う企業では、大小モーターやコンデンサー（蓄電器）、配線の接続に用いるコネクターから半導体まで、さまざまな電子部品を製造しています。作られた製品は、パソコンや携帯電話、薄型テレビなどのほか、自動車のブレーキや変速機といった電子制御を必要とする部分に活用されます。

業態は、取り扱い製品をモーターやコンデンサー、コネクターなど専門分野に特化した中堅企業と、それらすべてを取り扱う大手（総合）企業に分類されます。

電子部品業界で日本企業は，全世界の約40%のシェアを握っています。そのため、円高による売上の減少は、各社にとって大きな打撃となります。また、韓国や台湾の電子部品企業が非常に力をつけてきており、状況は決して楽観

主な募集職種

電機メーカーなどの、調達や設計といった部門への営業。社外だけでなく、自社の製造管理部門など、さまざまな人とかかわる。

主な業務内容は２つ。技術部門の発明の特許を取得する業務と、他社の特許を自社が侵害しないようにサポートする業務。

各回路の開発と、開発した回路の商品化を担当する。新規回路の動作解析などを行ない、結果をまとめて商品化へと展開していく。

社内の「人」「モノ」「金」などあらゆる要素の無駄を削減し、効率化を推進する。社内すべての人と折衝・協力する仕事。

できるものではありません。

そこで、差別化を図ろうと注力しているのが、省エネ技術です。例えば、高効率な小型モーターや、LED照明を構成するための長寿命な回路や各センサーなどが、世界をリードする技術として期待されています。また、新たな成長分野として太陽光発電も注目されています。

技術力だけでなくコミュニケーション能力も必要

募集職種は、研究・開発をしている製品が多い企業ほど多種多様になります。例えば事務系では営業、知的財産、調達、技術系では各設計・開発、インダストリアルエンジニアなどがあります。必然的に海外勤務の可能性が高くなるため、語学力が求められる場面が多くなります。

一般的に技術系が注目されがちですが、インダストリアルエンジニアなどは、社内における「人」「モノ」「金」といったさまざまな要素における無駄をなくし、効率化を図る業務を行なう職種で、折衝力やコミュニケーション能力が求められます。

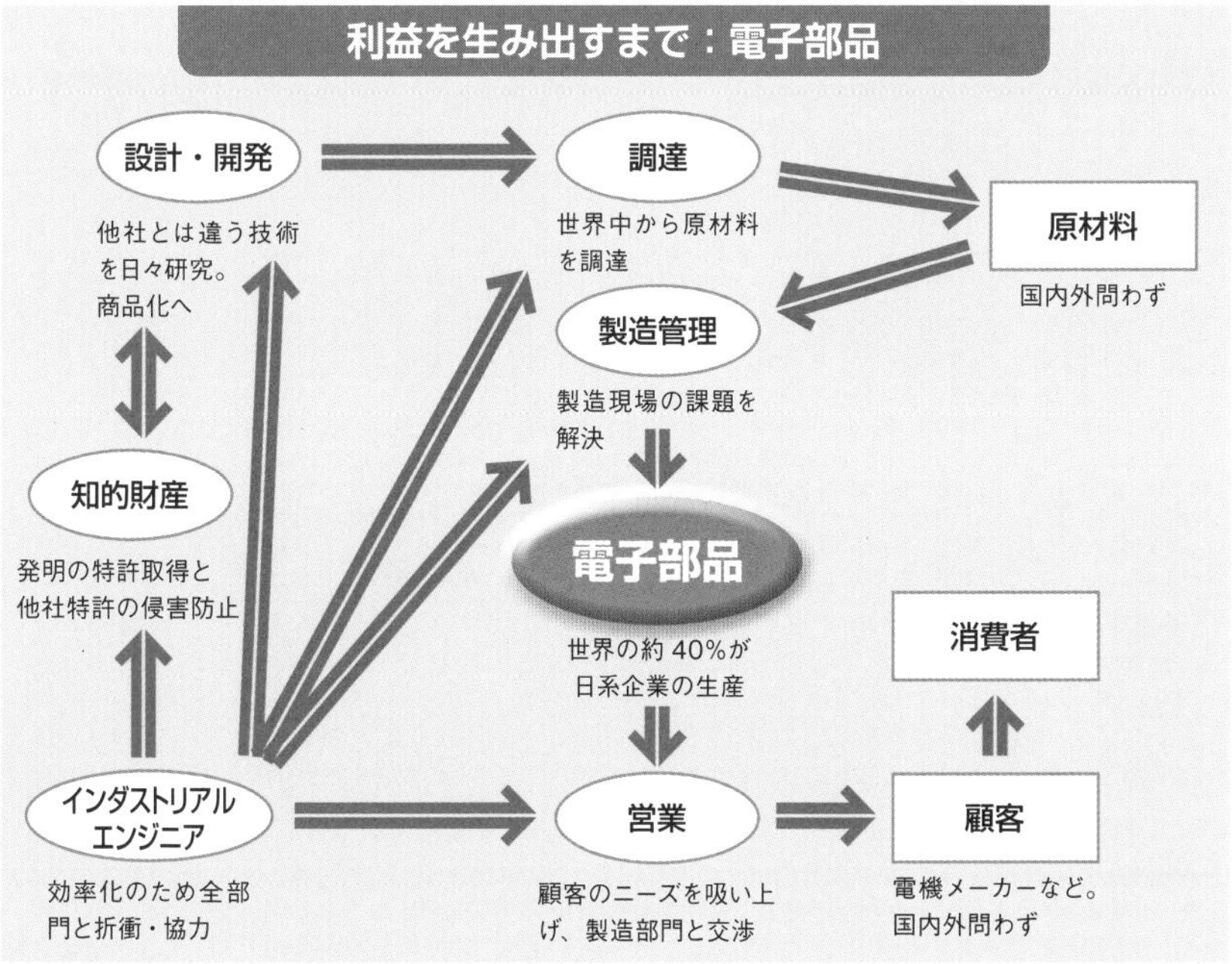
利益を生み出すまで：電子部品
設計・開発
他社とは違う技術を日々研究。商品化へ
知的財産
発明の特許取得と他社特許の侵害防止
インダストリアルエンジニア
効率化のため全部門と折衝・協力
調達
世界中から原材料を調達
原材料
国内外問わず
製造管理
製造現場の課題を解決
電子部品
世界の約40%が日系企業の生産
営業
顧客のニーズを吸い上げ、製造部門と交渉
顧客
電機メーカーなど。国内外問わず
消費者

Precision instrument

製造業界❶ 電機・機械業界

OA・精密機器

先進国市場は足踏み状態。高度な技術で新市場に積極的に進出

OA・精密機器を扱う企業では、コピー機やFAX、パソコン、プリンターなどのOA機器やデジタルカメラ、レンズ、医療機器などの精密機器を製造しています。取引は企業や官公庁、大学などの教育機関から医療施設まで、ほとんどすべての業界との間で行なわれており、国内メーカーの技術力の高さは世界的にもトップクラスです。

ただし最近のOA機器はカラー化、複合化、ネットワーク化が進展し、足踏み状態です。そこで各社は、新たな市場を求め、新興国への拡販はもちろん、デジタル商業印刷機の開発に力を入れています。

例えば、1000部程度の冊子を印刷するのであれば、従来のオフセット印刷よりもデジタル商業印刷機の方が割安になるため、パンフレットなどの小ロット印刷の市場を

主な募集職種

営業

直接エンドユーザーに販売することは少なく、ほとんどは販売会社を通す。そのため販売会社へのサポートがメインの仕事となる。

広報

パンフレットや広告などのメディアに対する仕事のほか、ショールームでの接客もする。そのため製品知識も必要となる。

画像処理

画像処理はデジタルカメラだけでなく、プリンターや複合機などにも必要な技術。あらゆる画像の高画質化を求め、研究する。

材料技術

トナーやインクなどの材料を開発。例えばトナーの場合だと、高画質化のため表面の形状を滑らかにするなど。

狙っています。プリンター部門で培ってきた技術を生かし、新たにＬＥＤ照明事業に参入する大手ＯＡメーカーの動向なども、エコ家電のニーズの高まりと合わせて今後が注目されるところです。

また、精密機器を製造する企業は、高度な光学技術を生かし、内視鏡や顕微鏡などの医療機器や半導体の露光装置などの市場へ事業を展開しています。

技術者はもちろん接客担当者にも高度な商品知識と語学力が必要

主な募集職種は事務系で営業、広報、商品企画、技術系で製品設計・開発、生産管理などがあります。日々、新たな技術が開発されているため、営業や広報といった接客がメインの業種であっても、かなりの商品知識が要求されます。また事務系に関しては、海外の売上比率が高い企業が多いことから、英語や中国語などの語学力が必要とされるケースが多いようです。なお、製品設計・開発は大きな分類で、実際には画像処理や材料技術などに細分化されており、プリンターやデジタルカメラといった担当する製品によって、業務内容は大きく異なります。

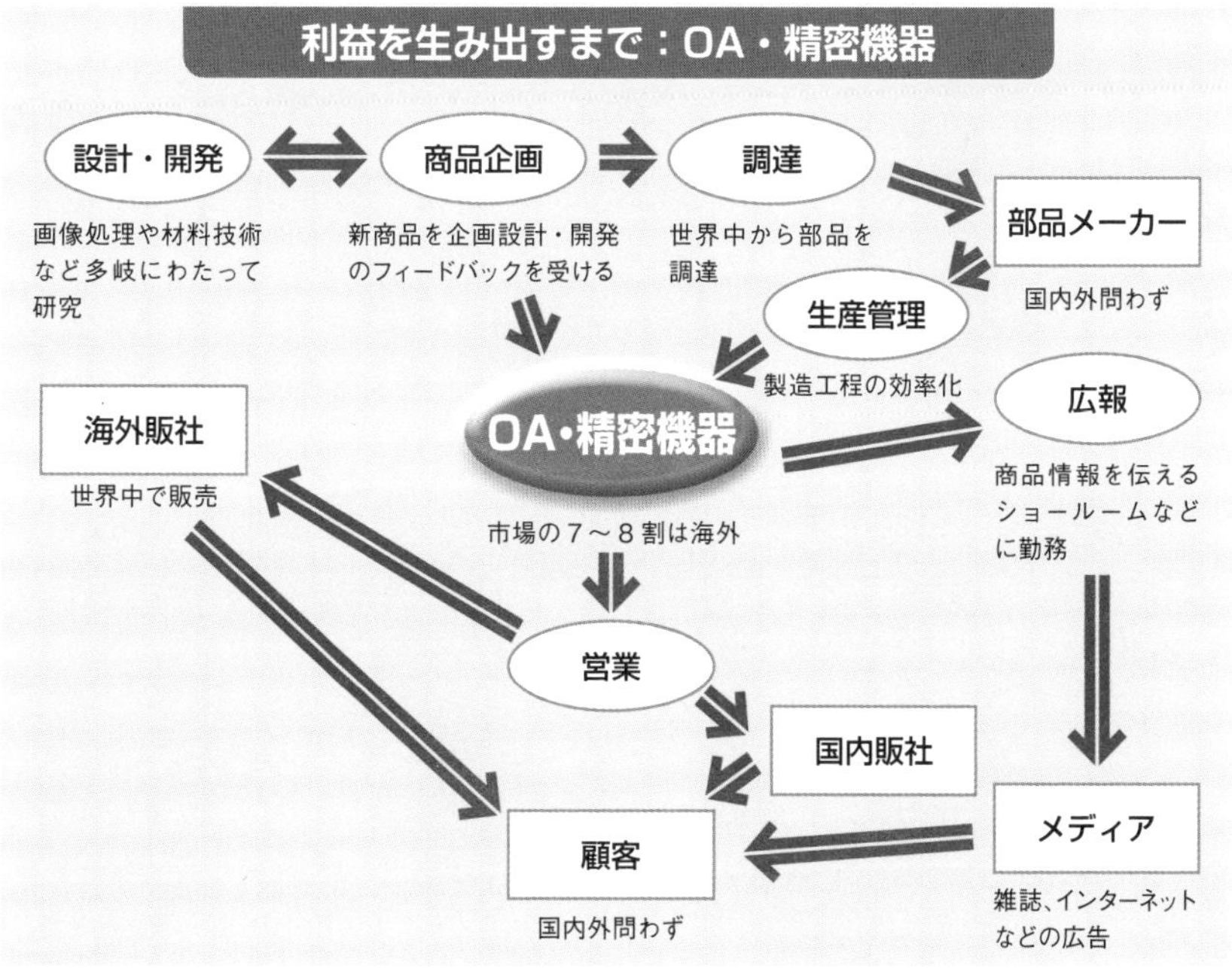
利益を生み出すまで：OA・精密機器
設計・開発
画像処理や材料技術など多岐にわたって研究
商品企画
新商品を企画設計・開発のフィードバックを受ける
調達
世界中から部品を調達
部品メーカー
国内外問わず
生産管理
製造工程の効率化
OA・精密機器
市場の７～８割は海外
広報
商品情報を伝えるショールームなどに勤務
海外販社
世界中で販売
営業
国内販社
メディア
雑誌、インターネットなどの広告
顧客
国内外問わず

Shipbuilding

製造業界❶ 電機・機械業界

造船・重機

高度経済成長を支えた技術が街づくりや水ビジネスで発揮

造船業界の企業は、文字通りタンカーなどの船を製造し、重機業界の企業はトラクターなどの農業機械からクレーンなどの建設機器、鉄道車両や航空機、発電設備まで多種多様な大型機械を製造します。そのため、販売先は世界各国に広がっています。

業態は、「造船」、「発電設備」、「建設機器」、「農業機械」、「特装車」、「鉄道車両」と、それら複数を製造する「総合」などに分類できます。

造船・重機業は、かつては日本を代表する産業でした。新興国市場の拡大により一時回復しましたが、昨今の世界同時不況や円高、韓国・中国企業との価格競争などで劣勢に立たされています。

そこで、大手を中心に注力し始めているのが「スマー

主な募集職種

タンクローリーやコンバイン、企業によっては火力発電所のガスタービンといったスケールの大きなものを、全世界を舞台に販売する。

発電設備などの部品は、ほとんどが特注品。世界中の業者に見積もりを依頼し、品質・コスト・納期を満たすものを厳選する。

大規模な仕事となると飛行機のエンジン、潜水艦の機器などを設計する。新規開発の案件が多く、やりがいも大きい仕事。

発電システム設置などの現場管理を行なう。海外での仕事も多く、単身で数十人の現地スタッフをまとめるケースもある。

トコミュニティー」。これはIT技術によって省エネ住宅（スマートハウス）から公共交通システム、公共サービスまでを統合的に管理しようという、いわば省エネの街づくりで、インド、中国、スペインなど各国で日本企業によるプロジェクトが実績を残しつつあります。

また、新たな生き残りの道として、海水の淡水化ビジネスや高効率火力発電など、環境分野での差別化も模索しています。

現地スタッフを取りまとめるコミュニケーション能力も必要

主な募集職種は、事務系で営業、調達、技術系で設計、現場監督などがあります。現場監督は発電システムの設置といった巨大なプロジェクトの現場管理を行なうこともあり、数十名の現地スタッフをまとめるような局面にも対応できる人間力が求められる職種です。

「総合」の設計は、船・飛行機のエンジン、発電設備、プラント用大型コンプレッサー、潜水艦用機器からエアコンまで、多種多様なものに携わり、新規開発を任されることも多く、やりがいのある仕事です。

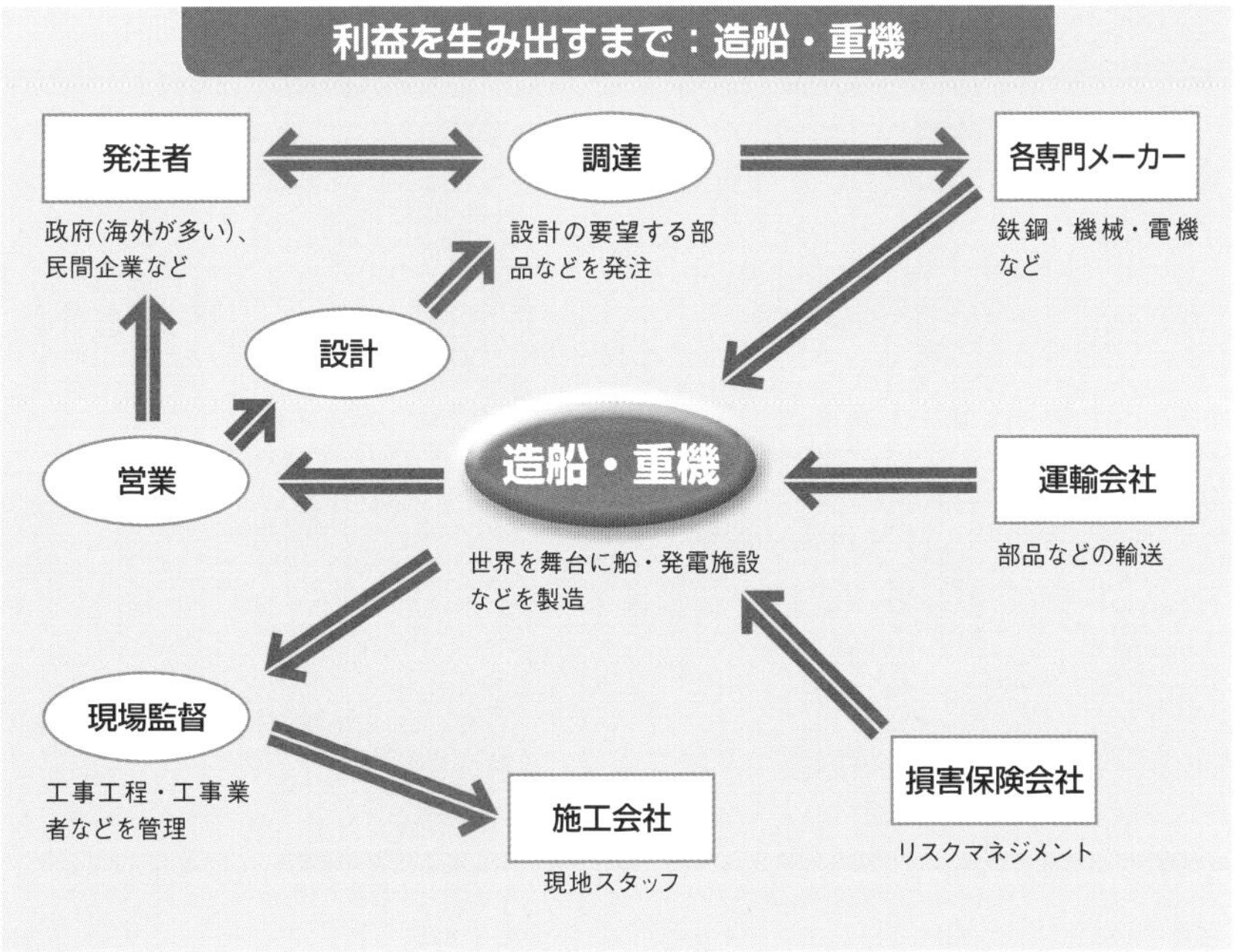
利益を生み出すまで：造船・重機
発注者
政府(海外が多い)、民間企業など
調達
設計の要望する部品などを発注
各専門メーカー
鉄鋼・機械・電機など
設計
営業
造船・重機
世界を舞台に船・発電施設などを製造
運輸会社
部品などの輸送
現場監督
工事工程・工事業者などを管理
施工会社
現地スタッフ
損害保険会社
リスクマネジメント

Car

製造業界❶ 電機・機械業界

自動車

エコカーで世界をリード。インフラ整備とコストダウンがカギ

自動車メーカーは自動車の製造を行ないますが、軽自動車の製造が中心の企業もあれば、ダンプカーまでのフルラインアップを製造する企業など、業態は企業によってさまざまです。市場は巨大で、大手企業は生産台数で世界トップクラス、日本の全製造業の中でも売上高はトップクラスです。

そのため国内の景気に対する影響は大きく、日本の全就業人口の中で自動車関連が占める割合は約8・8%にもなります。なお、自動車を販売する「ディーラー」は、自動車メーカーと特約店契約を結んだ別会社です。

自動車の輸出相手国で上位を占めるのは、依然としてアメリカやオーストラリアなどの先進国。逆に言えば、ブラジルや中国といった新興国（いわゆるBRICs）ではド

主な募集職種

直接エンドユーザーに対応することはなく、国内外の販売店をサポート。それぞれの地域特性に合った販売戦略を提案する。

販売後10年・20年経った車でも快適に乗れるアフターサービスを企画。全世界を視野に修理部品の供給ルートなどを検討する。

燃料電池など近未来の実用化に向けた新技術を開発する。未知の領域の研究になるので、結果が出るまで数年を要することもある。

すでに量産化が決定した技術の完成度を上げる仕事。例えば目標の燃費を達成するため、部品の形状や材質を検討する。

イツメーカーなどに遅れをとっているのが現状です。国内では若者の自動車離れや少子化の影響などで今後の伸長が望めないため、各社ともこうした新興国市場の開拓が急務と言えるでしょう。また、自動車業界の課題とも言うべき低燃費化において、ハイブリッド、電気に続いて次世代のエースと目されているのが燃料電池自動車です。これは、水素と酸素を結合させてつくる電気で走る自動車。充電の必要がなく、排出するのは水蒸気だけという究極のエコカーです。一部でリース販売が行なわれているものの、価格や水素ステーションといったインフラ整備の課題があります。実質的な市販車の登場が待たれます。

日本を代表するグローバル業界。世界を舞台に活躍の場が広がる

主な募集職種は、事務系では商品企画、営業企画、アフターサービス企画などがあり、技術系では先端研究、量産開発、生産管理などがあります。自動車業界は日本を代表するグローバル企業なので、どの業種も南米やアフリカなど世界中を舞台に仕事をする機会があります。一方で、転勤のない地域社員（一般職）の募集も行なっています。

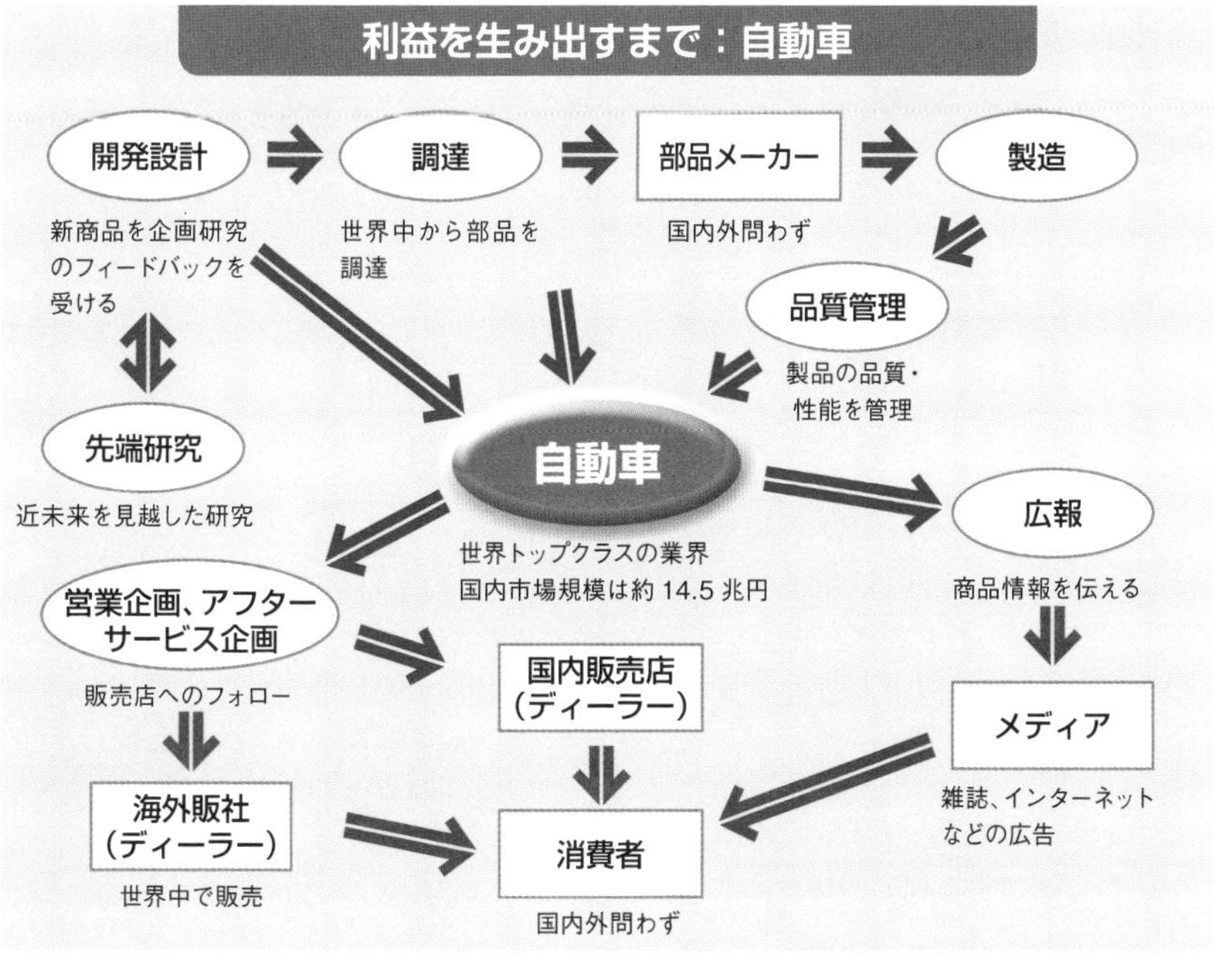
利益を生み出すまで：自動車
開発設計
新商品を企画研究のフィードバックを受ける
調達
世界中から部品を調達
部品メーカー
国内外問わず
製造
品質管理
製品の品質・性能を管理
先端研究
近未来を見越した研究
自動車
世界トップクラスの業界
国内市場規模は約 14.5 兆円
広報
商品情報を伝える
営業企画、アフターサービス企画
販売店へのフォロー
国内販売店（ディーラー）
メディア
雑誌、インターネットなどの広告
海外販社（ディーラー）
世界中で販売
消費者
国内外問わず

製造業界❷

素材業界I

素材業界とは?

素材業界Iには、鉄鉱石などを原料として鋼材を製造する「鉄鋼」、鉄以外の金属であるベースメタルやレアメタルなどを製造する「非鉄金属」、原材料に化学変化を起こして製品を作る「化学」、けい砂などを主原料に板ガラスなどを製造する「ガラス」などに分類しています。この業界は、日本のお家芸である製造業の素材を作り出し、自動車や電機業界などとともに世界に進出し、日本経済をけん引し続けてきました。

しかし近年は、円高や中国企業の躍進などで、勢いは鈍りつつあります。

また、今後の新興国需要の成長率鈍化による輸出量の減少も懸念されています。そのため、鉄鋼・非鉄金属・化学・ガラス業界では大企業同士の合併や環境ビジネスへの進出などが活発化しています。

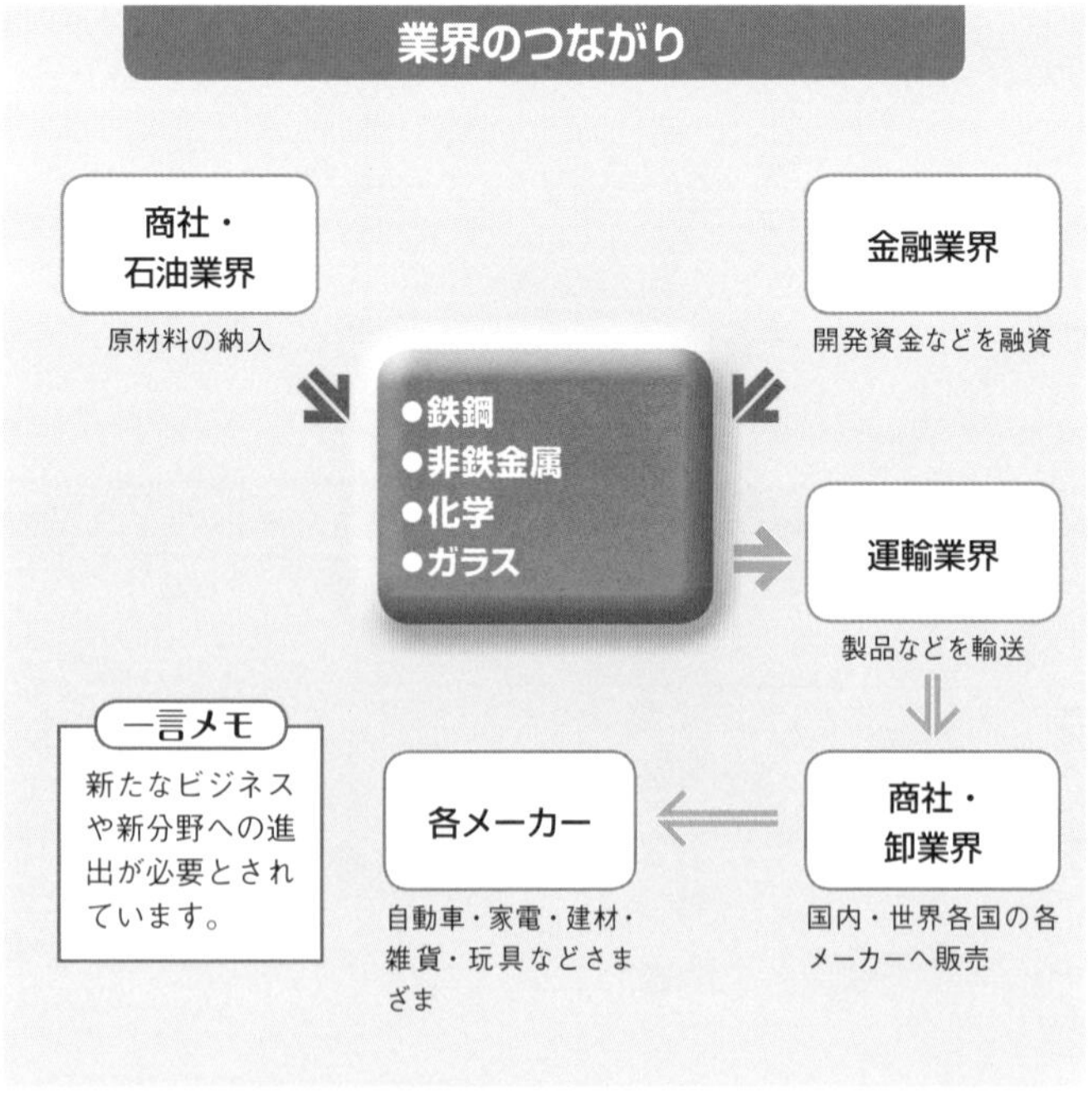
業界のつながり
商社・石油業界
原材料の納入
金融業界
開発資金などを融資
●鉄鋼
●非鉄金属
●化学
●ガラス
運輸業界
製品などを輸送
商社・卸業界
国内・世界各国の各メーカーへ販売
各メーカー
自動車・家電・建材・雑貨・玩具などさまざま
一言メモ
新たなビジネスや新分野への進出が必要とされています。

各業界の概要

鉄　鋼

家庭からメーカー、インフラまで幅広く取引

鉄は鉄鉱石、石炭、石灰石などから作られる。

これらの原材料を高炉で熱するなどの過程を経て、くぎや針金になる線材、自動車や冷蔵庫になる薄板、船や橋になる厚板、水道やガスのパイプになる継目無（シームレス）鋼管となる。

業界リンク

●自動車業界

鉄鋼業界は自動車業界と共に日本経済をけん引してきた P.36

非鉄金属

原材料のほとんどは輸入に頼っている

非鉄金属とは、銅・合金・アルミニウム・貴金属・レアメタルなどを指す。

この金属に属するインジウムは、携帯電話やパソコンの液晶画面に利用され、クロムやニッケルはアルミに添加して強度を増したり、さびにくくする。

業界リンク

● OA・精密機器業界

携帯電話で使用される超小型モーターなどには、非鉄金属のレアメタルが必須 P.32

化　学

LED電球や太陽電池の材料などにも

化学製品とは、原料を化学反応させることで得られる物質のこと。

繊維やペットボトルになるポリエステル、ギターの弦や水着になるナイロン、生活のあらゆる場面で見かけるプラスチックなどがある。

業界リンク

●石油業界

石油業界では化学製品の原料となる石油製品を販売する P.128

ガラス

さまざまなところに使われるガラス

ガラスの主な原料は、けい砂、ソーダ灰（炭酸ナトリウム）、石灰石。これらを調合した後、溶解などを経て完成する。

用途としては自動車、鉄道車両、建物の窓、鏡などがあり、それぞれのメーカーと取引する。

業界リンク

●自動車業界

ガラス業界にとって自動車ガラスの売上率は大きい P.36

業界 Check Point

今後の成長に欠かせない市場が、中国をはじめとするアジアです。石油化学製品の輸出先の多くは中国です。

とは言っても、石油化学製品や鉄鋼、非鉄金属、化学製品、ガラスなど、すべての素材において、中国はもちろん、ほかのアジア各国も自国の生産力を高めています。今後、競争はますます激しくなるでしょう。

Iron and Steel

製造業界❷ 素材業界Ⅰ

鉄鋼

激しさを増す価格競争。東京五輪後の需要の取り込みがカギ

鉄鋼業界の企業は、鉄鉱石などを原料に鋼材を生産します。その用途は、自動車、家電のほか、携帯電話、船、プラント、ビルなどの建築物、雑貨、玩具など私たちの生活のあらゆるものに広がっています。業態は原材料から最終鋼材までを一貫して生産する「高炉メーカー」と、鉄スクラップを原料に電気炉で鉄鋼を生産する「電炉メーカー」、圧延という単一工程で鋼材を生産する「単圧メーカー」があります。

２０００年代以降は中国・韓国の鉄鋼企業の急成長によって価格競争が激しさを増しています。また、自動車など取引先メーカーの低迷の影響で、日本の勢いは減速気味です。さらに今後は、新興国需要の成長率が鈍化し、輸出量が減少することも懸念されています。

主な募集職種

多くの場合、国内勤務と海外勤務に分かれる。海外の場合、石油のパイプラインの鋼管など大規模なインフラを担当することもある。

鉄鉱石やコークスといった原材料の仕入れ窓口を担当。仕入れ価格だけでなく輸送コストなども考慮し、企業の利益に貢献する。

製鉄の際に必要となる電気、燃料、水といったエネルギーを管理。製鉄所専用の発電施設のメンテナンスなどを行なう。

加工がしやすい軟鋼、通常の鋼より数倍の強度がある高抗張力鋼（ハイテン）などを、日々実験を繰り返し研究・開発する。

近年は、東京五輪関連に伴う建築などの需要が好調だったため、国内の鉄鋼素材の生産量は堅調に推移していましたが、新型コロナウイルス感染症の影響で鉄鋼各社も生産減に。東京五輪関連の需要は一段落しているものの、今後も都市再開発や大阪・関西万博、インフラの老朽化対策、災害による復興といった建設や設備関連の需要が見込まれており、鉄鋼各社は東京五輪後の需要を取り込もうと積極的な動きを見せています。

莫大な建造費、エネルギーが動く巨大プロジェクトも

この業界はスケールが非常に大きく、例えば大規模な製鉄所だと隣接する港から計画をスタートさせ、建造費は数千億円、使用する電力は火力発電所1つ分に匹敵するほどになります。

そのため、募集職種は多種多様です。主な職種では事務系で営業（国内・海外）、購買、生産管理などがあり、技術系では生産技術、品質管理、機械技術、電機エンジニア、エネルギー管理、建築、システムエンジニア、研究・開発、港湾開発などがあります。

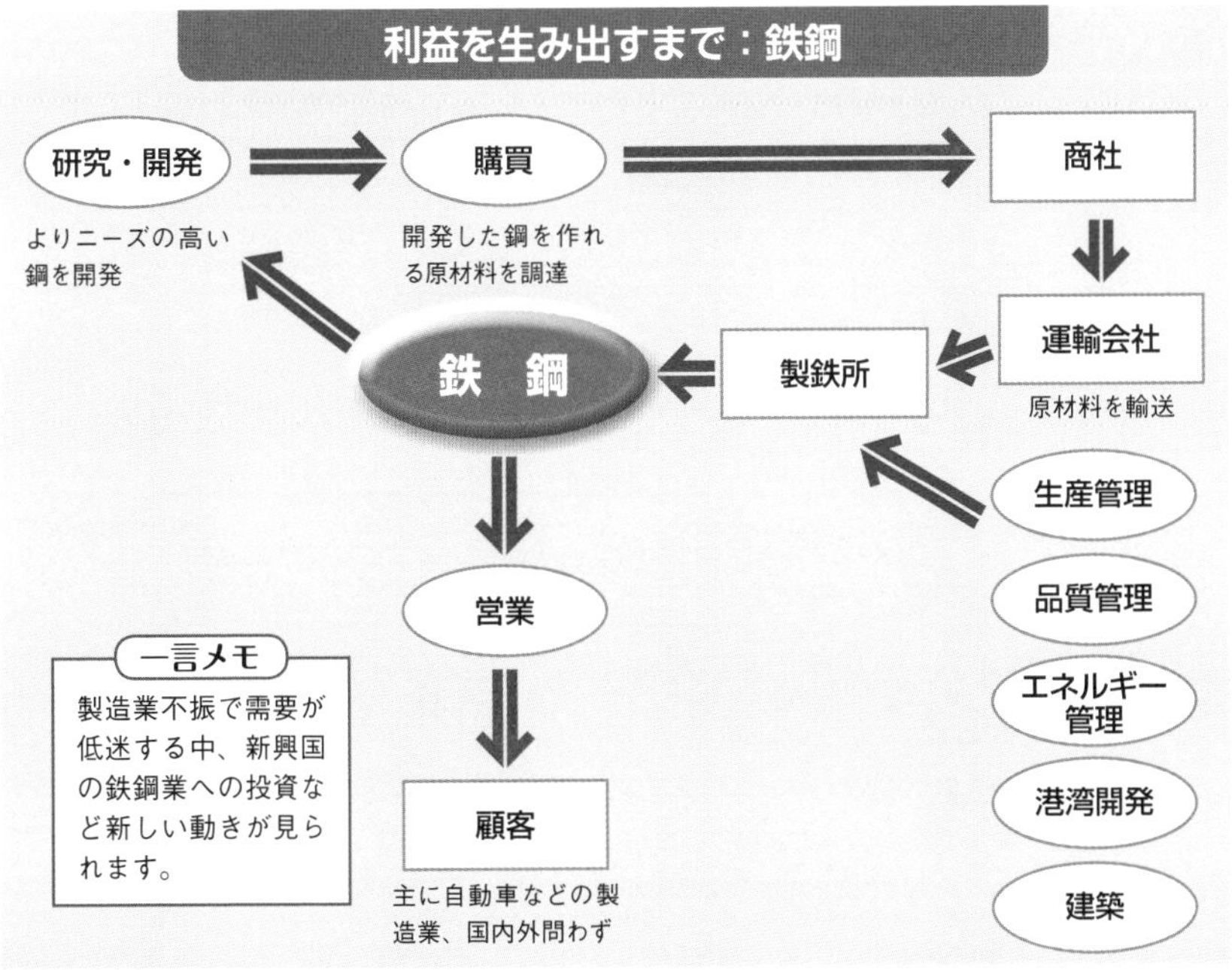
利益を生み出すまで：鉄鋼
研究・開発
よりニーズの高い鋼を開発
購買
開発した鋼を作れる原材料を調達
商社
運輸会社
原材料を輸送
製鉄所
鉄鋼
生産管理
品質管理
エネルギー管理
港湾開発
建築
営業
顧客
主に自動車などの製造業、国内外問わず
一言メモ
製造業不振で需要が低迷する中、新興国の鉄鋼業への投資など新しい動きが見られます。

非鉄金属

製造業界❷ 素材業界Ⅰ

Nonferrous metal

いかに安定的に入手するかが重要

非鉄金属とは、いわゆる「鉄」以外の金属のことを言います。銅や鉛、亜鉛、アルミニウムなど、消費量が多く加工がしやすい「ベースメタル」と、インジウム、チタン、ニッケル、クロム、コバルトなど、流通量が少なく、ハイテク製品の製造などに欠かせない「レアメタル」に大別されます。非鉄金属業界の企業は、非鉄金属の製錬（鉱石から金属を取り出すこと）、鋳造、加工などを行ないます。取り扱う製品によって「銅・合金・加工品」、「アルミ」、「貴金属・レアメタル」、そして「総合」などに分類されます。

精密機器などの需要が増えることで非鉄金属業界の需要も高くなっていますが、国内での売上は減少傾向にあります。そのため、新しい市場の開拓や、業界全体の規模の拡大に取り組むなどの事業展開が求められています。そこ

主な募集職種

営業

既存の製品を納品するだけでなく、顧客の技術開発に合わせて新素材を開発することもある。営業担当はそのような際も窓口となる。

人材管理

本社の人事機能とは別に、各工場において採用、労務管理、福利厚生業務などを行なう。従業員の働きやすい環境を整える仕事。

開発

新素材の開発だけでなく、製品を作り出す機械の開発・設計・製作まで担当。日々試験・評価を繰り返し、性能向上に取り組む。

生産技術

新製品を製造する際の、新規設備の設計・導入・生産ラインの立ち上げなどを行なう。電気・機械・材料など幅広い知識が必要。

で、各非鉄金属業界の企業は、国外からの需要に対応するため輸出強化に力を入れて、グローバル化に取り組んでいます。

さらに、昨今は日本でも廃棄される携帯電話やノートパソコンから大量にレアメタルが採れることが注目されるようになりました（いわゆる「都市鉱山」）。非鉄金属業界では、このようなリサイクル資源を回収・精錬（金属から不純物を取り除く）して利用することも活発化しています。また、環境ビジネスへの進出や、海外での鉱山開発も積極的に行なわれています。

業態によって募集職種は異なるが生産技術は幅広い知識が要求される

募集職種も業態の分類同様、取り扱う製品によって異なります。「総合」での主な職種は、事務系で営業、人材管理、購買、企画、技術系で開発、生産技術、設計、生産管理、セールスエンジニア、システム企画などがあります。

中でも生産技術は、新製品を製造するに当たっての新規設備の導入から生産ラインの立ち上げまでを行なうため、電気や機械、材料など幅広い知識が要求されます。

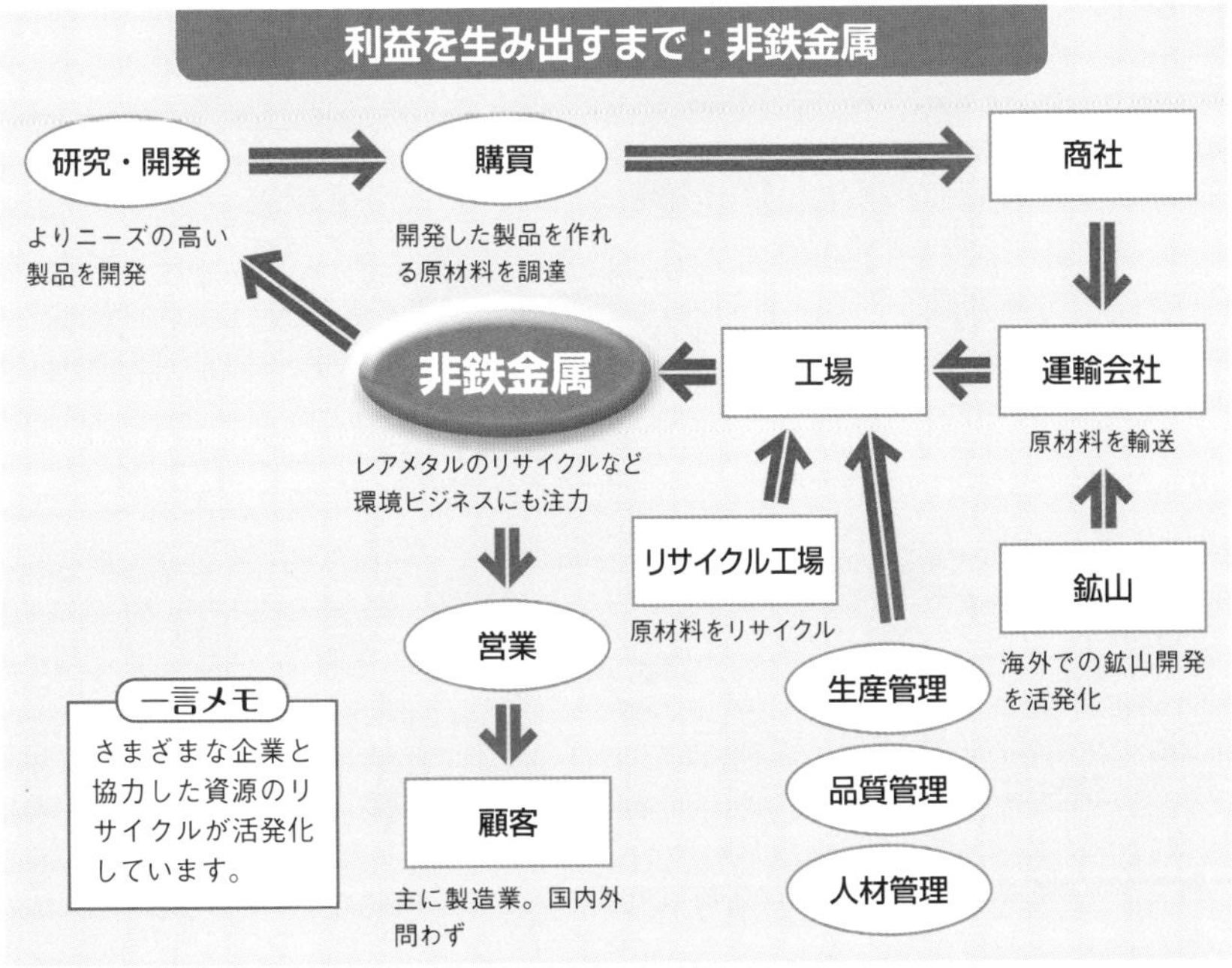
利益を生み出すまで：非鉄金属
研究・開発
よりニーズの高い製品を開発
購買
開発した製品を作れる原材料を調達
商社
運輸会社
原材料を輸送
鉱山
海外での鉱山開発を活発化
工場
非鉄金属
レアメタルのリサイクルなど環境ビジネスにも注力
リサイクル工場
原材料をリサイクル
営業
顧客
主に製造業。国内外問わず
生産管理
品質管理
人材管理
一言メモ
さまざまな企業と協力した資源のリサイクルが活発化しています。

Chemical

製造業界❷ 素材業界Ⅰ

化学

新興国市場の拡大で売上は好調に伸びる

化学業界の企業は、石油や天然ガスなどの原料に合成・分解などさまざまな化学反応を加え、プラスチックや合成ゴムの中間材料などを製造します。自動車や住宅、医療、電機、そして半導体など、あらゆる業界との取引が行なわれ、取り扱う製品によって「電子材料」、「誘導品」、「カーボン製品」、そしてすべてを扱う「総合」などに分類されます。

日本企業は、技術力を生かした高付加価値商品を開発することで収益性を維持するほか、中国など新興国市場の拡大で各社売上を伸ばしています。しかし輸出相手国である中国が、大規模な石油化学プラントを建造して自国の生産力を高めており、価格競争も懸念されます。

また、開発競争が激しい化学業界では、国家レベルで競

主な募集職種

営業

自社オリジナルではなく、価格競争の激しい汎用製品を担当する場合は、顧客の物流コスト見直しの提案などもする。

法務

各契約書の作成、審査、社内各部門からの法律相談などに対応する。また、M&Aの法的検討やコンプライアンス推進活動なども行なう。

研究

各基礎研究のほか、自社の開発製品を実際に使用する条件で検証。そのデータ、評価を開発部門にフィードバックする。

生産技術

石油化学プラントなど生産設備・施設の運転管理を行なう。運転条件の最適化や製造プロセスの開発・設計なども担当する。

争が行なわれています。そこで、日本では2012年2月に、兵庫県に最先端の巨大研究施設「SACLA（さくら）」が建造されました。この施設は日本企業500社の技術力を結集させたもので、細かい物を見る性能は米国施設の2倍、欧州施設の約3割高く、化学反応が変化する様子を原子レベルで瞬時にとらえることが可能になりました。主な使用機関は大学が中心ですが、民間企業も利用できるので、新素材開発に威力を発揮すると期待されています。

環境への負荷の少ない新しい生産技術の開発

主な職種は、事務系で営業、購買、法務などがあり、技術系で研究、開発、生産技術、設備管理などがあります。生産技術は生産プロセスの開発を行ないますが、効率的かつ環境への負荷の少ない生産技術の開発が求められます。設備管理は、稼動している設備の維持・保守・改良のほか、新規設備の設計・建設などを行ないます。

なお、大手の中には、関連企業での勤務となるケースもあるようです。

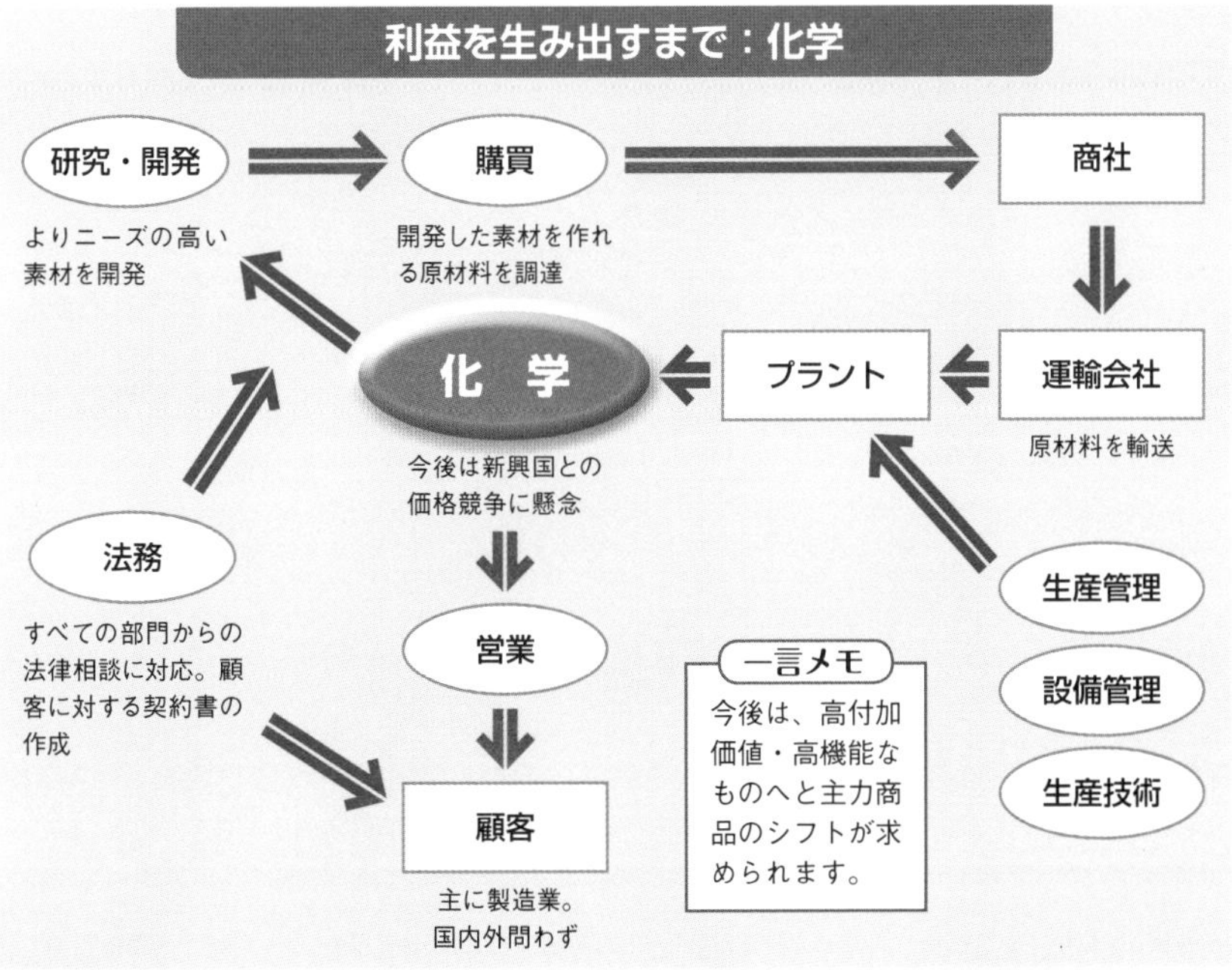
利益を生み出すまで：化学
研究・開発
よりニーズの高い素材を開発
購買
開発した素材を作れる原材料を調達
商社
運輸会社
原材料を輸送
プラント
化　学
今後は新興国との価格競争に懸念
法務
すべての部門からの法律相談に対応。顧客に対する契約書の作成
営業
顧客
主に製造業。国内外問わず
一言メモ
今後は、高付加価値・高機能なものへと主力商品のシフトが求められます。
生産管理
設備管理
生産技術

Glass

製造業界❷ 素材業界Ⅰ

ガラス

円高対応で生産拠点の移転が活発化

ガラス業界の企業は、ガラス・ガラス製品の製造・販売を行ないます。ガラスには板ガラス・電気用ガラス・光学ガラスなどがあり、自動車や住宅に使用される板ガラスの市場規模が最も大きく、近年は薄型テレビの普及に伴い、液晶ディスプレー用の薄型ガラス基盤の事業が伸びています。

業態は、製造する品目によって「光学ガラス・レンズ」、「電子材料」、そして「総合」に分類されます。

ガラスと聞いたらまず、アルミサッシの窓ガラスや自動車のフロントガラスといった身近なものをイメージする人が多いかもしれませんが、ガラス業界が扱う製品は、想像をはるかに超えるほど多種多様です。

防火・耐火ガラス、強化ガラス、ポリカーボネート、ス

主な募集職種

ほとんどは、対企業となるB to Bビジネス。必然的に取引規模は大きくなり、顧客のニーズによっては新工場の立ち上げまで必要となる。

世界中から「安く」「高品質」な原材料を調達するのはもちろん、工場で完成させた製品を効率よく納品するシステムも構築する。

10年後、20年後を見越した新技術の研究と、既存の技術を製品化に結びつけるための研究に分かれる。

工場の生産性・品質・安定性向上のため、日々技術を駆使する。また、新製品の試作品製作から量産体制の構築といった仕事もある。

マートフォン・液晶ディスプレー、DVD・BDプレーヤーの光学部品、さらにそれらの技術を応用したフッ素系ガス、フッ素系撥水撥油防汚加工剤、橋梁・航空機用の塗料樹脂などがあります。

東日本大震災などの影響を受け、電子部品や自動車関連の採算が悪化しましたが、共に復調傾向にあります。円高などに対応するため、ロシアや南米といった海外に生産拠点を移す動きが活発化しています。

売上の半分が海外。すべての業種で海外勤務の可能性

主な募集職種は、事務系では営業、購買・物流、法務、広報などがあり、技術系では研究、商品開発、生産プロセス、製造・生産技術、品質マネジメント、設備技術、生産管理などがあります。

海外での売上比率が50%を超える企業ばかりなので、事務系の営業をはじめ、技術系では製造プラントの建造・運営にかかわる、製造・生産技術、品質マネジメントなどは海外赴任の可能性が高いと言えます。

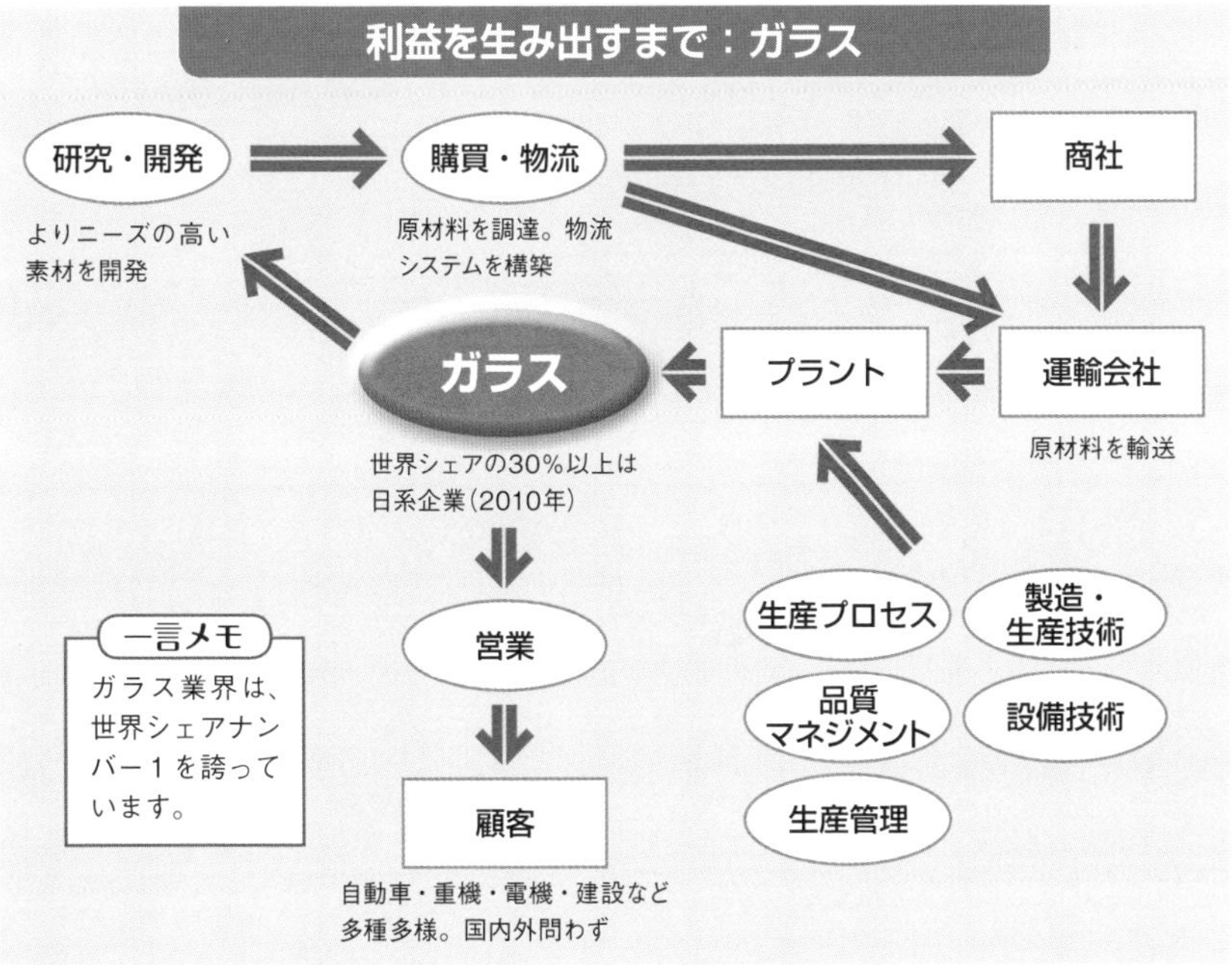
利益を生み出すまで：ガラス
研究・開発
よりニーズの高い素材を開発
購買・物流
原材料を調達。物流システムを構築
商社
運輸会社
原材料を輸送
プラント
ガラス
世界シェアの30%以上は日系企業（2010年）
営業
顧客
自動車・重機・電機・建設など多種多様。国内外問わず
生産プロセス
製造・生産技術
品質マネジメント
設備技術
生産管理
一言メモ
ガラス業界は、世界シェアナンバー1を誇っています。

製造業界❸

素材業界Ⅱ

素材業界とは?

素材業界Ⅱには、石灰石や粘土を主原料にした「セメント」、カーボンを主原料とした「タイヤ・合成ゴム」、木材を主原料とした「紙・パルプ」、天然・合成繊維と炭素繊維がある「繊維」を分類しています。

この業界の中には、国内シェアの9割を占めていたり、世界シェアでもトップクラスを誇る企業が多くあります。これはグローバル化のため、合併・再編を繰り返してきた結果でもあります。しかし、それでも近年の円高には苦戦しており、生産拠点を海外に移転する企業が目立っています。海外へ移転すると「賃金の安い労働者を雇える」「工場の建設費が安くなる」「製品を地産地消でき、輸送費などが安くなる」といったメリットがありますが、一方で「国内の雇用が減る」「技術が海外へ流出する」といったデメリットもあります。

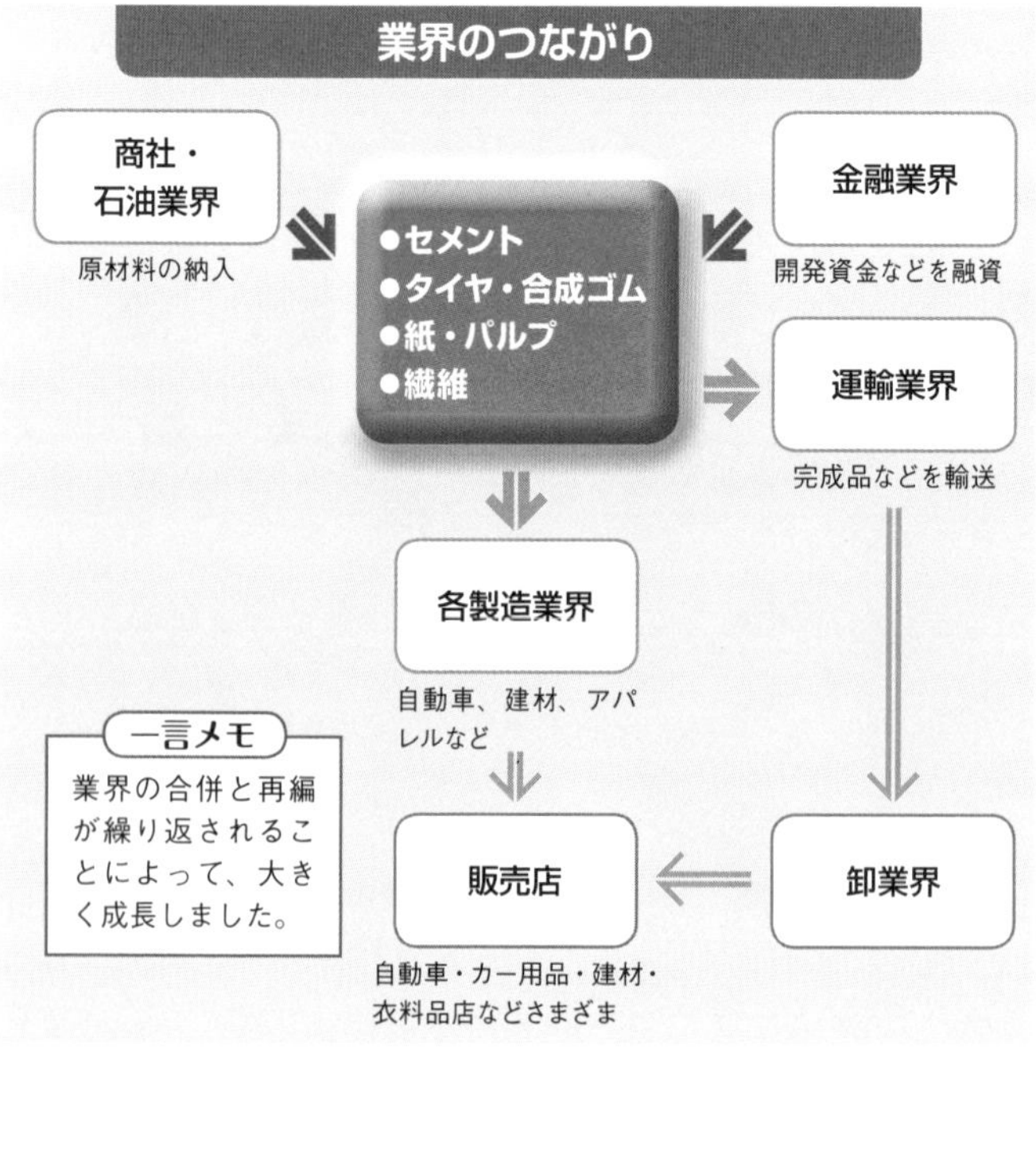
業界のつながり
商社・
石油業界
原材料の納入
●セメント
●タイヤ・合成ゴム
●紙・パルプ
●繊維
金融業界
開発資金などを融資
運輸業界
完成品などを輸送
各製造業界
自動車、建材、アパレルなど
販売店
自動車・カー用品・建材・衣料品店などさまざま
卸業界
一言メモ
業界の合併と再編が繰り返されることによって、大きく成長しました。

各業界の概要

タイヤ・合成ゴム

販売先は自動車メーカー、カー用品店など

タイヤの場合は天然ゴム、合成ゴム、カーボンブラック、硫黄、亜鉛華などの原材料を混合し、トレッド部といった各部位ごとに加工する。その後に、タイヤの形に組み上げる成型・加圧という流れで完成する。

業界リンク

●住宅業界
免震ゴムの開発などは、住宅メーカーと共同で行なうことがある P.116

セメント

特性を生かした幅広い用途

セメントの原料は石灰石、粘土、けい石、銅からみ、硫化鉄鋼からみ、石こうなど。これらを粉砕、焼成して仕上げる。セメントは硬化する早さなどによって種類があり、それぞれの特性に応じて一般建築、土木、歯の治療などに利用される。

業界リンク

●ゼネコン業界
ビル、橋梁・堤防など大型建築物の多くはセメントを使用する P.122

繊　維

天然繊維と化学繊維の2つに分けられる

主な繊維の種類には、衣料を中心に使用される毛、絹、綿、麻といった天然繊維、カーペット、釣り糸、スポーツ用品、安全ネットなどにも使用されるナイロン、ポリエステルといった化学繊維がある。取引先はそれらの業界になる。

業界リンク

●プラントエンジニアリング業界
海水淡水化プラントに水処理膜は不可欠 P.124

紙・パルプ

紙を大量に使用するマスコミ業界などと取引

紙の原料は木材チップや古紙。木材チップの場合は、薬品を加えて煮込み、洗浄・漂白してパルプを作る。そのパルプをシート状にして表面を滑らかにすれば紙となる。販売先は新聞・出版社のほか、カタログやパンフレットなどを作る企業。

業界リンク

●新聞業界
新聞のカラー化、スピード印刷化などのために技術革新に挑んでいる P.162

業界 Check Point

セメント、タイヤ・合成ゴム、紙・パルプ、繊維、これらのほとんどの業界に共通するのは、世界シェアの大きさです。タイヤの国内最大手企業は世界シェア1位でもあります。各社グローバルな経営をしており、世界各国に拠点を置いて展開している企業が多く見受けられます。

製造業界❸ 素材業界Ⅱ

セメント

Cement

エコ素材として見直されるセメント

セメント業界の企業は、石灰石などを主原料にした土木建築用の無機質接合剤「セメント」の製造・販売を主要業務としています。ほとんどは建築市場で取引されているため、建築業界の景況に左右されやすいと言えます。

一般的なセメントの原料には石灰石のほか、けい石、粘土などがありますが、最近は産業廃棄物も、これらの成分を含むリサイクル可能な資源として見直されています。

例えば、汚泥、ばいじん、焼却灰はそのまま原料として使用できますし、廃プラスチックや廃液は、熱エネルギーとして利用できます。

すでにセメント製造におけるエネルギー代替廃棄物は、製造工程において約15％超、自家発電利用において約10％超という高い再利用率を実現しています。つまり、セメン

主な募集職種

セメントのエンドユーザーは建設会社や生コンクリート会社。しかし、ほとんどの場合は、その中継点となる販売会社を担当する。

近年はセメントの材料として産業廃棄物を利用するケースが増えている。自治体などから処理費用をもらい引き取る段取りをする。

セメントの原料となる石灰石や粘土を求めて鉱山の地質調査を行なう。通常１～２週間、長いときでは１カ月以上も山に入る。

セメントならではの研究として、産業廃棄物のリサイクルがある。さまざまな有害物質を除去するための化学反応を検証する。

トは非常にエコな素材でもあるのです。

近年の首都圏や大都市でのマンション・商業施設建設の活発化などで出荷は好調です。また、東北での震災復興需要も増えていますが、原燃料価格が上昇しており、これを製品価格に転嫁できるかが課題と言えます。

今後は、道路や空港などのインフラの整備が進む中国をはじめ、海外での日本の高品質なセメントの需要が増えていくと考えられます。

化学から医薬品まで多方面に進出

一口にセメント業界と言っても、多くの企業はその技術力を生かし、化学品・樹脂、建材、電子部品、医薬品などの分野に進出しています。そのため、募集職種は多岐にわたります。

セメント部門での主な募集職種は、事務系では営業、環境、購買、広報などがあり、技術系では資源、研究、生産技術、品質マネジメント、設備技術、生産管理などがあります。資源担当になると、原料の石炭石などを求め、地質調査などのため鉱山に1カ月以上も入ることがあります。

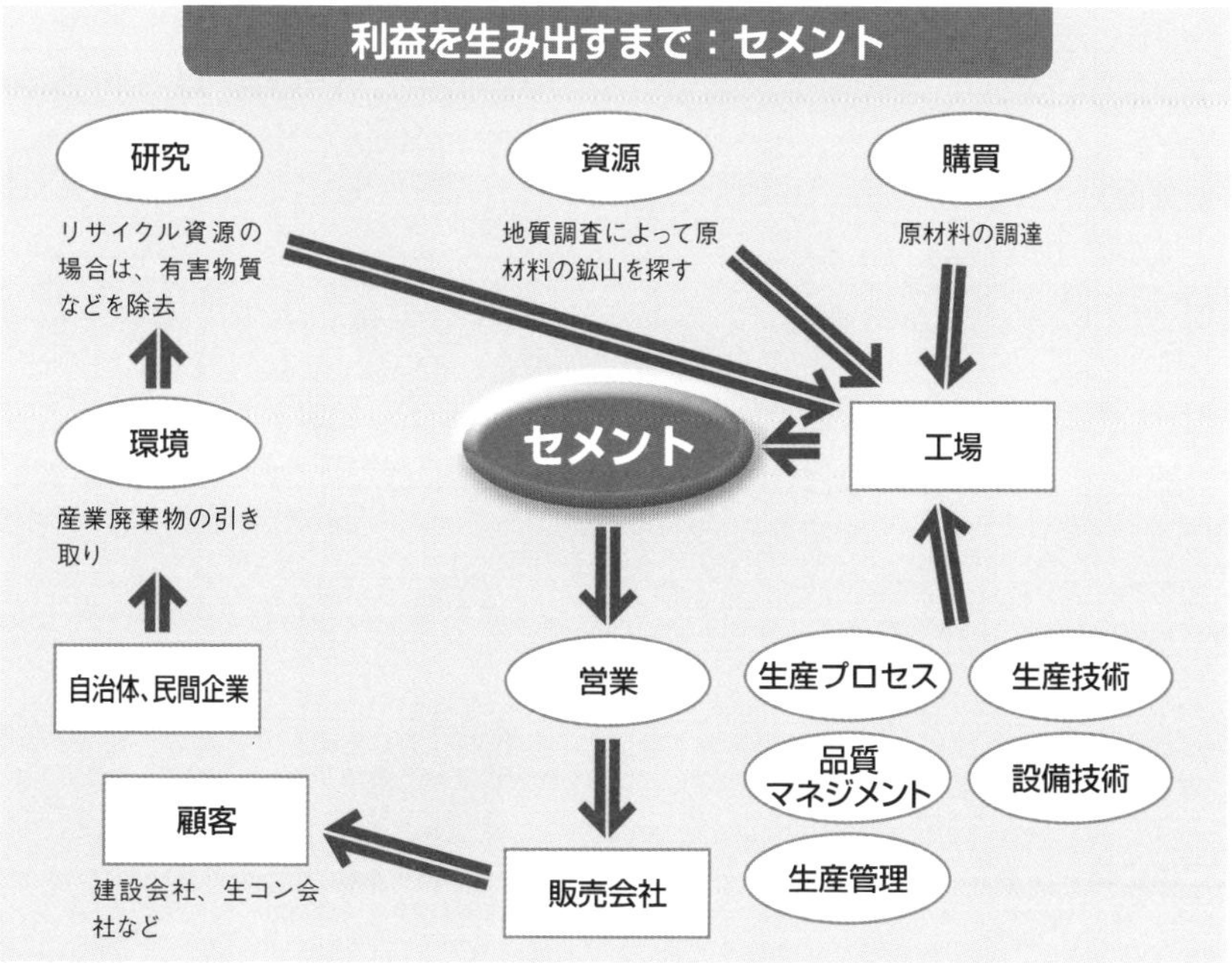
利益を生み出すまで：セメント
研究
リサイクル資源の場合は、有害物質などを除去
資源
地質調査によって原材料の鉱山を探す
購買
原材料の調達
環境
産業廃棄物の引き取り
セメント
工場
自治体、民間企業
営業
生産プロセス
生産技術
品質マネジメント
設備技術
生産管理
顧客
建設会社、生コン会社など
販売会社

Synthetic rubber

製造業界③ 素材業界Ⅱ

タイヤ・合成ゴム

自動車需要の急増で好調。環境・防災製品の開発に期待

ゴム業界は大きく分けると、タイヤを中心に扱う企業、工業用や一般向けのゴム製品を扱う企業、そしてゴムの素材を提供するメーカーに分けられます。ゴム製品の大半はタイヤとチューブですが、業界は世界シェア1位の大手企業と、それ以外の中堅企業に分かれます。

この業界の製造品目は、各種タイヤ以外にも、アルミホイール、ゴルフクラブなどのスポーツ用品、免震ゴムなどの高機能ゴム、ゴム手袋などの生活用品、さらにトンネル用の止水材まで多種多様です。

近年は、新興国を中心とした自動車需要の急増で、タイヤの受注も増加傾向にあるため、各社ともさらなる新興国市場の開拓に注力しています。

また、現在、自動車に関する旬なキーワードと言えば

主な募集職種

タイヤの場合は小売店担当と自動車メーカー担当に分かれる。前者はカー用品店などへ営業。後者は新車装着タイヤを営業する。

市場ニーズの高い商品を最適なタイミングで発売するため、生産・販売・開発部門と協力しながらプロジェクトを推進する。

例えば材料研究の場合は、各素材の特性を知るため分子レベルで物性解析。製品の目的に合った材料の開発をサポートする。

タイヤを例にすると、溝を多くすることで排水性は上がるが静音性が下がる。このような両立の難しい性能を高次元で調整する。

「低燃費」。タイヤも関係するため、各メーカーはその開発にしのぎを削っています。その一貫として、同じ力を加えた場合、より遠くへ転がるように設計された低燃費タイヤについて、日本自動車タイヤ協会では、同一条件でテストを行ない、各タイヤにその結果を等級表示。メーカーを問わず、一律にその性能を比較することができるラベリング制度を導入するなどしてさらなる開発を促しています。

ほかにも、リサイクルタイヤや建築用免震ゴムなどといった環境・防災製品の開発も注目されています。

新事業進出で募集職種も多岐にわたる

各企業の高い技術力を生かしてさまざまな分野へと進出しているタイヤ・合成ゴム業界では、募集職種も多岐にわたっています。主な職種としては事務系で営業、商品企画、購買、広報、生産管理などがあり、技術系で研究、開発、設計、品質管理などがあります。

タイヤ業界で言えば、営業はカー用品店などへの営業を行なう小売店担当と、新車に装着するタイヤを営業するメーカー担当とに分かれます。

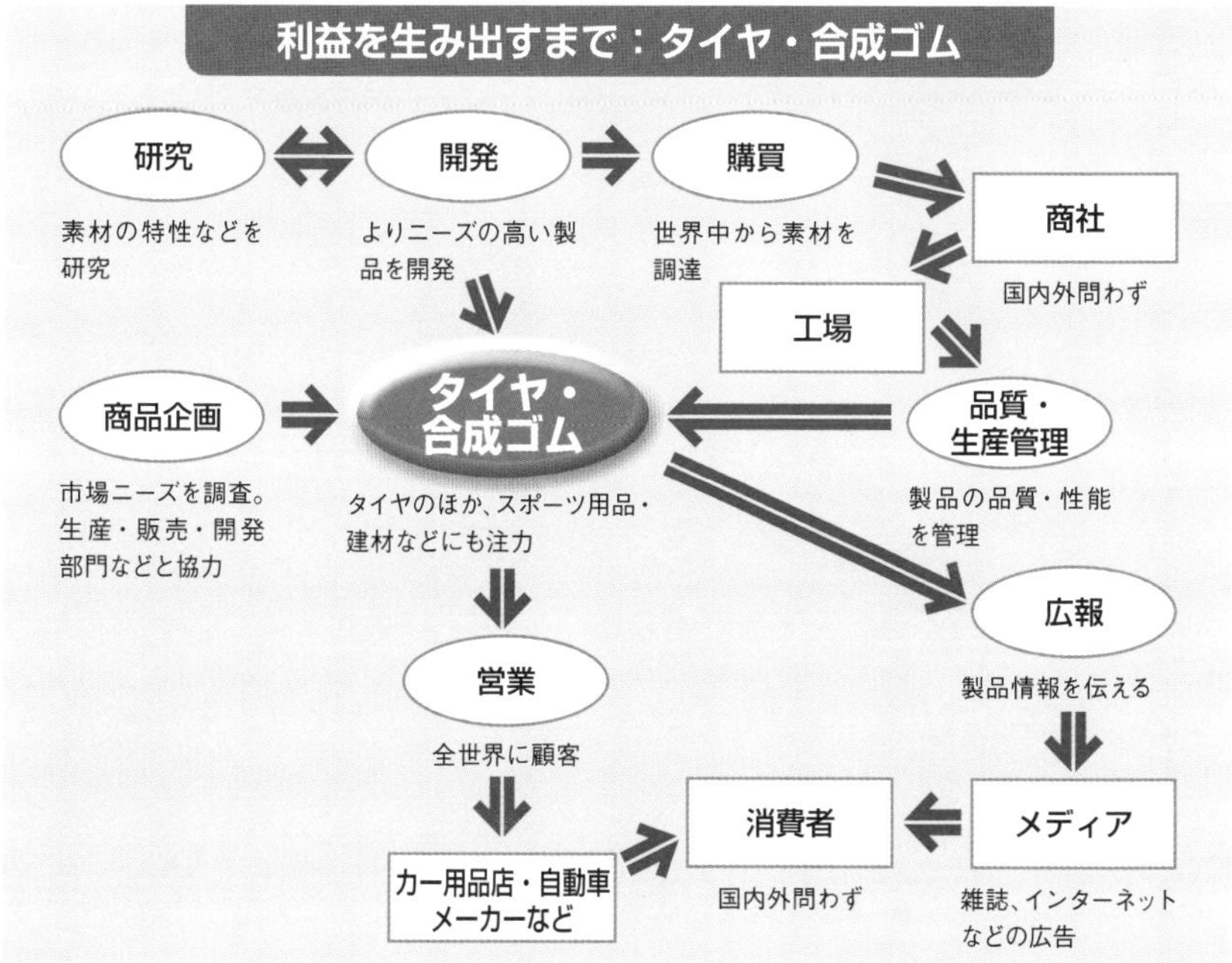
利益を生み出すまで：タイヤ・合成ゴム
研究
素材の特性などを研究
開発
よりニーズの高い製品を開発
購買
世界中から素材を調達
商社
国内外問わず
工場
品質・生産管理
製品の品質・性能を管理
商品企画
市場ニーズを調査。生産・販売・開発部門などと協力
タイヤ・合成ゴム
タイヤのほか、スポーツ用品・建材などにも注力
広報
製品情報を伝える
営業
全世界に顧客
消費者
国内外問わず
メディア
雑誌、インターネットなどの広告
カー用品店・自動車メーカーなど

製造業界❸ 素材業界Ⅱ

紙・パルプ

Paper & Pulp

円高や原燃料の価格高で苦戦

紙・パルプ業界の企業は、紙の原料である木材などの植物から取り出した「パルプ」をはじめ、印刷用紙や新聞用紙などの情報用、段ボールやクラフト紙などの包装用、電気絶縁紙などの工業用、トイレットペーパー・ティッシュペーパーなどの衛生用の紙・板紙など多種多様な紙製品を製造します。

急速な円高の進行、パルプ市況の悪化、木材チップなど原燃料価格の上昇などに加え、東日本大震災の津波による工場のダメージで、各社苦戦を強いられましたが、生産拠点の海外移転やアグリ（農業関連）といった非紙事業の拡大などで回復を急いでいます。国土面積の狭い日本にとっては、古紙利用率のアップも必須の課題です。業界全体が古紙回収システムの整備に力を入れた結果、古紙配合率の

主な募集職種

営業

アパレル、外食、各メーカー、流通、旅行など、紙・パルプ業界は取引業種が多種多様。担当が決まれば各業種の勉強は不可欠。

生産計画

前年の季節トレンドや営業からの情報を基に生産量を決定する。また、無駄のない材料の在庫管理も職務の1つ。

研究

同一製品でも技術によってコストダウンが図れないか、異なる工場でも品質が均一にできないか、などを研究する。

生産管理

大規模な抄紙機（しょうしき）は1日に数百トンもの紙を製造し、その総工費は数百億円。このような装置の調整・管理を行なう。

高い板紙の生産は年々上昇。リサイクル先進国として地球規模の社会的意義は大きく、また、国際競争力という意味でも重要なポイントとなっています。

日本における紙の生産量は中国、アメリカとともに世界トップクラスで、落ち込み気味とはいえ国民1人当たりの消費量も世界トップクラス。これまでは内需中心でしたが、近年は中国や欧州のメーカーが日本への輸入を増やしているため、国内メーカーは業界再編や生産拠点の海外移転などを進めています。

多彩な取引先に対応する幅広い知識が求められる

主な募集職種は、事務系では営業、生産計画、購買・物流などがあり、技術系では研究、開発、生産管理、プラント設計、エネルギー管理などがあります。生産拠点を海外に移す動きが活発なため、どの職種においても海外勤務の可能性があります。

アパレルから外食、メーカー、流通まで、あらゆる業種との取引が行なわれるため、営業担当者はさまざまな業界に関する勉強が不可欠になります。

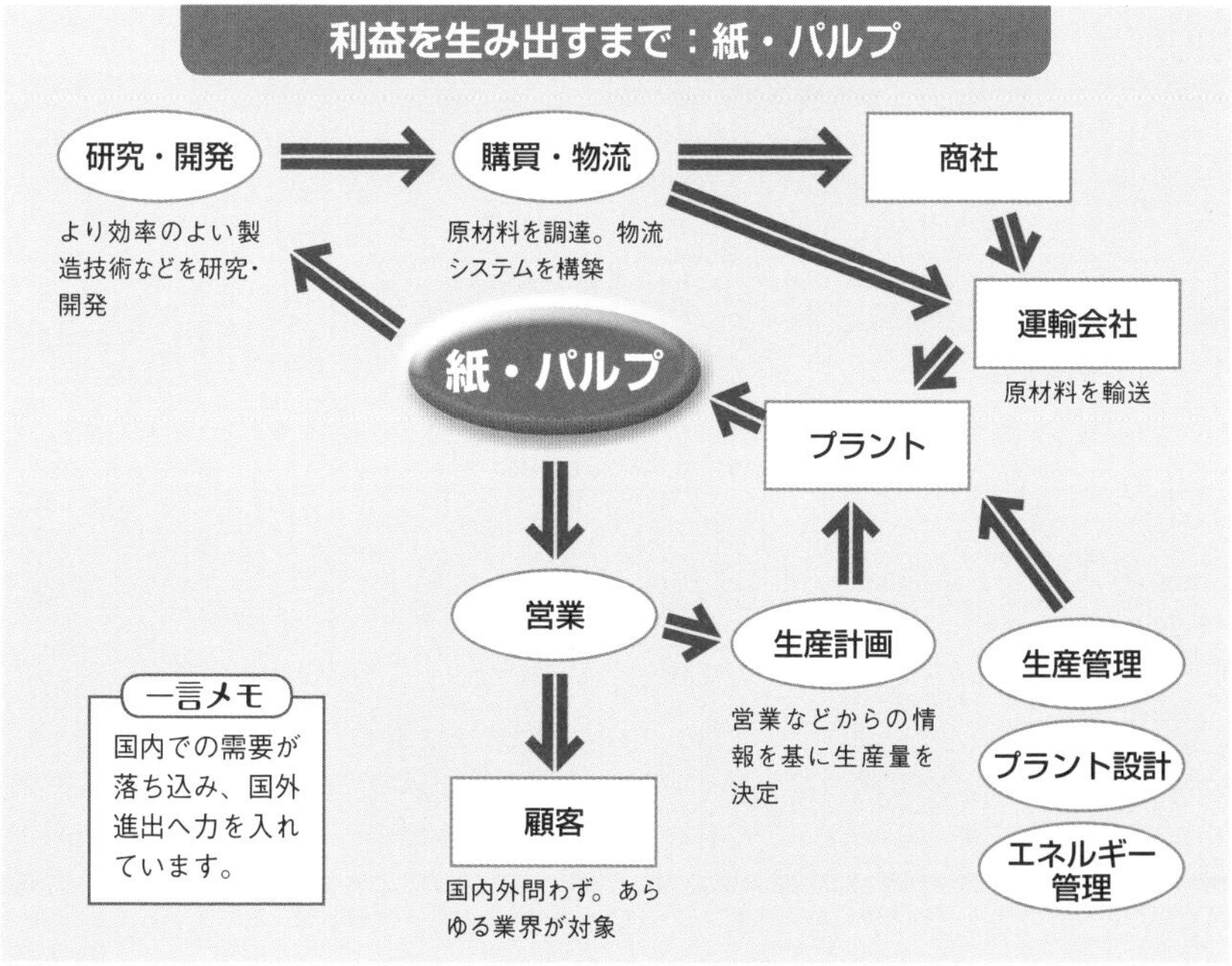
利益を生み出すまで：紙・パルプ
研究・開発
より効率のよい製造技術などを研究・開発
購買・物流
原材料を調達。物流システムを構築
商社
運輸会社
原材料を輸送
紙・パルプ
プラント
営業
生産計画
営業などからの情報を基に生産量を決定
生産管理
プラント設計
エネルギー管理
顧客
国内外問わず。あらゆる業界が対象
一言メモ
国内での需要が落ち込み、国外進出へ力を入れています。

Fiber

製造業界③ 素材業界Ⅱ

繊維

需要増加で回復傾向。環境分野にも期待感

繊維業界の業態は、アパレルなどに用いる繊維や布を製造する「衣料用繊維・布」、自動車・医療・電子部品向けの特殊繊維・機能材を製造する「産業繊維・材料」、そして両方を製造する「総合」に分類できます。

この業界の製造する品目は、一般的な繊維のほか、前述の特殊繊維、バイオ・医療関連、フィルム関連、水関連と非常に幅広いのが特徴です。

衣料用繊維は新興国の需要増加や生産能力の効率化などで回復傾向ですが、一般的な繊維の市場は中国など新興国との価格競争で厳しさを増しています。さらに、新型コロナウイルス感染症の影響で、衣料向けや航空機などの産業用の需要が減少。繊維大手4社の業績はそろって減収になりました。しかし、自動車業界の復調などで受注は少しず

主な募集職種

新素材担当になれば「この素材を使ったらこうなります」といった提案営業が中心になる。国内外両方を担当するケースも。

安定供給と品質を維持しながら、コストダウンを実現する。ときには商社と組んで新しい原材料を探すこともある。

エアバッグ、水処理膜などに、より適した新素材を研究・開発する。市場に認められれば世界中で使用されることもある。

生産設備や生産プロセスを開発する。設備の設計から試作品製作、検証、生産ラインの立ち上げまで携わることができる。

つ回復しています。

そのほか、日系企業が近年注力しているのが、先端技術を結集した水事業です。この事業で使用する水処理膜の技術は、まだまだ日本がリードしています。産業排水などの再利用ニーズも高まると見られ、世界的にも注目されています。

今後は衣料用繊維の海外生産や、繊維技術を生かした水処理膜の開発といった分野での活躍が期待されます。

研究・開発職は新分野へのチャレンジの可能性

繊維以外の事業への進出や高機能繊維の開発、環境対応などにより、募集職種も多種多様になります。主な職種は、事務系では営業、購買・物流、商品企画など、技術系では研究・開発、生産技術、生産管理、情報システムなどがあります。

特に研究・開発は、自動車のエアバッグや水処理膜などに適した新素材の開発が期待され、市場に認められれば、世界規模で採用される可能性もあります。

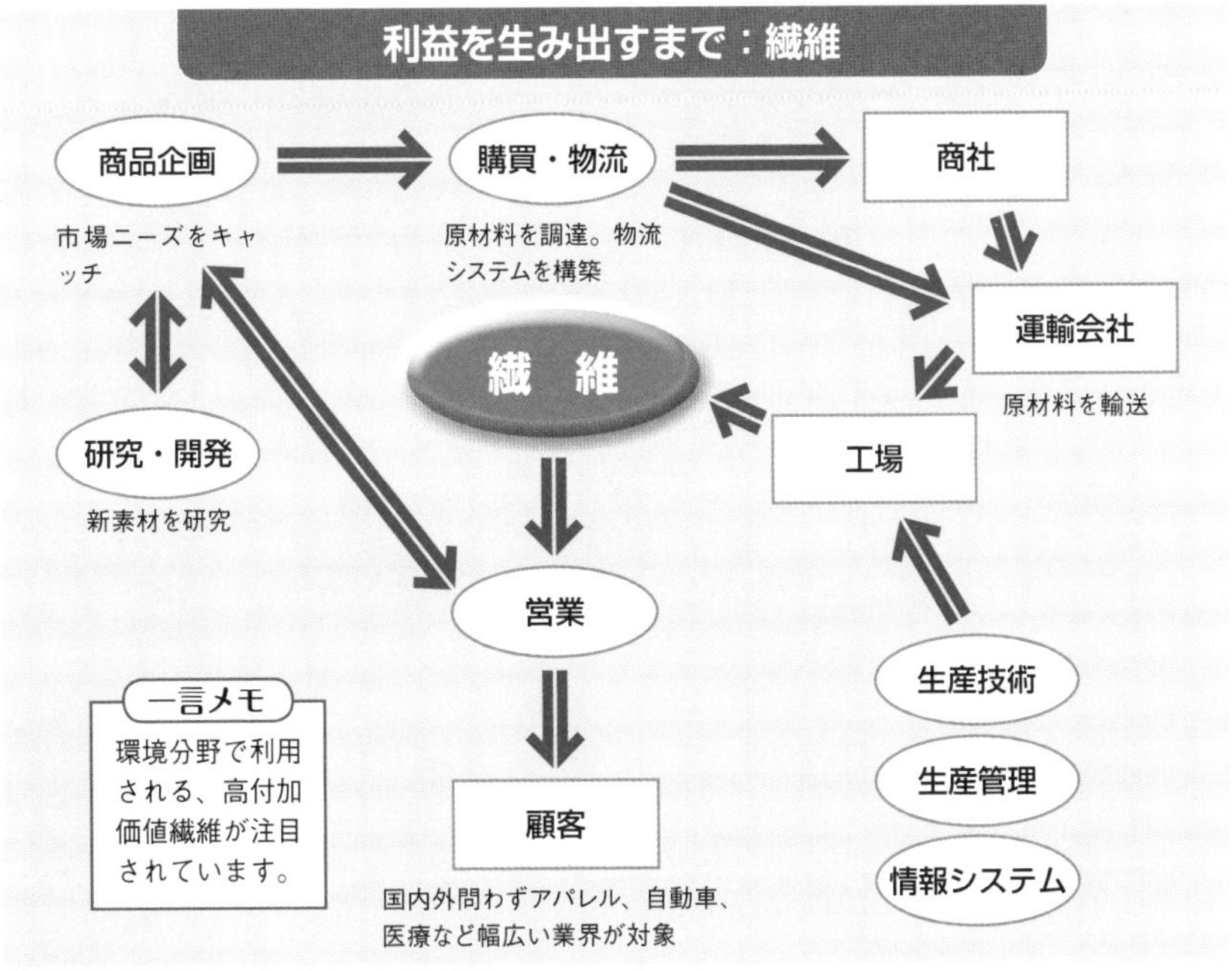
利益を生み出すまで：繊維
商品企画
市場ニーズをキャッチ
購買・物流
原材料を調達。物流システムを構築
商社
運輸会社
原材料を輸送
繊維
工場
研究・開発
新素材を研究
営業
顧客
国内外問わずアパレル、自動車、医療など幅広い業界が対象
生産技術
生産管理
情報システム
一言メモ
環境分野で利用される、高付加価値繊維が注目されています。

製造業界④

生活関連用品業界

生活関連用品業界とは?

生活関連用品業界には、「化粧品・トイレタリー」、「食品・飲料」、「医薬品」、「アパレル」があり、それぞれ商品を企画・開発し、製造、販売しています。「衣」、「食」に関連するこの業界は景気による浮き沈みが少なく、安定した業界だと言われてきました。

ところが、少子高齢化による人口減少の影響で、国内の市場の縮小は避けられない状況です。そこで、各社は新興国への販路拡大を加速しました。例えば、ビール消費量では日本に対して中国は約8倍超、ブラジルは2・3倍超です。また医薬品では、最も市場規模が大きいのはアメリカですが、成長率が非常に高いのは中国とブラジルです。これら新興国のシェア争いが各企業の存続を左右すると言っていいでしょう。

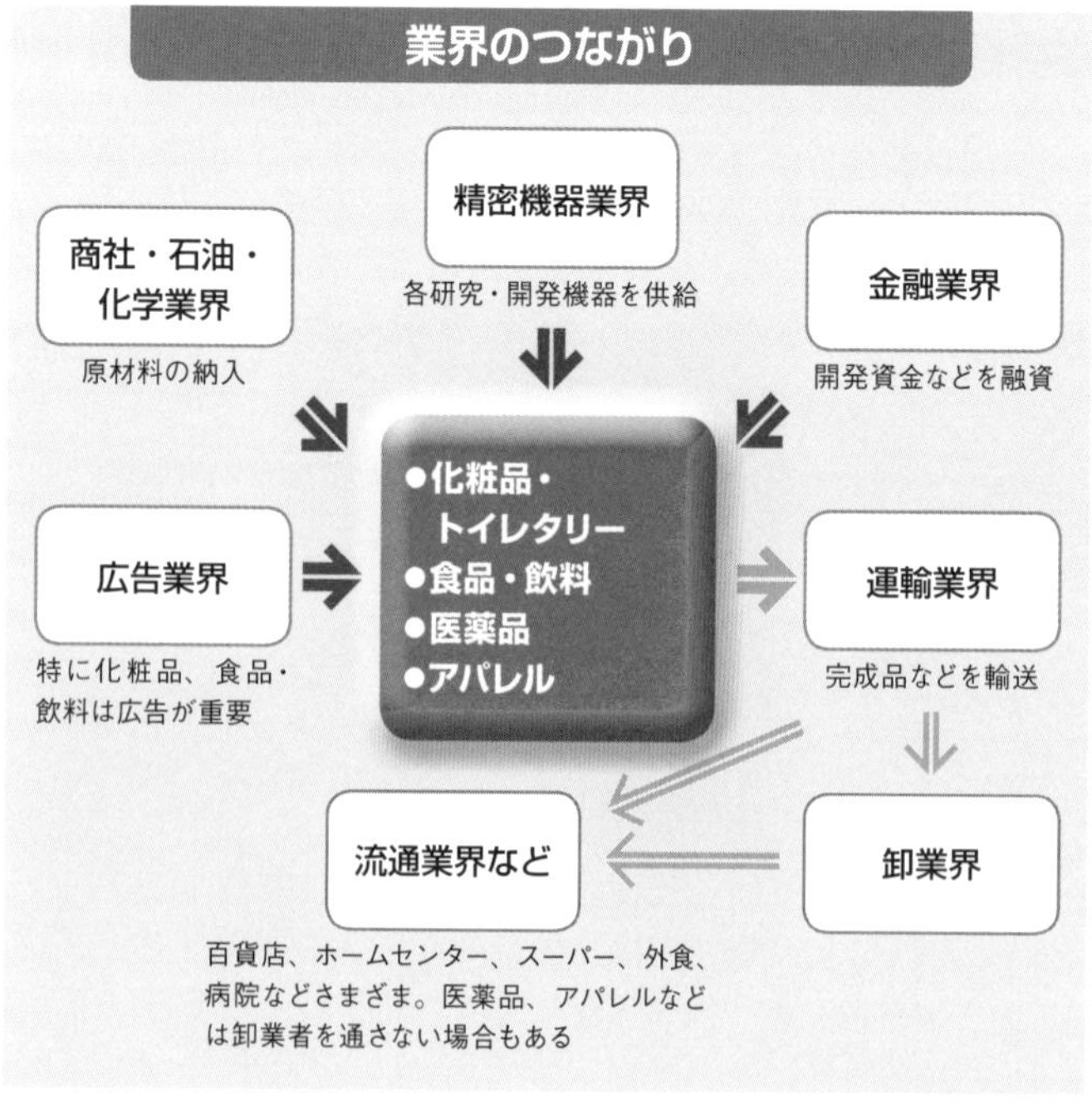
業界のつながり
精密機器業界
各研究・開発機器を供給
商社・石油・化学業界
原材料の納入
金融業界
開発資金などを融資
●化粧品・トイレタリー
●食品・飲料
●医薬品
●アパレル
広告業界
特に化粧品、食品・飲料は広告が重要
運輸業界
完成品などを輸送
流通業界など
卸業界
百貨店、ホームセンター、スーパー、外食、病院などさまざま。医薬品、アパレルなどは卸業者を通さない場合もある

各業界の概要

食料・飲料

取引は卸業者だけではなく直接小売店と行なうことも

食料の業態は「粉」「油」「調味料」「水産物」「加工・冷凍食品」「ハム・ソーセージ」「菓子」「パン」などに分類され、飲料の業態は、「ビール」「アルコール飲料」「コーヒー」「乳飲料」などに分類される。取引先は卸業者、または直接量販店になる。

業界リンク
●フードサービス業界
流行を誘うお酒の飲み方の提案は、外食産業から試みる P.142

化粧品・トイレタリー

販売方法はメーカーによってさまざま

化粧品の販売窓口は、百貨店、量販店、通信販売、訪問販売、美容室、専門店などメーカーによって異なる。また直営の場合もあれば卸業者を通す場合もある。トイレタリーとは石けん・ボディーソープ、リップクリーム、シャンプー・コンディショナーなど日用品のこと。

業界リンク
●広告業界
イメージづくりが重要な化粧品業界にとって、広告はなくてはならない P.172

アパレル

自社商品をそのまま直営店で販売することも

アパレルの業態は、取り扱う商品によって「カジュアル」「紳士服」「下着・靴下」、そして高級品からカジュアルまで幅広く扱う「総合」などに分類される。

大手の場合、販売を直営店で行なっているパターンが多く見られる。

業界リンク
●化学業界
発熱・速乾などの新機能を持つ衣料素材は、化学メーカーと共同開発することがある P.44

医薬品

3つの業態と卸を介した販売が特徴

医薬品の業態は、医療機関向け医薬品を製造する「医療用医薬品」、ドラックストア向け医薬品を製造する「一般用医薬品」、特許切れの医療機関向け医薬品を製造する「後発医薬品」などに分類される。販売はすべて卸業者を通すことになる。

業界リンク
●精密機器業界
医薬品の開発・検査には精密機器の使用がかかせない P.32

業界 Check Point

近年、特に食品・飲料業界や医薬品業界では、M&A(企業の合併・買収)が活発化しています。M&Aには、規模が大きくなることで多角化や弱体部門の強化ができるといったメリットがある一方で、異なる社風の融合が難しく、社員同士に溝が生まれる可能性があるといったデメリットもあります。

Cosmetic & Toiletry

製造業界④ 生活関連用品業界

化粧品・トイレタリー

戦略的に行なわれる低価格商品の販売

化粧品・トイレタリーを扱う企業では、スキンケア化粧品、メイクアップ化粧品をはじめ、オーラルケア、シャンプー、リンス、石けん、生理用品、入浴剤、消臭剤、芳香剤、殺虫剤などの日用品を製造しています。

業態は、製品の販売先によって「百貨店」「量販店」「通信販売」「訪問販売」「美容室」「専門店」、そして「総合」に分類することができます。

リーマンショック、東日本大震災を経て、消費者の節約志向は年々強まり、また、少子高齢化によって国内市場は縮小傾向にあります。化粧品も「似合うか分からないものは買わない」という傾向が目立つようになりました。

そこで、各社とも実際に自身の顔に仮想の化粧を試してから購入を決められるシステムの開発に着手しています。

主な募集職種

担当する販売店や卸業者、また美容部員の課題に対応。それぞれの人と協力しながら、より売れる店頭づくりに取り組む。

ロジスティクスとは、開発から販売までの物流全般のこと。これらを一括管理し在庫の適正化、物流コストの低減などを行なう。

市場調査の結果から得た顧客ニーズに合わせて、新製品を研究・開発。試作品を繰り返し使用し、原料の配合量や種類を決定する。

製品コンセプトにふさわしいパッケージをデザイン。そのほか、説明書、試用見本など、さまざまなものを手掛ける。

例えばスマートフォンなどの画面上で、自分の顔写真に、ファンデーションや口紅など約90種類の中から好きなものを選んで試用し、気に入ったものの品番を保存できるシステムを提供。これを使えば、購入希望者は店頭で迷わずに買えます。

また、低価格を売りにした商品の販売やドラッグストアの急激な普及などにより、低~中価格帯の量販店舗での取り扱いに重点を置いた販売戦略の取り組みも見られます。

一方、アジアを中心に海外進出も強まっています。特に東南アジアでの売上は好調で、生活必需品である住居用洗剤など、トイレタリー用品の需要が高まっています。

研究開発から企画・デザインなどクリエーティブな職種も

主な募集職種は、事務系では営業、広報、商品企画、購買、開発から販売までを一括管理して在庫の適正化などを行なうロジスティクスなど、技術系では研究・開発、生産技術、設備設計など、多種多様な職種があります。

また、パッケージなどのデザインやコピーライティングを行なうクリエーティブ職を募集する企業もあります。

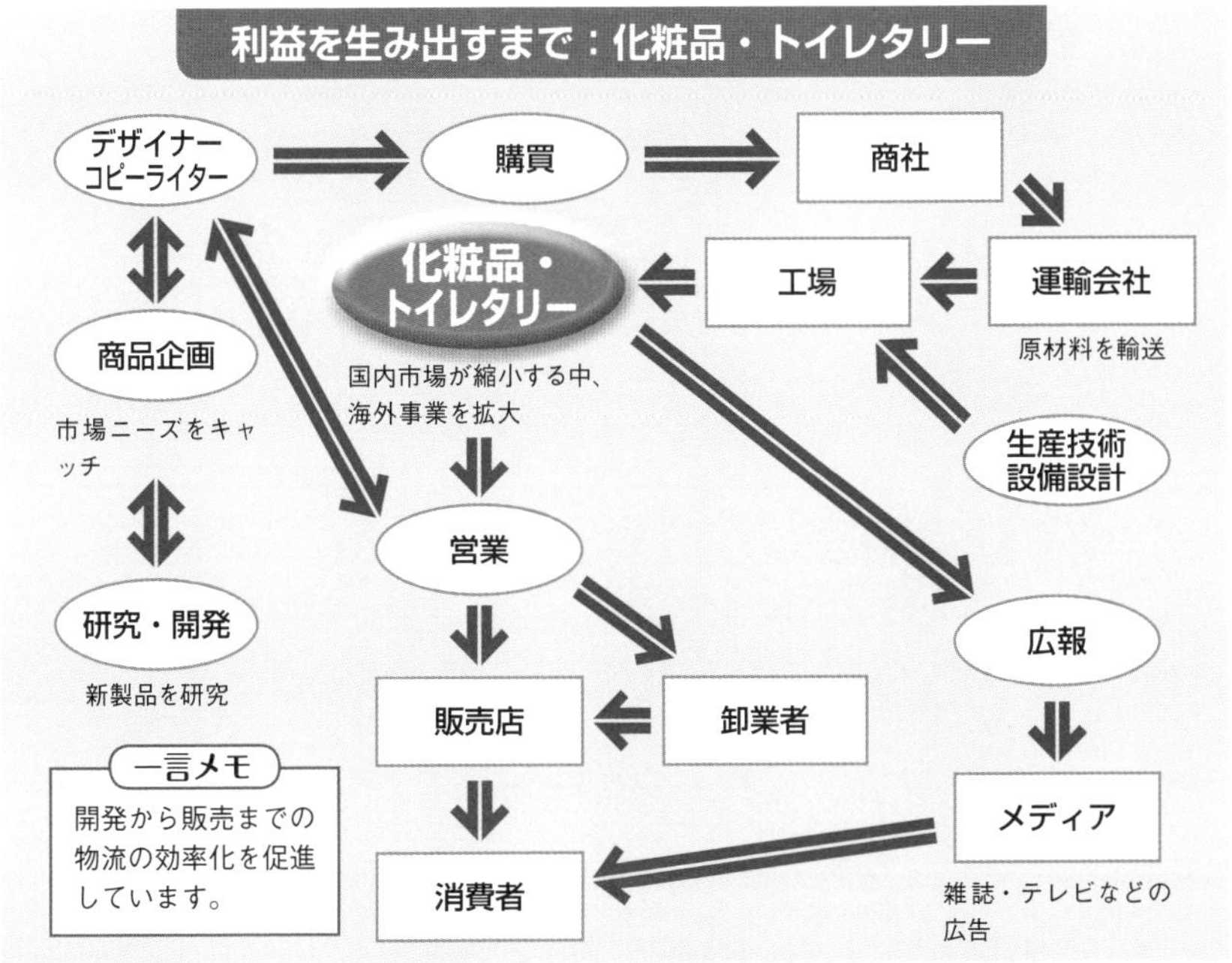
利益を生み出すまで：化粧品・トイレタリー
デザイナー
コピーライター
購買
商社
化粧品・トイレタリー
工場
運輸会社
原材料を輸送
国内市場が縮小する中、海外事業を拡大
商品企画
市場ニーズをキャッチ
生産技術
設備設計
営業
研究・開発
新製品を研究
広報
販売店
卸業者
メディア
雑誌・テレビなどの広告
消費者
一言メモ
開発から販売までの物流の効率化を促進しています。

Food & Drink

製造業界④ 生活関連用品業界

食品・飲料

ノンアルコールや介護用食品の拡販に期待

食品業界では、製粉、製パン、製菓、食肉加工、加工食品（即席めん・冷凍食品・レトルト食品）や調味料などの製造が行なわれています。

業態は、「粉」「油」「調味料」「水産物」「加工・冷凍食品」「ハム・ソーセージ」「菓子」「パン」などに分類され、飲料業界の業態は、「ビール」「アルコール飲料」「コーヒー」「乳飲料」などに分類されます。

長引く消費低迷の影響により、消費者の購買意欲はなかなか上がらず、プライベートブランドの台頭や大手小売の値下げの圧力など、業績は後退していると言えます。

また、国内の酒類消費量は96年度をピークに約1割超で減少しています。今後も若者のビール離れなどで伸び悩むと予想されています。

主な募集職種

大手スーパーや卸業者などを担当。スーパーでは地域特性に合った商品陳列の提案やPOPの設置などを行なう。

さまざまな食材をどのような商品にして、どのようなターゲットに売っていくかを検討。ときには有名飲食店のおいしさの秘密を探る。

数ある素材の中から、市場ニーズの高いものを厳選。試食・試飲を繰り返し、商品コンセプトにぴったりのものを作り上げていく。

原料受け入れから商品出荷までの検査業務や、消費者クレームの原因究明などを担当。1日数回「味」の確認も行なう。

ただし、アルコール需要は減るものの、ノンアルコールビールや清涼飲料水の売上は伸びています。そこで酒類各社は、多彩なお酒の飲み方を提案しています。赤ワインをコーラで割った「カリモーチョ」、白ワインをジンジャーエールで割った「オペレーター」、ブランデーに炭酸水とオレンジジュースを加えた「ブランデースプリッツァー」などで、これまで飲酒の習慣がなかった女性や若者へ、手軽さとおいしさをアピールしています。

今後は高齢者向けの介護用フリーズドライ・レトルト食品の拡販で成長を見込んでいます。また、国内外でM&Aが加速する様子も見られます。

市場のニーズをキャッチし生産・管理を行なう

主な募集職種は、事務系では営業、マーケティング、広報、購買・物流などがあり、技術系では研究・開発、生産管理、品質管理、設備管理、設計などがあります。

品質管理では、原材料の受け入れや商品出荷までの検査業務だけでなく、消費者クレームの原因を究明するための業務も行ないます。

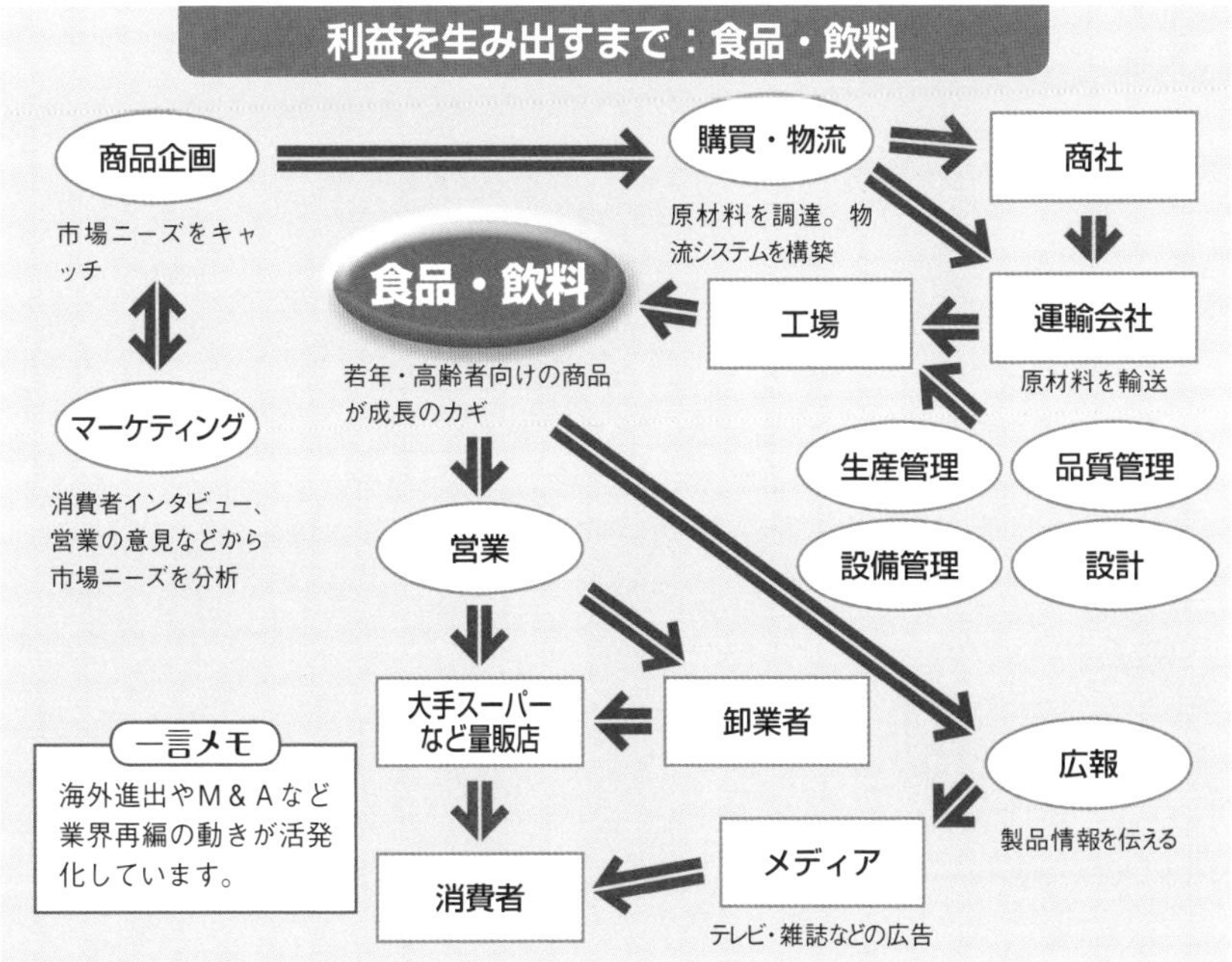
利益を生み出すまで：食品・飲料
商品企画
市場ニーズをキャッチ
マーケティング
消費者インタビュー、営業の意見などから市場ニーズを分析
購買・物流
原材料を調達。物流システムを構築
商社
運輸会社
原材料を輸送
工場
食品・飲料
若年・高齢者向けの商品が成長のカギ
生産管理
品質管理
設備管理
設計
営業
卸業者
大手スーパーなど量販店
消費者
広報
製品情報を伝える
メディア
テレビ・雑誌などの広告
一言メモ
海外進出やM＆Aなど業界再編の動きが活発化しています。

Medicine

製造業界❹ 生活関連用品業界

医薬品

業界の透明性を維持するための改革が進む

医薬品業界では、医師が処方する医療用医薬品と、薬局で販売される一般用医薬品（大衆薬品）を製造しています。すべての医薬品の生産高の8割は、医療用医薬品が占めています。業態は、医療機関向け医薬品を製造する「医療用医薬品」、ドラッグストア向け医薬品を製造する「一般用医薬品」、特許切れの医療機関向け医薬品を製造する「後発医薬品」などに分類されます。

２０１１年１月、日本製薬工業協会は「企業活動と医療機関等の関係の透明性ガイドライン」を発表しました。これは製薬会社などの会員と医療機関の関係を透明化するため、さまざまな費用を公表するものです。公表項目は、共同・委託を含む「研究費開発費等」、大学への寄付金など「学術研究助成費」、自社医薬品などに関する「原稿執筆

主な募集職種

医師や卸業者に対し自社医薬品の情報提供を行なう。ときには医師向けの勉強会も企画。病院との価格交渉は卸業者が請け負う。

新薬は開発から発売までに平均９年、数百億円を費やす。研究者は自身の考えの妥当性を確認し、化合物を合成していく。

さまざまな分析機械を利用し、不純物の有無、種類、量を調査。また有効成分がきちんと規定量入っているかなどを確認する。

販売許可が下りる前の医薬品を、病院などで患者に使用してもらい、その結果を検証。有効性や副作用の有無などを確認する。

料等」、自社医薬品の情報提供などに必要な「情報提供関連費」、そして接待などに使われる「その他の費用」です。多くの製薬会社がこのガイドラインに従い、2012年度分より情報を公表しています。

新型コロナウイルス感染症の影響としては、感染リスクを恐れた患者の受診控えにより、調剤薬の需要が減少。さらに、外出の自粛や訪日外国人の減少に伴い一般用医薬品の売上も低下するなど、厳しい状況に置かれています。

接待費の公開により働きやすい環境に変化

主な募集職種は、事務系でMR（Medical Representative）、購買、知的財産などがあり、技術系では研究・開発、モニター、生産技術、品質管理などがあります。

一般的な企業の営業職に近いMRは、かつて残業や接待が多いハードな仕事と言われていました。しかし、近年のワークライフバランスへの関心の高まりや2012年度からの日本製薬工業協会のガイドラインによる接待（接遇）費の公開により、より働きやすい環境への改善が進んでいます。

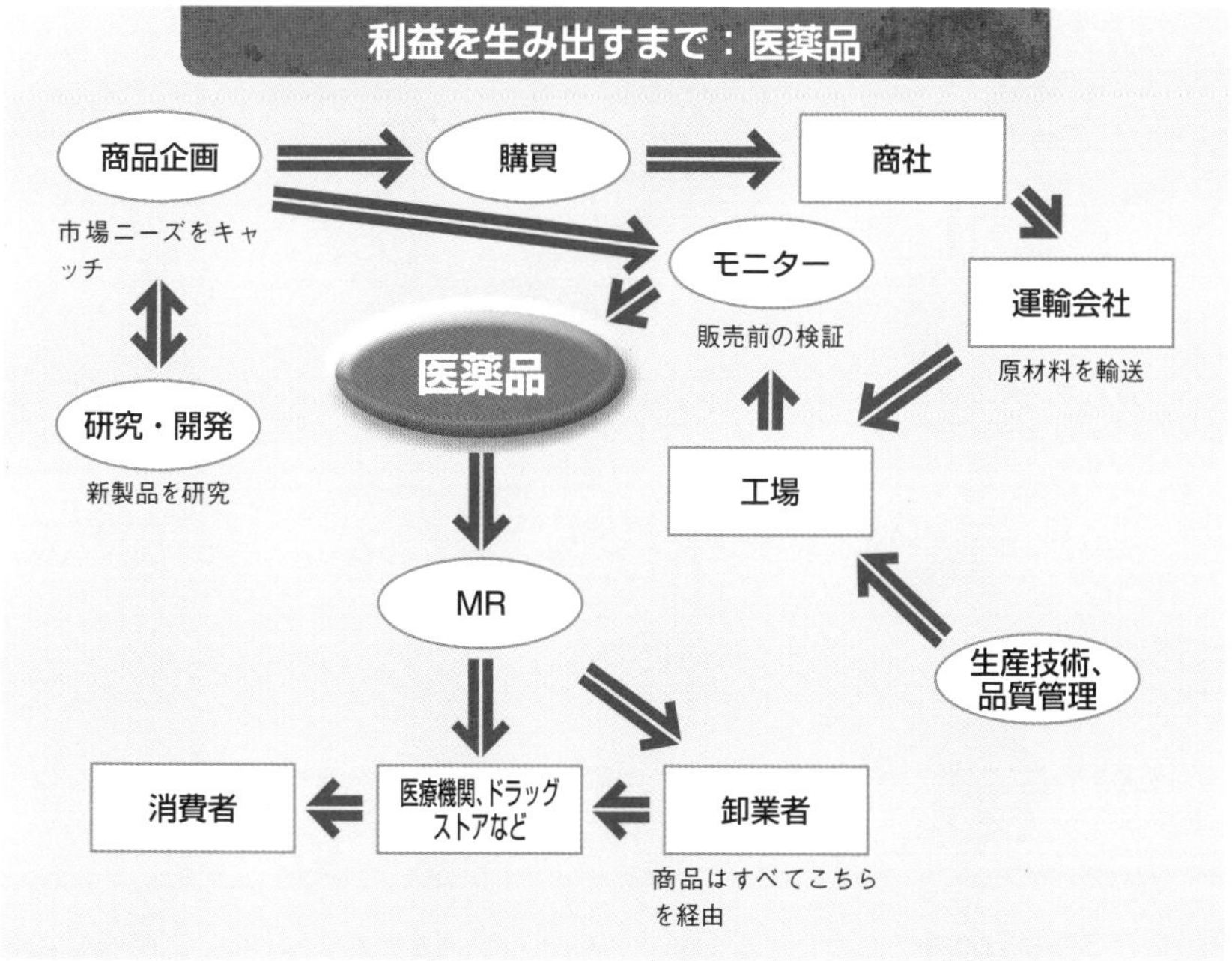
利益を生み出すまで：医薬品
商品企画
市場ニーズをキャッチ
購買
商社
モニター
販売前の検証
運輸会社
原材料を輸送
医薬品
研究・開発
新製品を研究
工場
MR
生産技術、品質管理
消費者
医療機関、ドラッグストアなど
卸業者
商品はすべてこちらを経由

Apparel

製造業界④ 生活関連用品業界

アパレル

ファストファッションに勢い。FC展開・中国進出を拡大

アパレルを扱う企業は、テキスタイル（原糸を加工・染色し生地を作る）企業から生地を仕入れ、洋服を製造します。ただし、自社では企画・デザインのみを行ない、縫製は下請けの企業が行なっていることが多くあります。

業態としては、取り扱う商品によって「カジュアル」「紳士服」「下着・靴下」、そして高級品からカジュアルまで幅広く扱う「総合」などに分類されます。自社ブランドを持つほか、海外ブランドと契約し、製造・販売を行なうなど、業態はさまざまです。

少子高齢化などの影響により、国内のアパレル市場が減速している中、大手はフランチャイズ（FC）展開、新興企業は中国への展開を活発化させています。

ターゲットは「90后（ジョーリンフォー）」と呼ばれる

主な募集職種

営業

百貨店や専門店に自社製品の取り扱いを営業。販売スタッフのモチベーションアップや売上管理なども担当する。

マーチャンダイザー

マーケットのニーズを先取りし、マーチャンダイジング（商品企画）を行なう。担当ブランドのコンセプトを決定する権限を持つ。

パタンナー

デザイナーがイメージしたものを、商品化のためにCADを使用して設計図にする。生地や縫製などの幅広い知識が必要。

販売

来客に対しコーディネートのアドバイスなどを行ない、販売に結びつける。接客はもちろん、ディスプレー、棚卸しなども行なう。

1990年代生まれの若い女性。この世代は中国全人口の約13%を占め、日本のファッションに敏感です。

日本の複数の新興アパレル企業は、年間100店前後の中国への進出を計画しており、新入社員を海外に配属させるなどの動きも見られます。

新型コロナウイルス感染症により、都心立地に店舗を持つアパレル企業を中心に売上が減少傾向にあります。その一方、郊外立地をしっかり固め、流行の衣料を低価格で販売するファストファッションの売上は堅調に推移しました。

2年以上の服飾課程の履修が必要な職種も

主な募集職種は営業、販売、調達、生産管理、マーチャンダイザー、パタンナー、デザイナーなどで、基本的に技術系の募集はありません。パタンナーとデザイナーに関しては、大学・短大・専門学校において、服飾課程を2年以上履修した人のみを対象とするケースがあります。

また、少子化などで国内市場が縮小傾向であることから、海外進出が活発化しています。そのため一部の企業では、社内文書・会議の英語化といった動きも見られます。

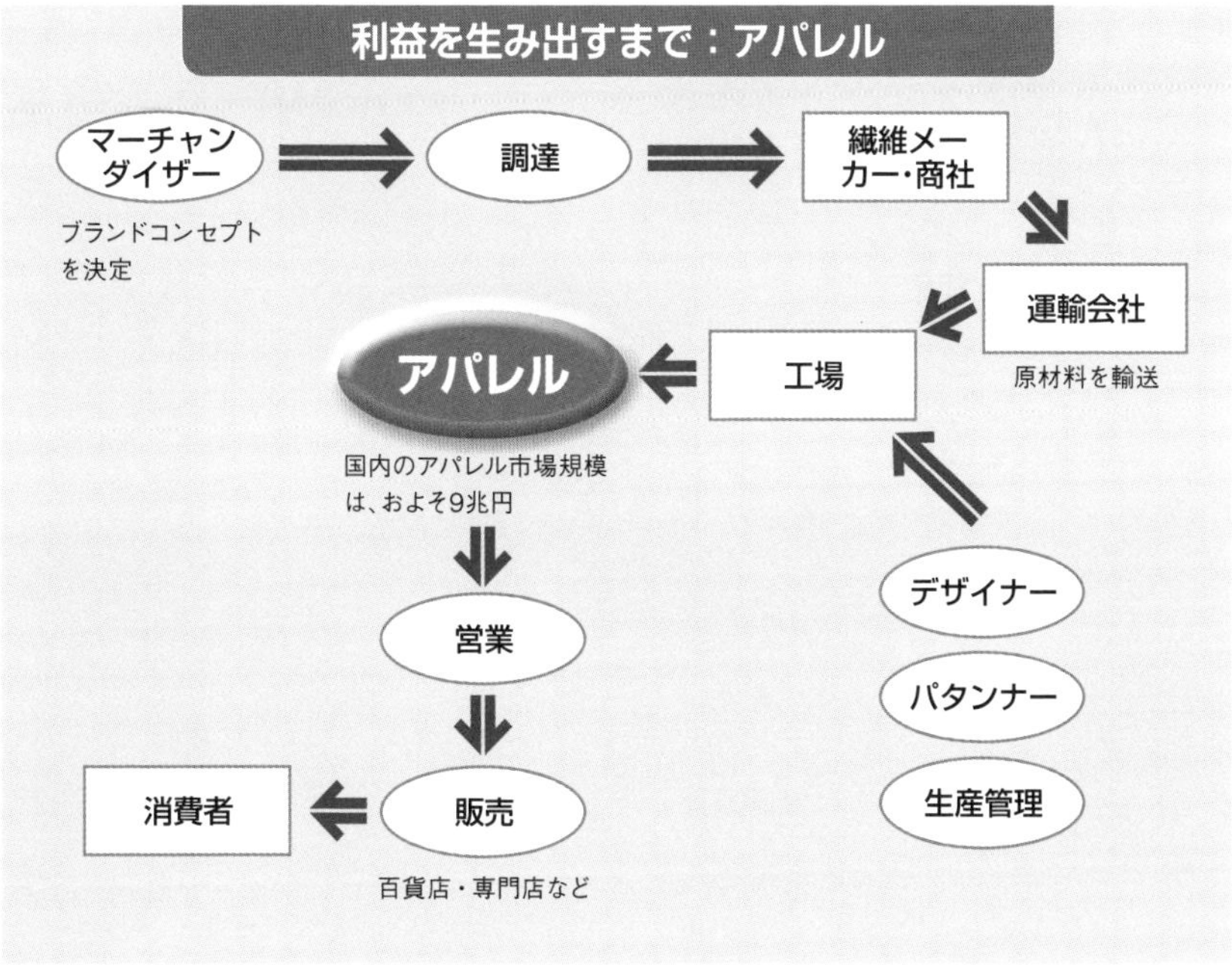
利益を生み出すまで：アパレル
マーチャンダイザー
ブランドコンセプトを決定
調達
繊維メーカー・商社
運輸会社
原材料を輸送
工場
アパレル
国内のアパレル市場規模は、およそ9兆円
デザイナー
パタンナー
生産管理
営業
販売
百貨店・専門店など
消費者

流通・小売業界Ⅰ

流通・小売業界とは?

流通・小売業界Ⅰには、自社製品は持たずにメーカーなどから仕入れた商品を売買する「商社」、仲介業をメインとする「卸」、「百貨店」、「スーパーマーケット」、「コンビニエンスストア」、「通信販売」を分類しています。

流通・小売業界は、①少子高齢化の大きな流れ、②価格競争の激化、③リーマンショック以降の消費低迷（東日本大震災が拍車をかけました）という3つの要因に悩まされ、なかなか業績が回復していません。

危機的な状況に追い込まれた卸や百貨店では、生き残りをかけた合従連衡策を進めたり、店舗閉鎖、リストラ策に力を入れたりしています。

業績が回復しない中、ネットショッピングやテレビショッピング、食品通販といった通販業界だけが気を吐いています。

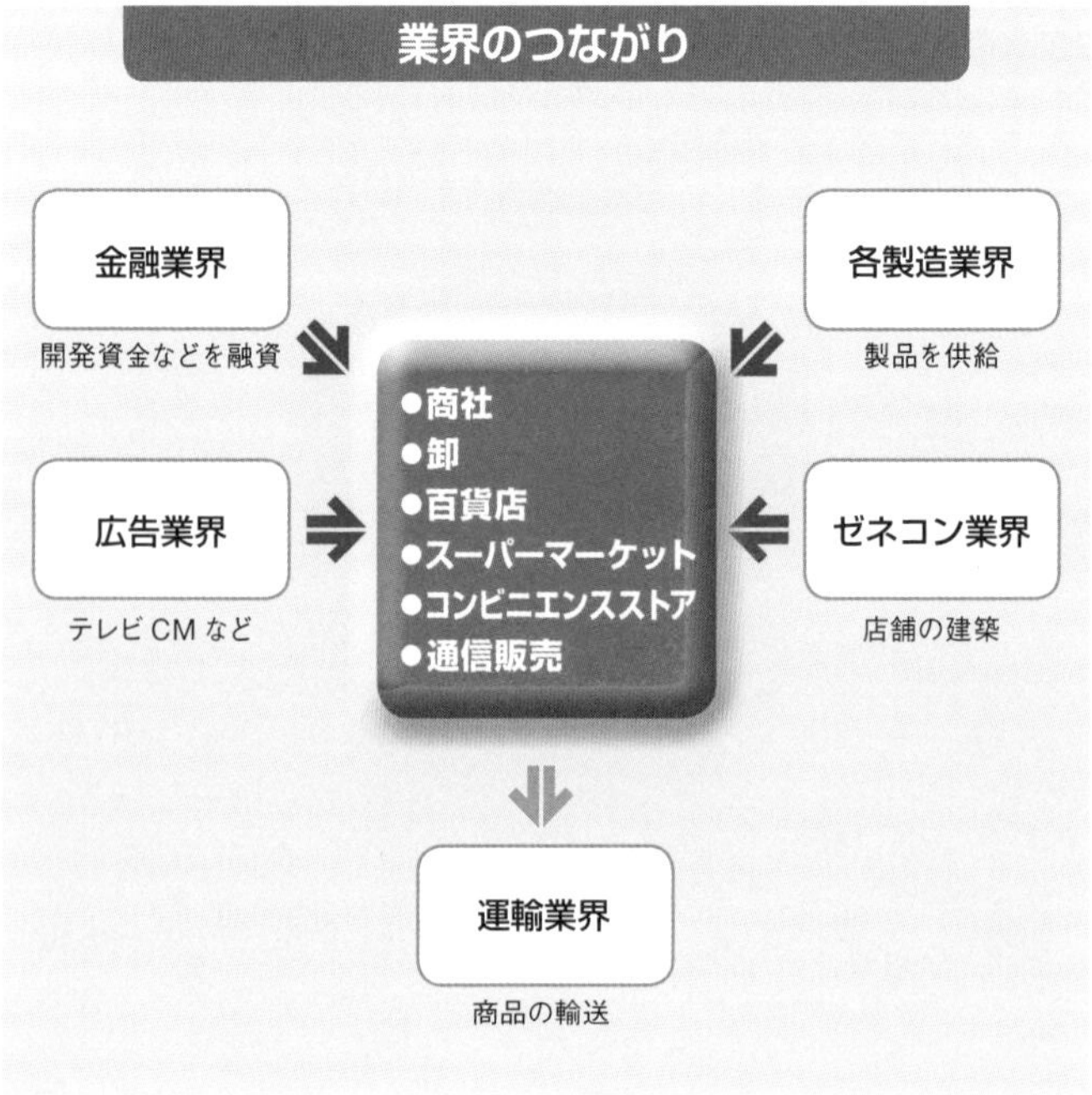
業界のつながり
金融業界
開発資金などを融資
各製造業界
製品を供給
●商社
●卸
●百貨店
●スーパーマーケット
●コンビニエンスストア
●通信販売
広告業界
テレビ CM など
ゼネコン業界
店舗の建築
運輸業界
商品の輸送

各業界の概要

卸

専門分野に特化した業態で展開

卸は、メーカーと小売店との間で、商品の仲介業務をメインとして収益を上げる。

「食品」「日用品」「紙」「医薬品」など専門分野に分かれており、メーカーに吸収される業界再編が進んでいる。

業界リンク
●陸運業界
ジャストインタイム(※)の拡大で法人向けの取り扱いも急増 P.106

※必要なものを、必要なときに、必要なだけ生産すること

商社

あらゆるジャンルの幅広い商品を扱う

商社は、仕入れた商品を売買し、その仲介料を得て収益を上げる。また、あらゆるジャンルの商品を取り扱い、その商品のジャンルで「専門商社」と「総合商社」に分類される。

業界リンク
●石油業界
重油・ガソリン・灯油・ナフサなど、加工されてさまざまな用途に P.128

スーパーマーケット

家庭生活に必要な商品を豊富に扱う

家庭の冷蔵庫代わりとして、生鮮食品や食品、そして日用品までさまざまな商品を取りそろえる。

業態は、「全国総合系」「関東食品系」「地方総合系」「地方食品系」に分類される。

業界リンク
●食品・飲料業界
一括大量仕入れなどを駆使し、いかに仕入れ価格を抑えるかがカギ P.62

百貨店

魅力的な商品で消費者を取り込む

百貨店は、あらゆる商品の販売を行なう店舗。自社で開発・仕入れた商品の販売を行なう。

また、テナントに入っている店舗からのテナント料なども収益になる。

業界リンク
●アパレル業界
百貨店が主販路。同業他社との差別化が求められる P.66

通信販売

メディアを通じての無店舗販売

通信販売は、カタログやテレビ、ラジオ、インターネットなどを通じて商品を販売する。

アパレル、食品、化粧品、家具、嗜好品など、ありとあらゆる商品を扱う。

業界リンク
●電機業界
定番商品の家電だが、低価格海外メーカーに押されて市場は縮小傾向 P.28

コンビニエンスストア

24時間いつでも生活用品が買える

小規模店舗で長時間の営業、そして食料品や日用雑貨、酒類から医薬品と幅広い商品ラインアップで、日常生活にはなくてはならないものに。

フランチャイズでの店舗展開が多く見られる。

業界リンク
●食品・飲料業界
売れ筋の2Lペットボトルも特売品になるなど、低価格競争が続く P.62

Trading company

流通・小売業界Ⅰ

商社

好調の波に乗って新分野へも挑戦

商社は、メーカーなどから仕入れた商品を小売店などに販売し、その仲介料を得ることで収益を上げる商取引を中心に、新しい産業を開拓したり、情報の調査や活用、さらにリスクマネジメントから金融にかかわるさまざまなビジネスを展開しています。扱う商品は「ミネラルウォーターから通信衛星まで」と言われるように、食品から繊維、機械、金属、化学品、エネルギーなど多岐にわたります。

業態は繊維や鉄鋼など、特定の分野を専門に扱う「専門商社」と、さまざまな商品を扱う「総合商社」があります。

商社の業績は好調で、資源価格の上昇を受けて、大手総合商社のほとんどが大きな利益を上げています。仲介料主体のビジネスから、資源エネルギー開発や農業ビジネスなどへの転換戦略が功を奏したと言えます。

主な募集職種

商材を国内外の事業者から買い付け、メーカーに販売する。買い付け先、販売先双方を開拓するコミュニケーション能力が必要。

有望なベンチャー・中小企業を開拓し、投融資する。経営者を送り込み、成長軌道に乗せて配当、売却益などを得ることも。

新たな産業を立ち上げるときなどに市場を調査し、メニュー・食材・価格帯などのニーズを調査・提案する。

海外企業が日本進出する際などに、チャネル（販路）開拓やプロモーションなど、マーケティング全般をサポートする。

中でも、総合商社が力を入れているのが、農業ビジネスです。例えばある総合商社は、世界的なニーズに応え、食料の安定供給体制を築くことを目標に、ブラジルの大手農業事業会社を買収して、本格的な農場経営に参画しました。ブラジル国内に11万6000ヘクタールの広大な農場と出荷用の港湾設備、製粉工場を持ち、中国などの新興国に年間400~500万トンのトウモロコシ、大豆などを出荷しています。これは、商社が農業を有望なビジネスとして位置付けていることを意味します。

時代を読むセンスや粘り強い交渉力も大切

職種も入社後の配属先も多岐にわたり、営業、企画、マーケティング、投資、開発事業、仲介事業、イノベーション事業、金融事業、エネルギー事業、金属、機械、化学品、生活産業などさまざまです。「投資」は有望なベンチャー企業などに投融資し、場合によっては経営者を送り込んで成長させ、配当や売却益を得る業務です。

商社の場合、海外に数百の拠点を持ち、グローバルに事業を展開しているので、英語力が求められます。

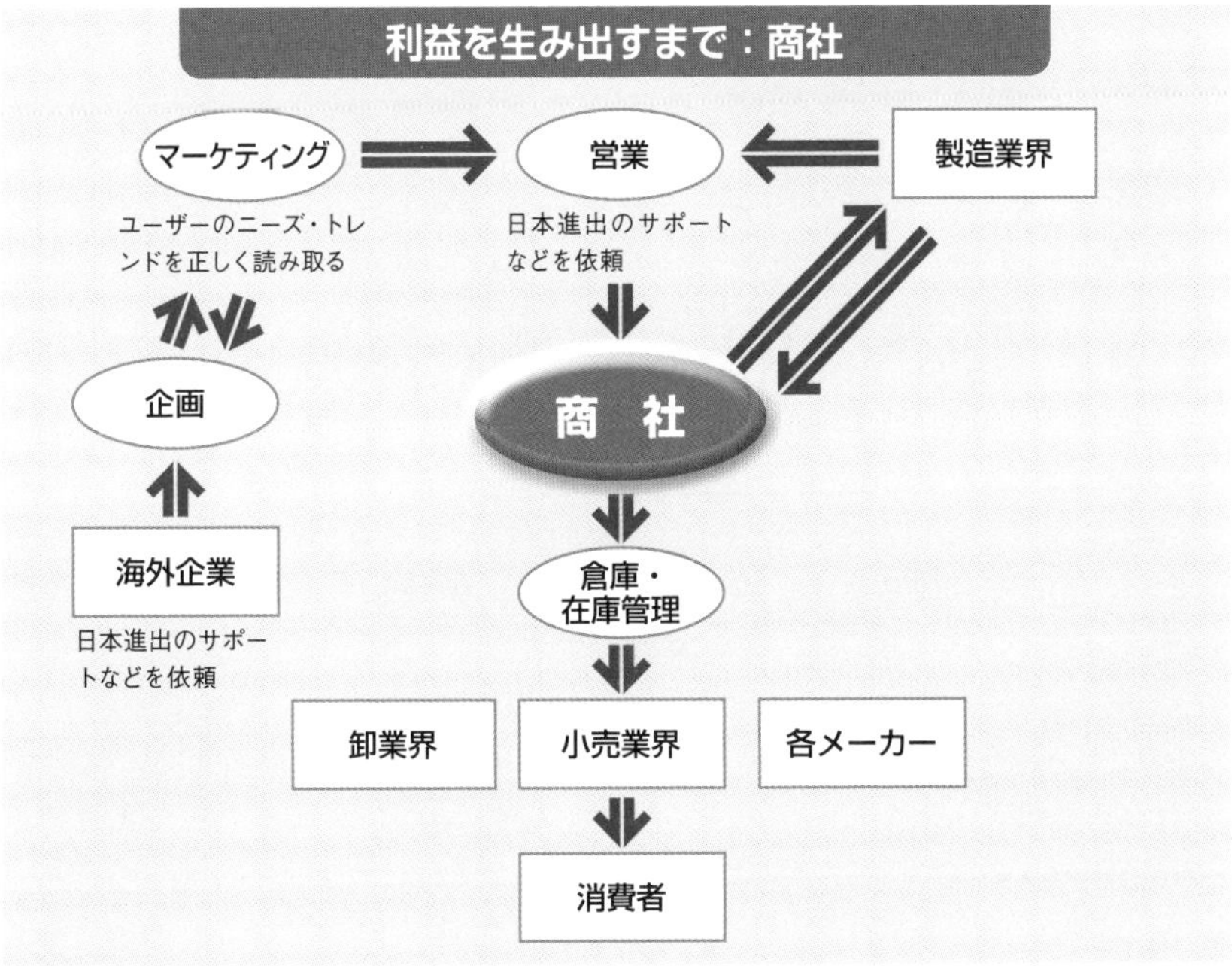
利益を生み出すまで：商社
マーケティング
営業
製造業界
ユーザーのニーズ・トレンドを正しく読み取る
日本進出のサポートなどを依頼
企画
商　社
海外企業
日本進出のサポートなどを依頼
倉庫・在庫管理
卸業界
小売業界
各メーカー
消費者

Wholesaler

流通・小売業界I

卸

合併・統合が進行中。競合他社との差別化に活路

卸は、メーカー（生産者）と小売業者をつなぐ中間業者です。大半の企業は食品卸、日用品卸、紙卸、医薬品卸など専門分野に特化してビジネスを行なっています。卸業者を通すことで手数料は発生するものの、小売業者にとっては1社と取引するだけで複数のメーカーの商品を仕入れることができるなど、さまざまなメリットがあります。

近年には、総合商社系の食品卸が合併して新会社としてスタートするなど、食品卸、医薬品卸などの分野で合従連《がっしょうれん》衡《こう》が活発になっており、生き残りをかけた競争が激化しています。

卸業界の国内市場は飽和し、食品卸、日用品卸、燃料・エネルギー卸など市場が衰退期を迎えた業種が多数あります。統合・合併戦略によるスケールメリットの追求、海外

主な募集職種

メーカー・ユーザー・小売業者と関係を築き、WIN－WIN（参加者すべてが得をする）の関係を構築するのが仕事。

ジャストインタイムの体制をつくっているので、納期ミスは許されない。10分間隔の納品など細かい要望にも対応する。

ノウハウ・経験を生かしたソリューション・ビジネスを展開。システム開発力、ネットワーク構築力など総合力が必要。

顧客の細かいニーズに対応することが大事。寸法の変更、部品の組み立てなど急な仕様変更にも素早く対応する。

への展開、きめ細かな営業力、メーカーに劣らない技術力などに重点を置き、競合他社との差別化に活路を見いだしています。よって、そうした事業を担える人材の確保が最も大きな課題となっています。

経営統合によるシステムの一本化が急務

募集職種は多種多様で、営業、マーケティング、ロジスティクス、経理、情報システムなどがあります。

近年、スケールメリットを狙って経営統合した企業では、勘定系や商品管理システムの一本化が大きな課題になっており、情報システム要員の採用に力を入れています。

情報システムはビジネスの中の問題点を明示し、それを実際に解決する施策を提供する「ソリューション・ビジネス」を展開しますが、業務の改善に必要な解決方法を提示するためには、問題点を正しく把握し対応するだけのノウハウと経験が要求されます。

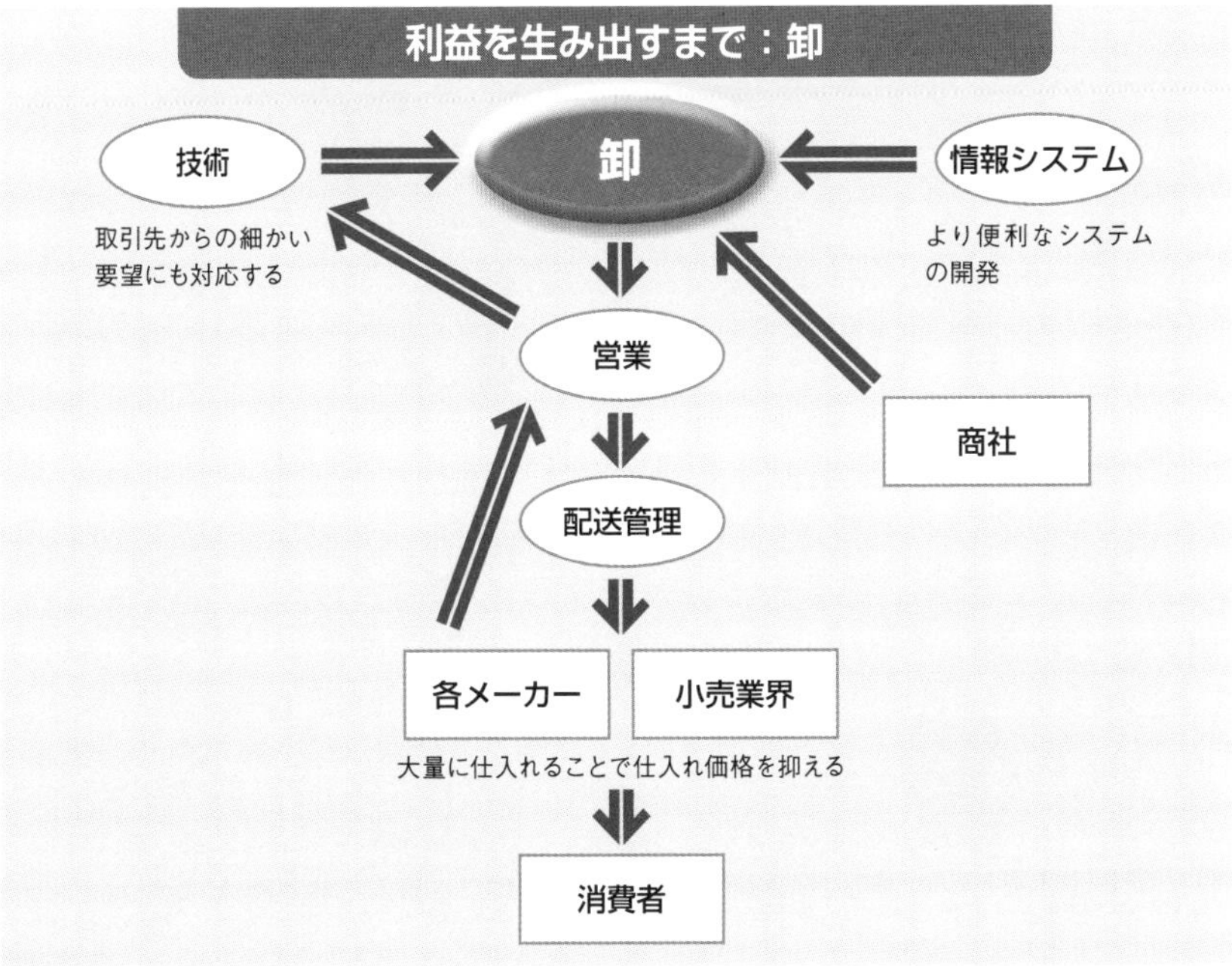
利益を生み出すまで：卸
技術
卸
情報システム
取引先からの細かい要望にも対応する
より便利なシステムの開発
営業
商社
配送管理
各メーカー
小売業界
大量に仕入れることで仕入れ価格を抑える
消費者

流通・小売業界Ⅰ

百貨店

Department store

競合他社との差別化がカギ。自社ブランドの開発にも注力

百貨店は、広大な売り場面積を持つ店舗で、あらゆる商品の販売を行ないます。

戦前から1950年代まではまさに百貨店の時代で、巨大な店舗の魅力で消費者を引きつけ、新しいライフスタイルを提案しました。しかし、1960年代になると、価格メリットを武器にしたスーパーマーケットが台頭、複数店舗の設置による大量仕入れ方式を導入し、低価格路線で消費者の支持を得ました。

さらに、アウトレットモールやファストファッションなどが人気を集めた影響もあり、百貨店の総売上高は、2011年まで15年連続で減少するなど、市場規模は長らく縮小傾向にありました。しかし、大型店で活発化した増床・改装、景気の回復傾向による富裕層の消費マインドの

主な募集職種

商品の売上高をチェックしながら、利益率が高い高付加価値商品を探す。

立地や土地事情、ニーズなど集客を成功させるための情報を収集しながら、収益の高い店舗開発を行なう。

商品の仕入れを担当。季節・時期、顧客ニーズなどに応じた仕入れを行ない、適切な商品ミックスを顧客に提供する。

より便利なシステム開発が業務。大型店の合併・経営統合が相次ぎ、システムの統合も急がれている。

高まりなどから、2012年以降は業績が改善しつつあります。各百貨店は、他店との差別化を模索しており、ファミリー層を狙った自社企画商品の開発や、中国進出が成功するなどの効果が出て、業績好調なところも存在していました。ですが、新型コロナウイルス感染症に伴う2カ月間の休業や訪日外国人の減少により厳しい状況に追い込まれています。主力の衣料品販売の苦戦が続いているものの、外食の代替として総菜や生鮮食品の売上は堅調です。

境界領域の仕事が多く、さまざまな業務に対応できる柔軟さが大切

主な募集職種は販売、バイヤー、営業計画、販売促進などの販売サポート部門、経営戦略、総務、経理などの管理部門など、さまざまです。

ただし、百貨店の場合、境界領域の仕事も多く、例えば、バイヤーだからといって、商品の仕入れ戦略の立案・実行、仕入れ先への発注、各店への連絡といったバイヤー業務だけをしていればいいわけではありません。新規出店やリニューアルオープンがあれば、現場に出向き、販売スタッフと共に商品の搬入や売り場づくりを手伝います。

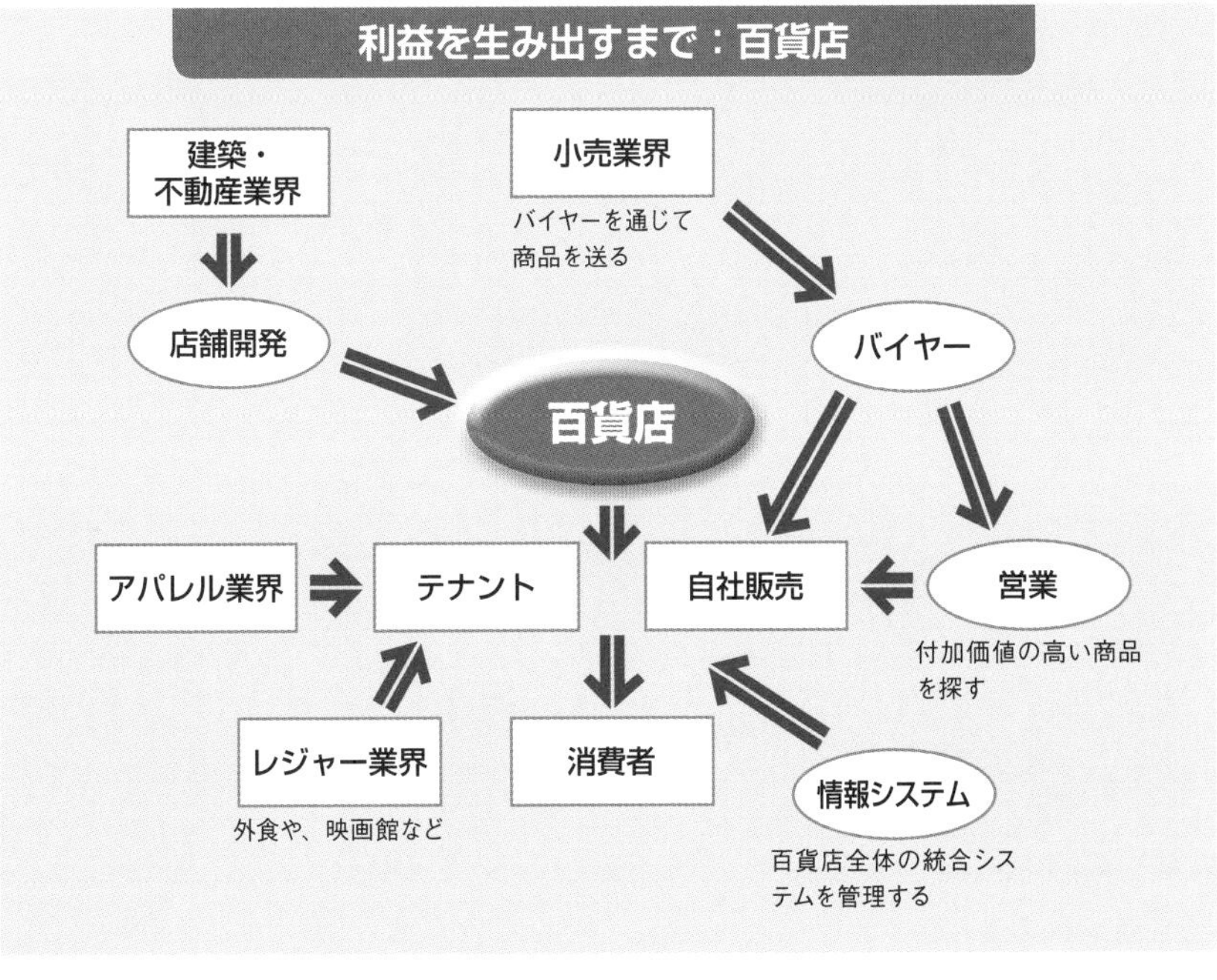

流通・小売業界Ⅰ
スーパーマーケット

Supermarket

中国への進出、高齢者向けサービスなどで復調

アメリカで生まれたスーパーマーケットの日本第1号店が東京・青山に開店したのは1956年です。大量出店と安売り戦略で食品を中心に日常生活品を販売し、瞬く間に小売業界を席巻しました。

業態は食品から衣類、家電といった生活用品などあらゆる商品を扱う総合スーパーマーケット（ゼネラルマーチャンダイズストア＝GMS）と、地域に密着し、食品を中心に扱うスーパーマーケット（SM。大型店舗はスーパースーパーマーケット＝SSM）に大別されます。

経済成長期には、日本人のライフスタイルの変化に合わせて順調に売上を伸ばしてきましたが、80年代半ばのバブル崩壊以降、消費の低迷を背景にした価格競争の激化や業態別のディスカウントストアの台頭もあって、市場規模は

主な募集職種

マーケティングや店舗開発、陳列・ディスプレーの知識が必須。競合他社の動向にも注意を払う必要がある。

販売をサポートするため、催事などを立案・計画・実行し、集客を図る。店舗の一角を使って行なう物産展などが有名。

店舗の一角に薬剤や健康食品を販売するコーナーを置くスーパーが増えている。それにつれて薬剤師の採用も増加。

食品、日用品など品目ごとに買い付ける。商品によって異なるが、おおむね週単位で仕入れるアイテムを決め、価格交渉を行なう。

最盛期の1996年の約4分の3にまで落ち込みました。

近年は、売上高5兆円を超えるGMSを筆頭に、新しい市場である中国国内では大都市への出店戦略を急速に進め、高齢者を重視したサービスを展開しています。その成果か、業績が回復傾向になる企業も出てきました。

また、衣料品でプライベートブランド（PB）を立ち上げるなど、機能性衣料を拡販し、衣料品部門の立て直しを図っている企業もあります。

個々の適正に合わせて配置。薬剤師資格保持者にはメリットも

主な募集職種は、販売とバイヤーですが、新入社員は全員、販売スタッフとして採用し、個々の適性を見たうえで販売、販売企画、バイヤー、マーチャンダイザー、経営企画、店舗開発、リーシング、財務、人事、広報などに配属されるケースも多いようです。企業によってはレジやサービスカウンターなどから始める場合もあります。

また、近年、注目されているのが薬剤師資格の持ち主。店内にドラッグストアや薬局コーナーを設置するスーパーが増え、薬剤師の需要が急増しています。

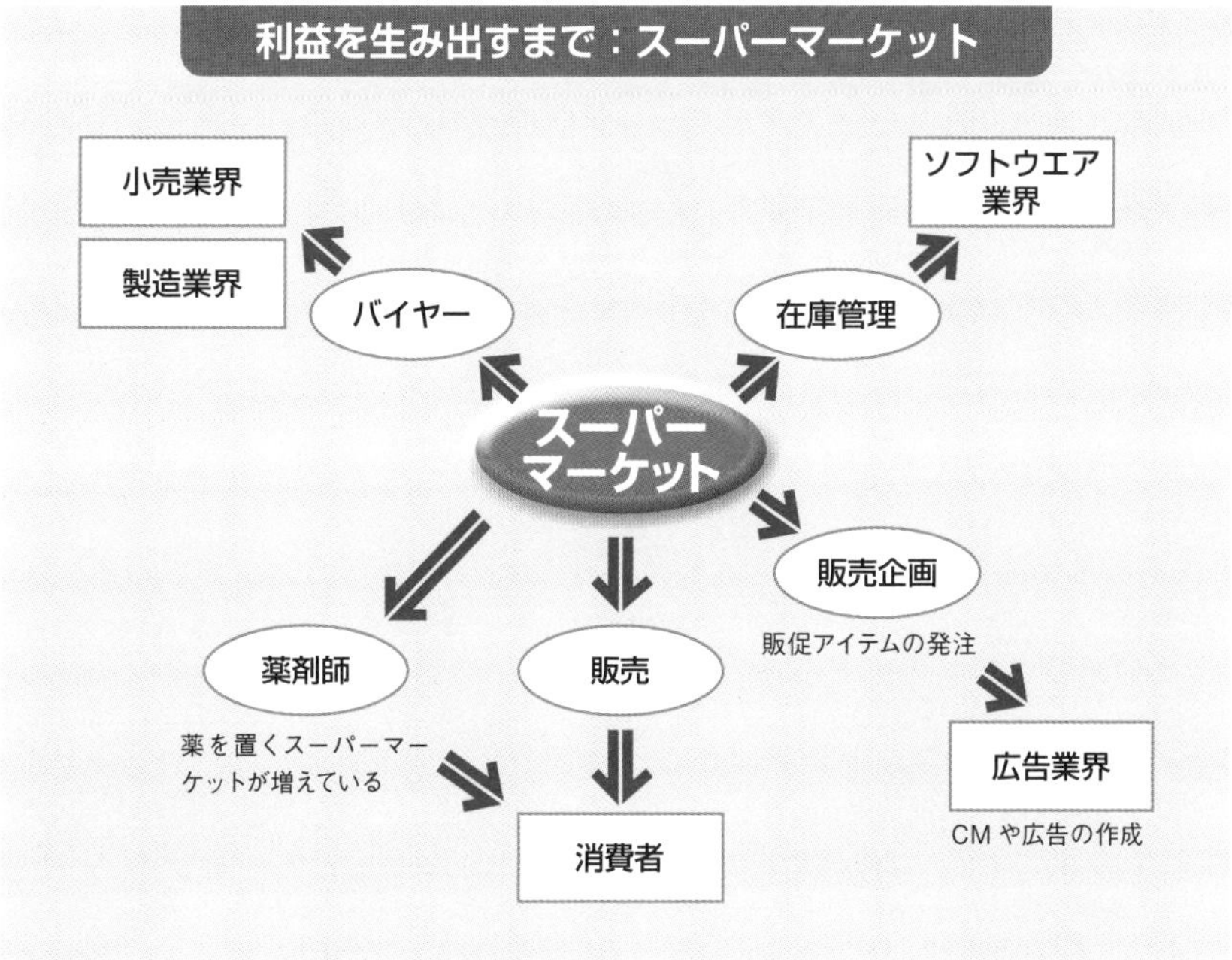
利益を生み出すまで：スーパーマーケット
小売業界
製造業界
バイヤー
ソフトウエア業界
在庫管理
スーパーマーケット
販売企画
販促アイテムの発注
薬剤師
販売
薬を置くスーパーマーケットが増えている
広告業界
CMや広告の作成
消費者

24

Convenience store

流通・小売業界Ⅰ

コンビニエンスストア

徹底的にニーズに応える品ぞろえで躍進

コンビニエンスストア業界の企業は、食料品や日用雑貨を中心に、酒類から薬まで、多種多様な商品を取り扱う、長時間営業（1日14時間以上の営業）の小規模小売店を運営します。

コンビニエンストアは1970年代に登場し、フランチャイズ方式でチェーン化を進め、ほどなくして日常生活になくてはならないものとなりました。店舗面積が小さいことから、POS（販売時点情報管理）データを駆使して回転率の低い「死に筋商品」を徹底的に排除するという顧客ニーズへの応え方で若年層の取り込みに成功し、とうとう市場規模は百貨店をしのぎ、流通・小売業界の主役になりました。

そのコンビニエンスストア業界ですが、いまや主戦場

主な募集職種

販売

販売職がバイヤーを兼任することもあり、仕入れ、売価の設定、陳列・ディスプレー、売上・利益の管理までを担当する場合も。

店舗指導

複数の店舗を担当し、店長をサポートする。立地や客層、地域性などを把握し、目標を設定し、結果と照合しながら修正をかける。

商品開発

データをチェックしながら、購買状況を分析。死に筋商品を排除しながら、ニーズにマッチした、新たな商品を投入する。

情報システム

日に何度も商品の受発注・配送を行なうので精度の高い情報システムが不可欠。精度を高めるためにITを積極的に活用する。

はすっかり弁当、総菜、スイーツに移っています。「コンビニの顧客構造を男性から女性に変えた」と言われる「スイーツ」がブームになって以来、これらの商品がコンビニの収益の柱であり、かつ集客の目玉となっています。店内調理による「できたて弁当・総菜」も登場し、コンビニ間競争に加え、持ち帰り弁当店やファストフード、低価格帯の外食産業との競争が激しくなってきました。

地域情報やPOSデータを駆使。コンサルティング業務が中心に

主に店舗指導担当者として採用されます。具体的には7～8店舗を担当し、店舗のオーナーに対し、売上・利益を向上させるための情報提供やコンサルティングを行なっていきます。

コンビニエンスストアは店頭に並ぶ商品が1年間に7～8割入れ替わると言われます。店舗指導担当は個店のある地域の情報を収集し、POSデータに目を走らせたうえで、販売予測を立て、予測に基づいて商品の仕入れをオーナーにアドバイスします。トップレベルの経営コンサルタントの仕事をしているといっても過言ではありません。

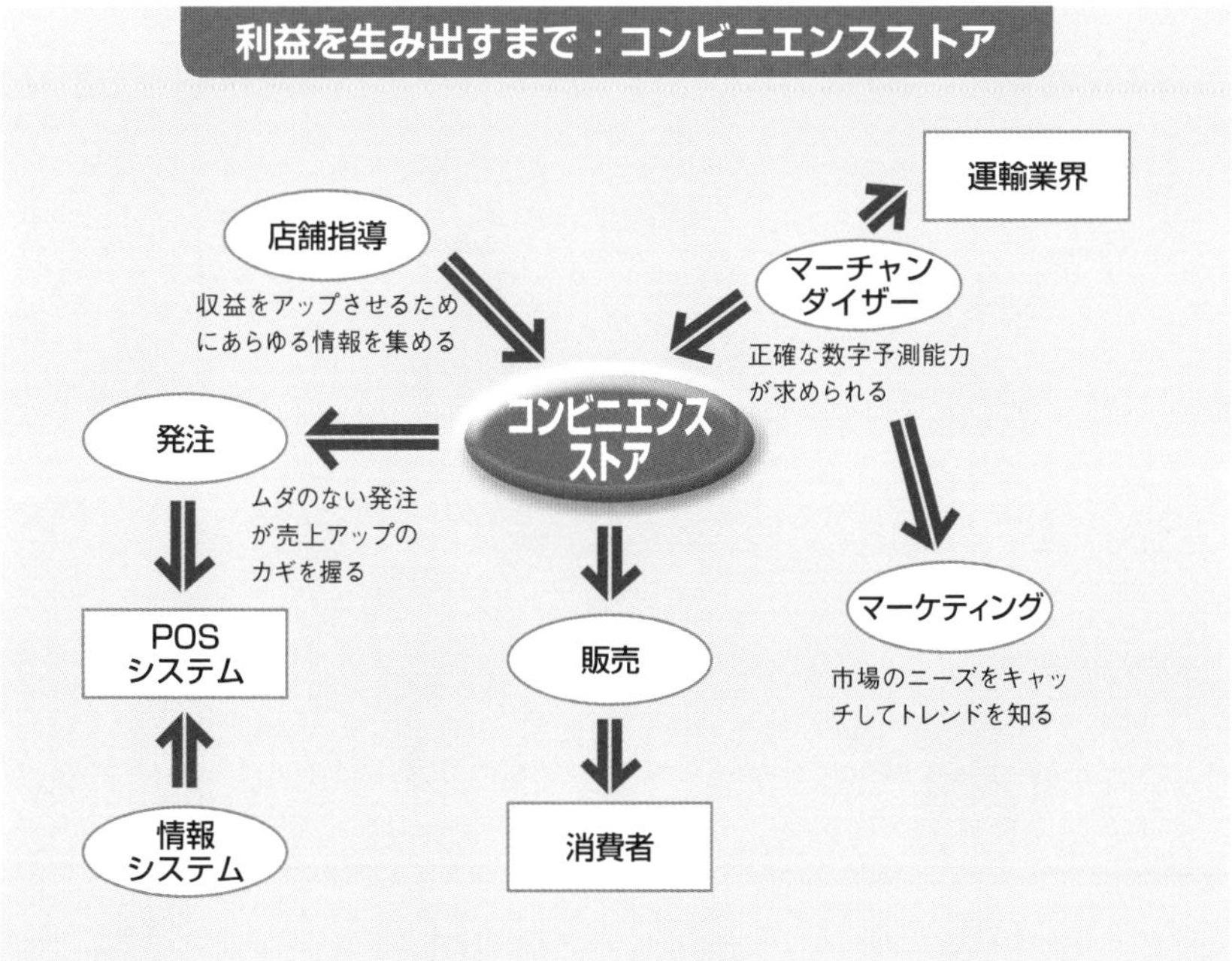
利益を生み出すまで：コンビニエンスストア
運輸業界
店舗指導
収益をアップさせるためにあらゆる情報を集める
マーチャンダイザー
正確な数字予測能力が求められる
発注
コンビニエンスストア
ムダのない発注が売上アップのカギを握る
マーケティング
市場のニーズをキャッチしてトレンドを知る
POSシステム
販売
情報システム
消費者

Mail order business

流通・小売業界Ⅰ

通信販売

ニーズをキャッチして見込み客を顧客に変える

通信販売業界の企業は、カタログや雑誌広告などを利用して衣料品や生活関連商品の通信販売を行なってきましたが、近年はそれらの伝統的な総合カタログ業者に代わり、テレビやインターネットなどのメディアを利用して売上を伸ばす企業に注目が集まっています。

業態は不特定多数の消費者を取り込む「カタログ通販会社」、ネットショッピングモールなどを展開する「ネット通販会社」、通販番組・CMなどで視聴者にアピールする「テレビ通販会社」、安全・安心を旗印に急速に売上を伸ばす「食品通販会社」などがあります。

自宅にいながら、さまざまな商品を比較検討できる高い利便性から、業界全体の市場規模は拡大しています。

通販業界の大きな役割は、潜在ニーズを顕在化させるこ

主な募集職種

商品・サービスを販売したり、ユーザーの要望・意見に耳を傾けたり、顧客のサポートを行なう業務。

仕入れ担当。流行・トレンドなどを見極め、適切なタイミングで売れる商品・サービスの買い付けを実行する。

商品・サービスの「売り方」を研究し、パッケージング（包装）、プライシング（値付け）、広告・宣伝、販売促進を実行する。

メーカー系の通販会社では新商品の研究・開発を担当。顧客ニーズを満足させる商品を構想・設計し、試作品を作る。

と。商品を仲介・提供するだけでなく、潜在ニーズを掘り起こし、「見込み客」を「顧客」にすることは重要な役割です。潜在ニーズとは「漠然とした欲求」のことで、いわば「お腹が空いた」状態です。そこに、おいしそうなカレーやラーメンの情報を伝えることで、「カレーが食べたい」「このラーメンを食べようかな」という「具体的な欲求（ウォンツ）」に変えていきます。対象に応じたさまざまな情報伝達方法が考案され、ネット通販の利用者は、若者から中高年へと拡大を続けています。

販売関係の職種を中心に扱う商品によっては技術職も

募集する職種は「販売」会社ですから、商品開発、マーケティング、バイヤー（仕入れ担当者）、販売・顧客サポート（電話で顧客からの注文を受けたり、使用方法などを説明したり、クレーム処理に当たったりなど）、広告・宣伝、管理部門などの職種が中心です。メーカー系のパソコン通販会社などでは、研究、開発、設計、生産などの技術職も募集しています。

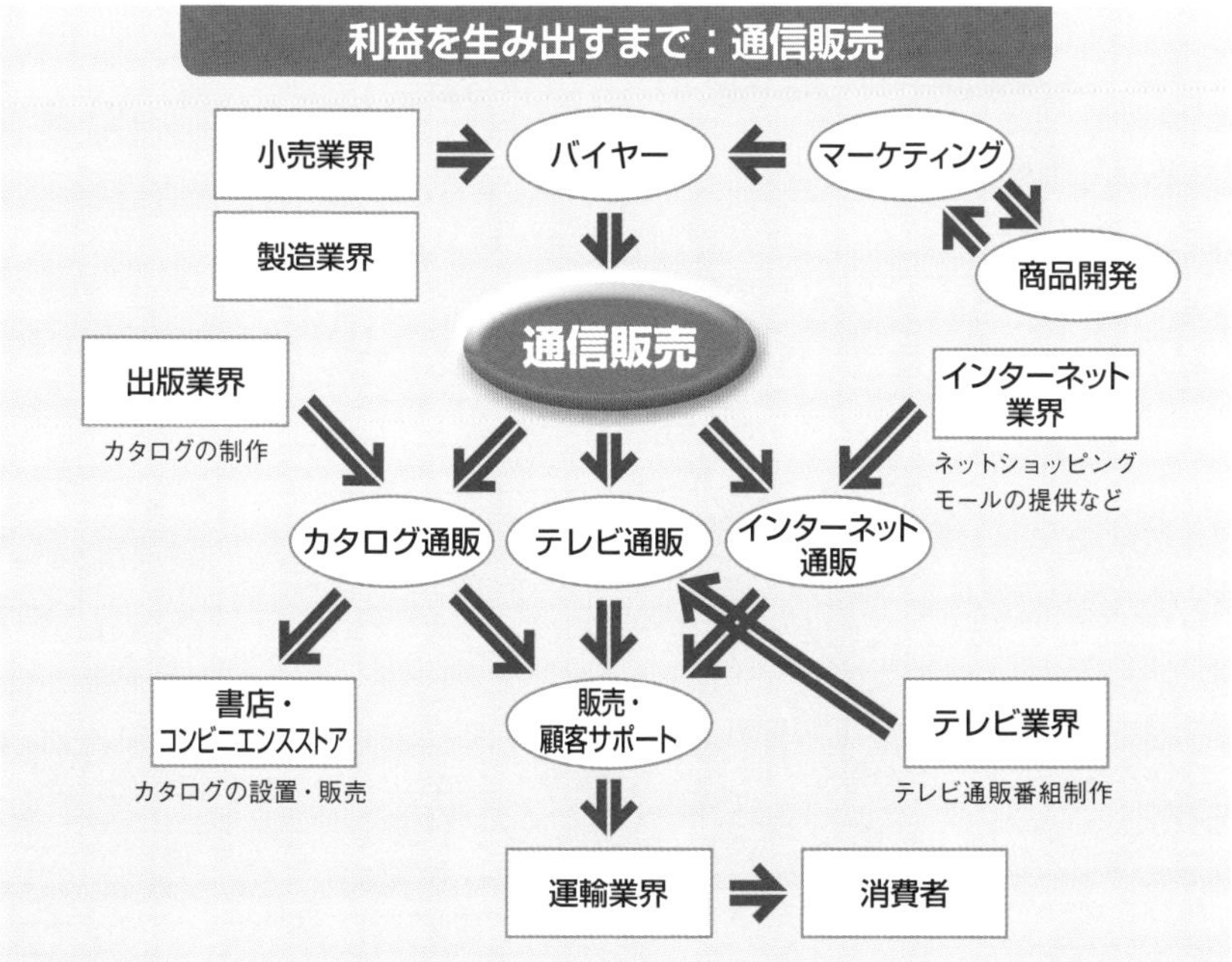
利益を生み出すまで：通信販売
小売業界
製造業界
バイヤー
マーケティング
商品開発
通信販売
出版業界
カタログの制作
インターネット業界
ネットショッピングモールの提供など
カタログ通販
テレビ通販
インターネット通販
書店・コンビニエンスストア
カタログの設置・販売
販売・顧客サポート
テレビ業界
テレビ通販番組制作
運輸業界
消費者

流通・小売業界Ⅱ

流通・小売業界とは?

流通・小売業界Ⅱには、低価格を売りにしている「家電量販」、さまざまな商品を豊富にそろえる「ホームセンター・ディスカウントストア」、化粧品や一般医薬品などを販売する「ドラッグストア」、特定の専門的な商品を扱う「専門店」があります。

この業界は、卸業者またはメーカーから商品を仕入れて、消費者にメリットのある価格で販売するので、売れ筋商品の見極め、店舗開発、販売力などが重視されます。しかし、近年は格安のインターネット通販などに顧客を奪われ、通販との差別化として、より精通した商品知識や、商品をアピールする店舗づくりが求められます。また、メーカーは、販売シェアの大きい企業ほど、安く卸すので、一強百弱の傾向が進んでいます。そのためM&Aが活発化し、寡占化が強まると見られます。

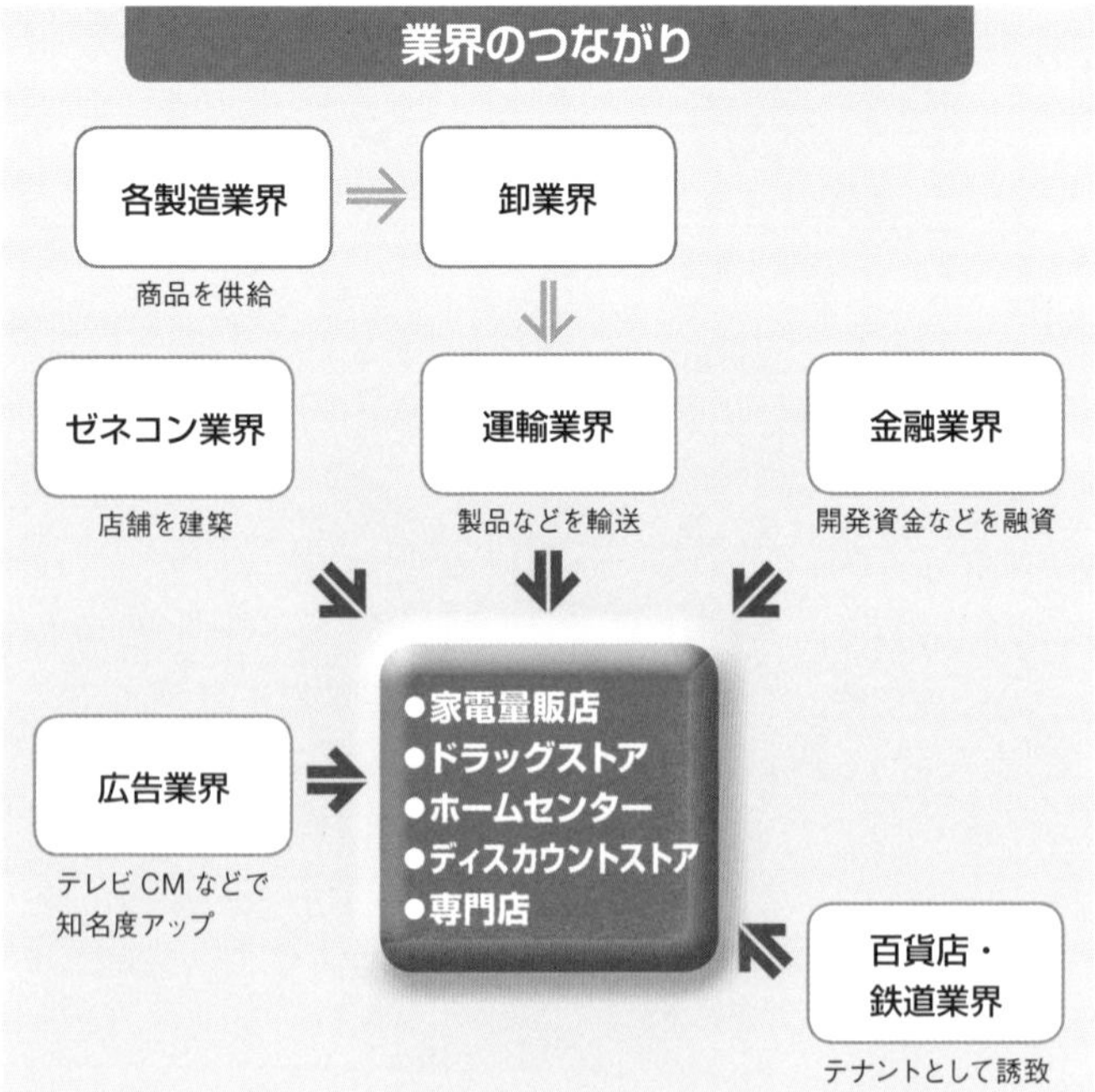
業界のつながり
各製造業界
商品を供給
卸業界
ゼネコン業界
店舗を建築
運輸業界
製品などを輸送
金融業界
開発資金などを融資
●家電量販店
●ドラッグストア
●ホームセンター
●ディスカウントストア
●専門店
広告業界
テレビCMなどで
知名度アップ
百貨店・
鉄道業界
テナントとして誘致

各業界の概要

家電量販店

大量一括仕入れで卸値を抑えて販売

家電メーカーから大量に安く仕入れることで、薄利多売を実現した小売店モデル。
近年は経営統合や合併が相次ぎ、分類の境界線は曖昧になっている。家電メーカーは販売量の多い量販店に、より良い条件を提示する。

業界リンク
●電機業界
家電メーカーは販売量の多い量販店に、より良い条件を提示する P.28

ドラッグストア

幅広い品ぞろえで、顧客のニーズに応える

医薬品と化粧品に加え、日用家庭用品、文房具、食料品など幅広い品ぞろえが売り。取り扱う医薬品によって、一般用医薬品と医療用医薬品の両方を手掛ける「総合」と、医療用医薬品のみを手掛ける「医薬」などに分類される。

業界リンク
●ホームセンター業界
ホームセンターとの合同店舗で顧客の囲い込みなどが見られる P.88

ホームセンター・ディスカウントストア

低価格と幅広い品ぞろえで購買意欲をかき立てる

ホームセンターとは、住居のための商品、（DIY用品、日用品、ガーデニング用品、家具・収納用品、建築材料など）を販売する大規模店舗。
ディスカウントストアとは、日用品や娯楽用品などを中心に、低価格で販売する大型店。

業界リンク
●住宅設備・建材業界
リフォーム事業において、いかに良い条件で設備・建材を仕入れるかが重要 P.118

専門店

精通した商品知識で顧客にアプローチ

主な専門店には「家具・インテリア」「書籍」「スポーツ用品」「メガネ・コンタクトレンズ」「雑貨・日用品」「CD・DVD」「玩具」「カー用品」「アパレル」などがある。
独自の仕入れルートや自社製造で低価格を実現しているところも。

業界リンク
●鉄道業界
駅構内に専門店を誘致する動きが目立っている P.112

業界 Check Point

近年、この業界に見られる戦略に「ドミナント」があります。これは、ある特定の地域に集中して出店することです。そうすることで、同業他社の出店を防ぎ、また、知名度アップによる集客の増加などが期待できるのです。

Electronics retail store

流通・小売業界Ⅱ

家電量販店

スマートフォン・環境関連商材に期待

家電量販業界の企業は、主にテレビやオーディオ機器、パソコンや白物家電などの製品を、大量に安い卸値で仕入れ、それを安価で数多く売ることで収益を得る大型の小売店です。この業界の業態は出店地域や取扱商品によって「都心PC系」、「都心カメラ系」、そして駐車場を備えた「郊外型系」などに分類できます。

しかし、近年は経営統合や合併が相次ぎ、その境界線は曖昧になりつつあります。また、大手郊外型の企業が都心のターミナル駅周辺に進出するなど、一部激戦区では値引き合戦がし烈になっています。

2011年にテレビの地上波デジタル放送への完全移行が行なわれた後は、薄型テレビの販売が伸び悩んでおり、業界全体の伸び率も鈍化しています。

主な募集職種

店頭で商品説明などを行ない、販売に結びつける。最近は商品や価格による差別化が困難なため、ニーズに合わせた提案力が重要。

売れている、またはこれから売れる商品をできる限り安く仕入れる。トレンドをいち早くキャッチする情報感度と交渉力が必要。

新店舗の出店を企画する。売上を大きく左右する人や自動車の流れ、地域特性などを分析し、売れる店舗を全国展開していく。

顧客ニーズに対応するため在庫の有無や同業他社価格などの情報管理は不可欠。そのための情報システムの設計、運用を行なう。

そこで、各社とも力を入れているのが、スマートフォン関連や環境関連商材です。また、ポイント制による還元やメーカーと連携した独自のサービス企画を展開するなど、価格以外で差別化を図る傾向にあります。

募集職種は販売職がほとんど

主な募集職種は、販売職のみというところが多く、ある程度経験を積んでから希望や適性に応じて仕入れ、店舗開発、情報システム、広報などに配属されます。

家電量販店の販売員になるのに特別な資格は必要ありませんが、製品をより上手に使いこなし、接客マナーを身につけるための資格として「家電製品アドバイザー」があります。これは財団法人家電製品協会が認定するもので、接客マナー、家電の仕組み、使い方などの説明、設置・接続のアドバイス、廃棄手順の理解などが問われます。

また、さまざまなコーナーに対応できる、商品知識が豊富な販売員も重宝されます。

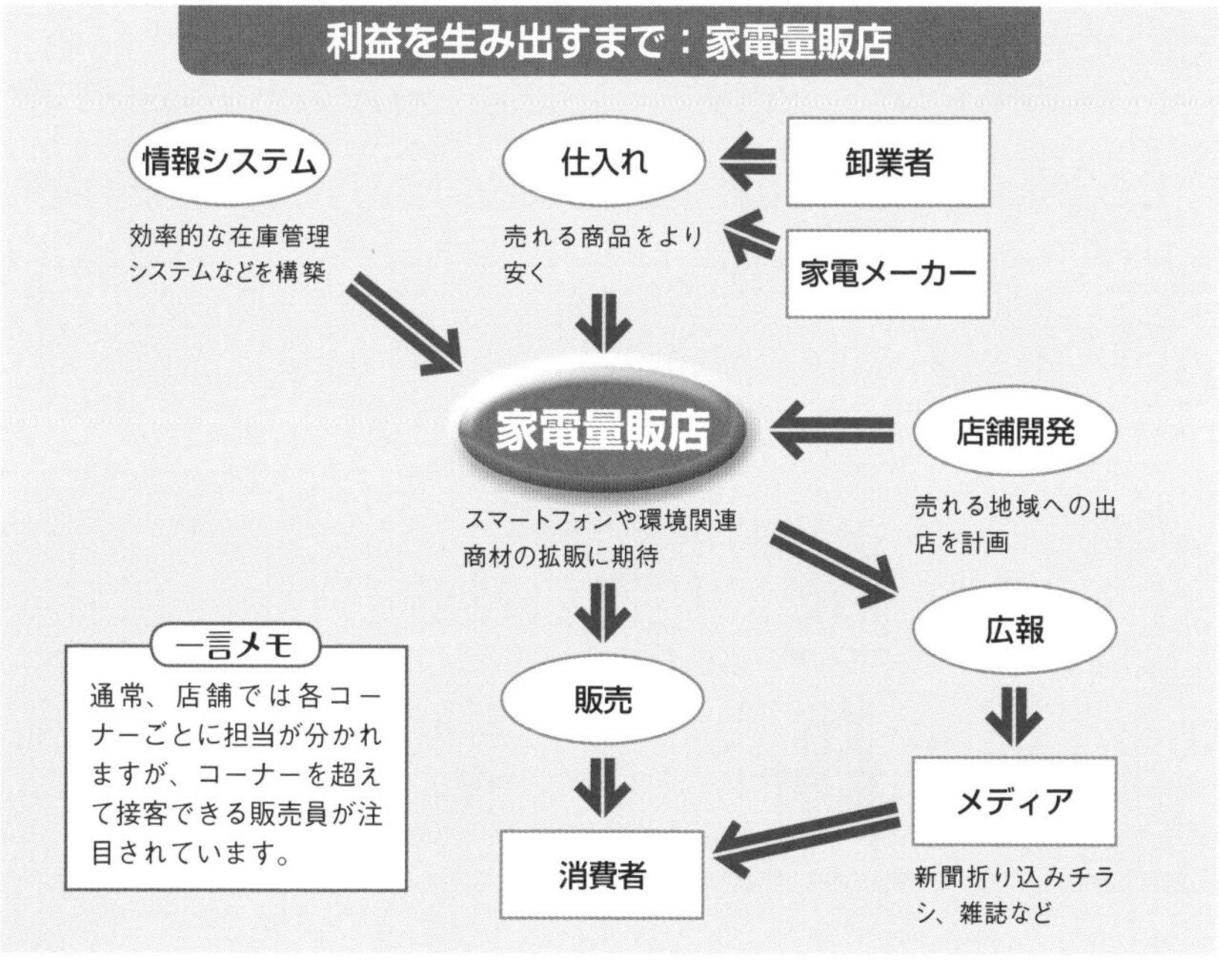
利益を生み出すまで：家電量販店
情報システム
効率的な在庫管理システムなどを構築
仕入れ
売れる商品をより安く
卸業者
家電メーカー
家電量販店
スマートフォンや環境関連商材の拡販に期待
店舗開発
売れる地域への出店を計画
広報
メディア
新聞折り込みチラシ、雑誌など
販売
消費者
一言メモ
通常、店舗では各コーナーごとに担当が分かれますが、コーナーを超えて接客できる販売員が注目されています。

Drugstore

流通・小売業界Ⅱ

ドラッグストア

M&Aが盛んで業界の寡占化が進行中

ドラッグストア業界の企業は、小売店舗で医療品や化粧品、日用雑貨（日用家庭品、文房具、食品など）を取り扱います。業態は一般用医薬品と医療用医薬品の両方を取り扱う「総合系」と、医療用医薬品のみを取り扱う「医薬系」などに分類されます。

「医薬品の販売は、薬剤師でなければできない」と思っている人は多いかもしれませんが、2009年6月の改正薬事法の施行により、薬剤師の資格がなくても「登録販売者」の国家資格を取得すれば、リスクが低く、厚生労働大臣が指定するものであれば、医薬部外品として販売することができるようになりました。その結果、コンビニや家電量販店などもドラッグストア業界に参入することとなり、競争がますます激化する一方で、M&Aも積極的に行なわ

主な募集職種

店舗運営

入社当初は店頭での販売に専念するが、徐々に発注、商品管理、店舗づくり、スタッフマネジメントと任されていき、店長を目指す。

薬剤師

来店者に対し、一般用医薬品のカウンセリング販売や調剤業務を担当。トイレタリー用品販売を含む店長業務を行なうことも。

バイヤー

医薬品メーカーや卸業者と商談し、売れる商品をできるだけ安く仕入れる。ときにはメーカーと協力しキャンペーンを企画する。

広告宣伝

新聞折り込みチラシやフリーペーパー、テレビCMなどを通じて来店を促進。流行や季節ごとのトレンドに敏感でなければならない。

れ、業界の寡占化が進んでいます。

2018年頃から新規出店が増えていることもあり売上高は増加傾向に転じました。これに加えて2020年の新型コロナウイルス感染症の影響でマスクや消毒薬系の商品が大幅な売上増となり、チェーン展開を行っているほぼすべてのドラッグストアが増収増益傾向にあります。

「登録販売者」の有資格者が有利に

主な募集職種は店舗運営、薬剤師、バイヤー、広告宣伝、店舗開発などがありますが、ほとんどは店舗運営または薬剤師として採用され、ある程度、店舗での販売経験を積んでから、別の職種へと配属されます。一部では、それぞれの職種で転勤がない地域社員の採用も行なっています。

先に挙げた「登録販売者」の資格を取得しておくのがお勧めです。対象は高校卒業かつ1年間の実務経験がある者などです。都道府県ごとに年1回以上試験が実施され、合格率は5割程度。登録販売者であれば一般用医薬品の約90％の販売に従事できるため、有効な資格と言えます。

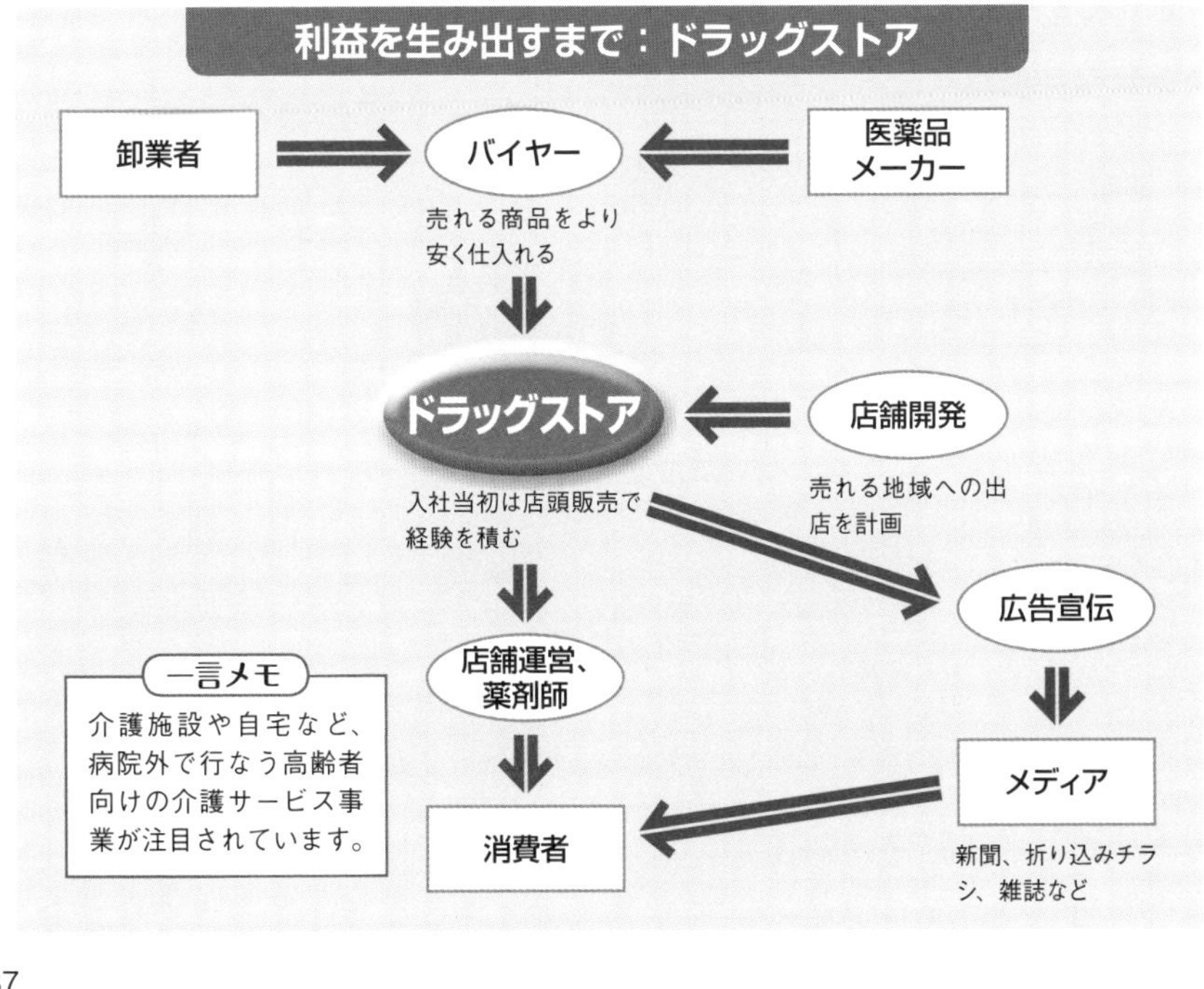
利益を生み出すまで：ドラッグストア
卸業者
バイヤー
医薬品メーカー
売れる商品をより安く仕入れる
ドラッグストア
店舗開発
入社当初は店頭販売で経験を積む
売れる地域への出店を計画
広告宣伝
店舗運営、薬剤師
メディア
消費者
新聞、折り込みチラシ、雑誌など
一言メモ
介護施設や自宅など、病院外で行なう高齢者向けの介護サービス事業が注目されています。

流通・小売業界Ⅱ

ホームセンター・ディスカウントストア

Home center

節電・防災・リフォーム関連の販売に注力

この業界の企業は、DIY用品や日用雑貨などを取り扱うホームセンターやディスカウントストアを運営します。業態は出店地域や取扱商品によって、「全国展開型ホームセンター」「地方展開型ホームセンター」「全国展開型ディスカウントストア」「地方展開型ディスカウントストア」などに分類できます。

低迷する流通業界ですが、この業界は好調です。東日本大震災の復興需要や災害後の節電志向によって、近年、業績を伸ばしています。

反面、この業界ならではの課題もあります。日本最初のホームセンターが誕生してからすでに40年以上が経ち、網羅的な品ぞろえやサービスなどがある程度成熟の域に達した一方で、逆にそのことが各企業、各店舗の均質化にもつ

主な募集職種

販売

接客や商品の発注、パートスタッフの管理などを行なう。売り場によっては建築業者などとのやりとりもあり、豊富な知識が必要。

商品企画

消費者の声を収集・分析し、市場のニーズを把握する。その結果によってマーチャンダイザー、バイヤーは販売する商品を決定する。

マーチャンダイザー

商品企画が行なう市場分析などを基にPB（プライベートブランド）商品を開発。パッケージデザインや販売方法までかかわる。

ロジスティクス

国内外からの仕入れから店頭に並ぶまでの商品の流れを管理。輸入の際の手続きや物流拠点の建築計画なども担当する。

ながっています。こうした状況にあって、安定して好調を維持する企業の特徴は、他店との差別化を図るための戦略を打ち出していることです。農具や建材など専門業者向けの商品を充実させているディスカウント店、家具調度品のカラー、サイズ、価格帯などを日本の家庭生活に合わせた独自の商品開発を行なっているホームセンターなどは、その一例と言えるでしょう。

「危険物取扱者」など手当が支給される資格も

主な募集職種は、販売職のみというところが多く、ある程度経験を積んでから希望や適性に応じて、商品企画、マーチャンダイザー、バイヤー、ロジスティクス、販売促進、店長、などに配属されます。販売職の間は、さまざまな地域特性を理解すべき、という考えから転勤・異動の頻度が高く、半年から1年で職場が変わる企業が目立ちます。

また、この業界の特徴として各種資格に対する手当があります。「危険物取扱者」「インテリアコーディネーター」「自動車整備士」といった資格を取得すると、手当が支給されます。

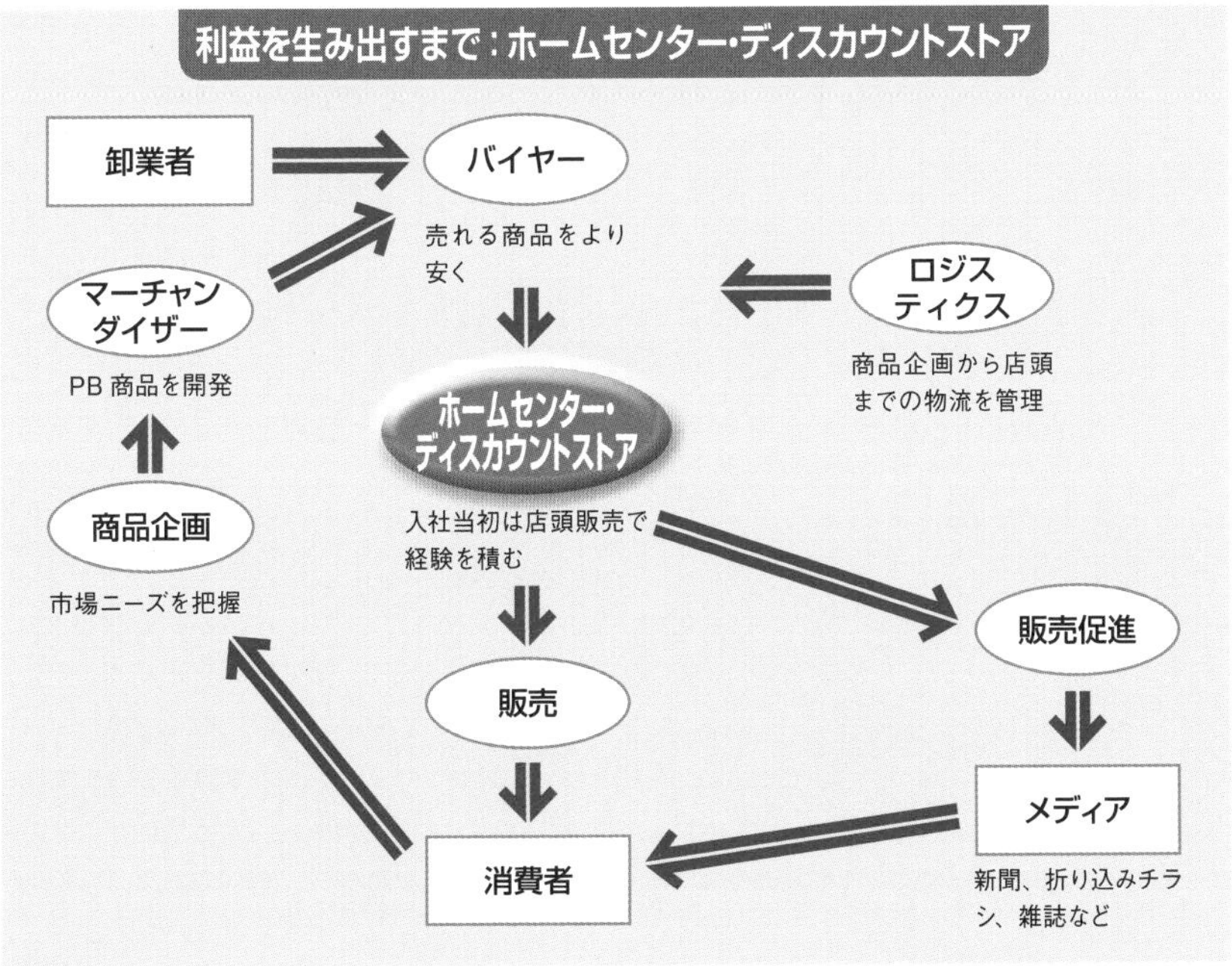

Speciality store

流通・小売業界Ⅱ

専門店

異業種間での提携やM&Aなどで業界再編

専門店業界の企業は、リテーラー（小売業者）とも呼ばれ、さまざまな専門商品をメーカーや卸売業者から仕入れて消費者に販売する店舗を運営します。専門店業界が扱う商品は非常に多種多様です。家具・インテリアから書籍、スポーツ用品、メガネ・コンタクトレンズ、雑貨・日用品、CD・DVD、玩具、カー用品、アパレルなど、実にさまざまです。

消費者の節約志向やインターネット通販による格安販売などにより、総じて苦戦が続いています。中でもメガネ市場に関しては、低価格品が売り上げを伸ばす一方で、高価格帯を扱う老舗店の低迷が見られるなど、業績格差が顕著。このようなことから、今後は異業種間での提携やM&Aなどでの業界再編が期待されます。

主な募集職種

まずは、担当する商品の知識を身につけることから始まる。その後、商品の動きなどを把握することで、売り場管理を学んでいく。

担当する複数の店舗を巡回し、売上や商品構成、接客教育などを支援・指導する。また店長や現場スタッフの意見を吸い上げる。

仕入れ先のメーカーや卸業者と価格交渉を行なうだけでなく、自ら展示会や競合店に足を運び、売れる商品の発掘をする。

広告代理店や制作会社と共に、カタログやテレビCMなどを制作。ときには店頭で使用するPOPのデザインなどもこなす。

一方で、店舗を持っているという強みを生かし、マーケティングや商品開発を自社で行なったり、メーカーと提携してオリジナル商品を開発・販売する企業も増えています。

また、近年はインターネットでのショッピングにおいて、付加価値のあるサービスを展開したり、海外に販路を拡大していく企業も多く、中でも中国・アジア地域への出店が拡大しています。

接客やマーケティングなどに必要なセンスと知識

主な募集職種は、販売、スーパーバイザー、マーチャンダイザー、バイヤー、商品企画、ロジスティクス、広告宣伝などで、ほとんどは販売として採用され、ある程度経験を積んでから希望・適性により別の職種へと配属されます。中には入社半年程度で店長になれる企業もあります。

複数の店舗を巡回し、商品構成やディスプレーの方法を伝え、接客教育の支援・指導を行ない、現場スタッフの声を吸い上げるスーパーバイザーは、流行・トレンドの見極めや商品に対する確かな知識、マーケティングセンスが要求される職種です。

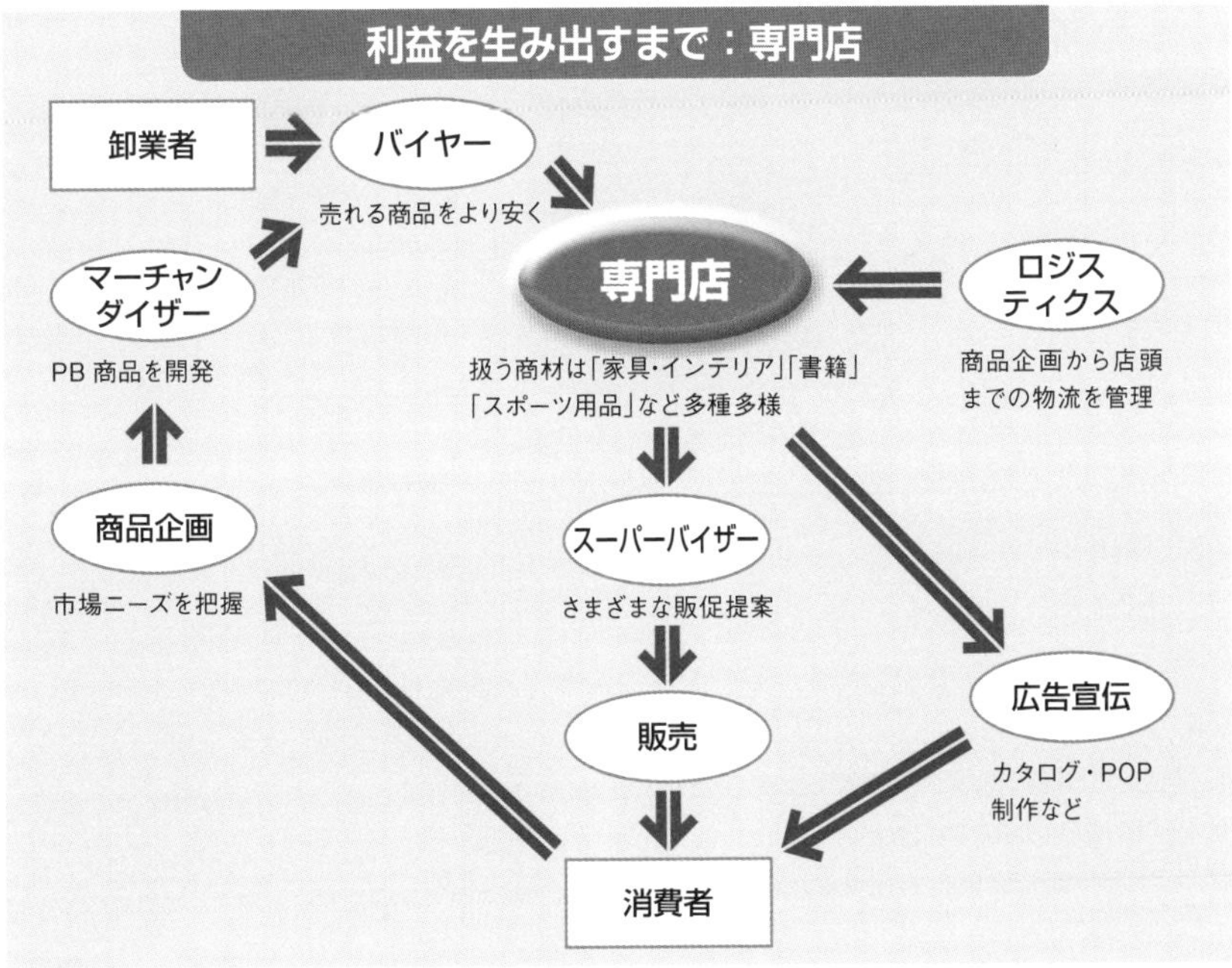
利益を生み出すまで：専門店
卸業者
バイヤー
売れる商品をより安く
マーチャンダイザー
PB商品を開発
商品企画
市場ニーズを把握
専門店
扱う商材は「家具・インテリア」「書籍」「スポーツ用品」など多種多様
ロジスティクス
商品企画から店頭までの物流を管理
スーパーバイザー
さまざまな販促提案
販売
広告宣伝
カタログ・POP制作など
消費者

金融業界

金融業界とは？

金融業界には、預貯金や、資金の貸し出しなどを行なう「銀行」、株券売買や新株発行のサポートを行なう「証券」、個人や企業から集めた保険料を運用する「生命保険」、「損害保険」、銀行以外で貸付業務を行なう「ノンバンク」があります。

2008年のリーマンショックを機に、これまで国際金融経済の中心的存在だったアメリカの金融業界は、業界再編成を余儀なくされ、欧州でも財政危機に陥り、金融不安が続いています。世界的な株価下落から、国内の金融業界でも、収益が悪化する一方、金融自由化により、保険や証券の販売などで、競争は激しくなっています。しかし、国際的な金融不安が続く中、日本の世界経済に与える影響は大きく、海外戦略は今後活発化することが予想されています。

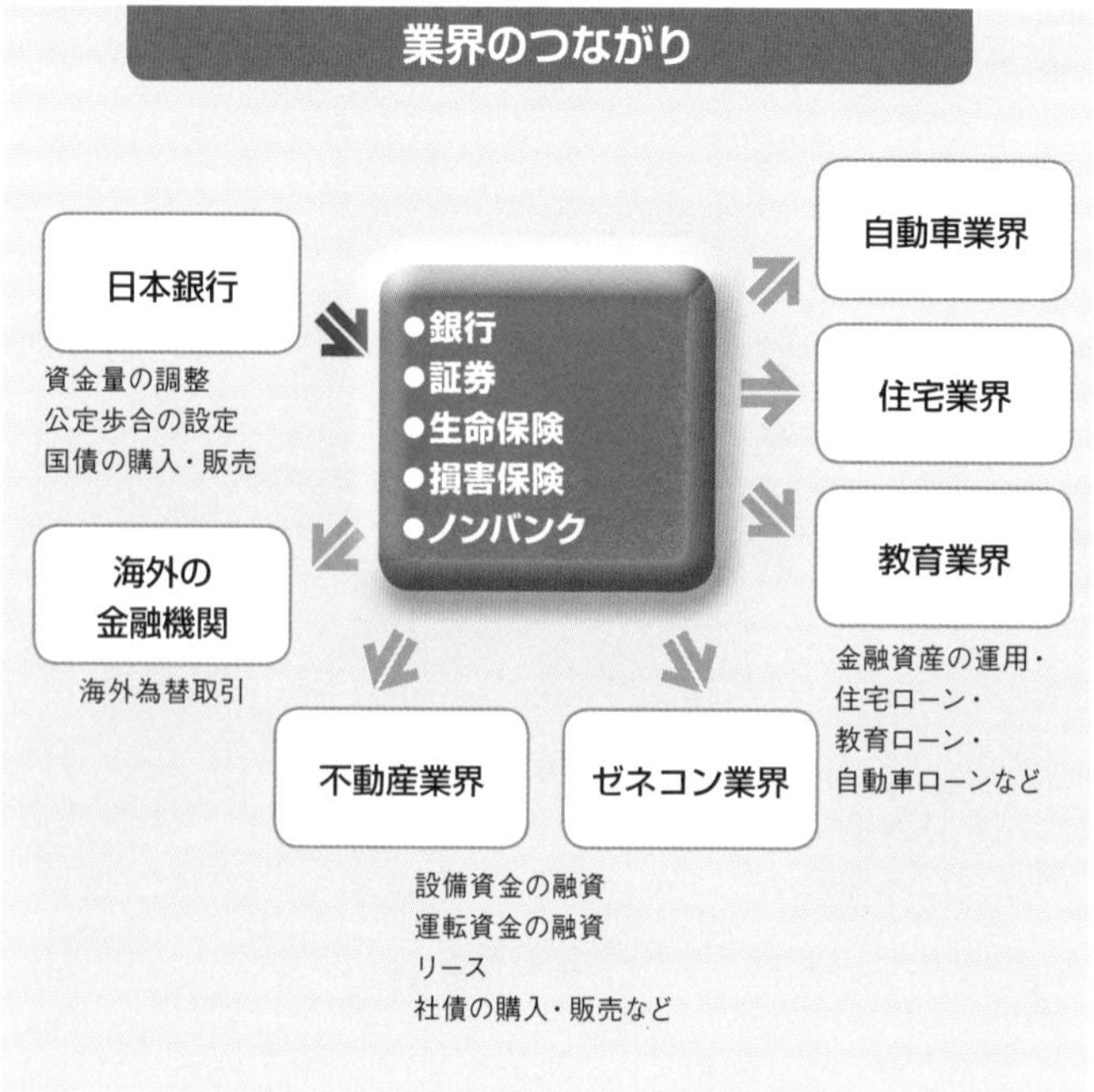

業界のつながり
日本銀行
資金量の調整
公定歩合の設定
国債の購入・販売
●銀行
●証券
●生命保険
●損害保険
●ノンバンク
海外の
金融機関
海外為替取引
自動車業界
住宅業界
教育業界
金融資産の運用・
住宅ローン・
教育ローン・
自動車ローンなど
不動産業界
ゼネコン業界
設備資金の融資
運転資金の融資
リース
社債の購入・販売など

各業界の概要

証券

主に株の売買などの運用で利益を出す

　個人や企業から預かった資金で、証券取引所で値上がりしそうな株を売買し、銀行と同じように運用する。個人や企業の金融資産を、安全で少しでも有利な方法での運用を行なう。

業界リンク
●不動産業界
かつては不動産信託など不動産の証券化による金融商品も取り扱われていた P.120

銀行

資金を預かり運用する銀行のビジネス

　銀行には、世界規模のメガバンクから地方銀行、信託銀行などがある。
　銀行は個人や企業などのお金を預かり、それを別の個人や企業に貸付たり、国債や社債などを購入し、運用に取り組む。

業界リンク
●百貨店業界
ショッピングセンターなどに店舗を設ける（インストアブランチ）銀行も多い P.74

損害保険

損害を補償する保険商品を販売

　住宅の火災や震災、自動車事故などの際、損害を補償したり、病気や怪我などで休業を余儀なくされたときに支払われる保険商品を取り扱う。
　生命保険会社と同様に、保険料を有利な方法で運用する。

業界リンク
●海運業界
もともとの損害保険は船舶や海運など海上関連の保険から始まった P.110

生命保険

回収した保険料を運用し利益を上げる

　生命保険や医療保険など、保険商品を売り、預かった保険料を証券投資や不動産投資で運用する。そして、保険金支払の準備金を増やし、万が一の保障や死亡保険金の支払いを行なう。

業界リンク
●インターネット業界
ネット専用保険会社も誕生し、保険商品の販売チャネルが多様化している P.180

　金融自由化によって、市場には数多くの金融商品が生まれています。個人に合った金融商品や、金融資産の有効な運用方法についてアドバイスするＦＰ（※）が注目されています。

※ＦＰ＝ファイナンシャルプランナー

ノンバンク

資金を貸し出し、手数料と金利を得る

　ノンバンクは、貸付だけを業務として、銀行に代わって個人向けと事業者向けに資金を融資する。また、クレジットカードを発行したり、割賦販売を保証したりと、さまざまな金融サービスも行なっている。

業界リンク
●商社
法人向けリースなど商社が扱う金融商品も多く、商社金融と呼ばれることもある P.70

Bank

金融業界

銀行

信用組合・信用金庫を巻き込む業界再編成が進む

銀行は、企業と個人に対して、預金、貸付、決済、資金調達、資産運用などのサービスの提供によって収益を上げ、また、社会にお金を流通させる役割も担っています。

預金、貸付、決済を業務の中核としてきましたが、１９９０年代末の日本版「金融ビッグバン」により、「護送船団方式」と言われてきた銀行業界も変革期を迎え、今や証券、投資銀行業務にも本格的に進出し、株式、債権、投資信託の売買といった小口取引を中心とする分野の業績が伸びています。

こうした流れを受け、銀行を中核に信託、証券などを統括する総合フィナンシャルサービスグループの設立も活発化。金融情勢が複雑化する中、都市銀行ではリテール保険、金融商品の銀行窓口への総合化など、証券業務育成が

主な募集職種

営業

企業を訪問し、貸出商品などの商談をまとめる。貯蓄や住宅ローンを担当することも。個人顧客を担当する場合もある。

窓口

店頭で顧客の対応、振込みや入出金などの受付処理と、預金口座の開設、住所変更などの取引担当に分かれる。

企画

銀行の経営戦略を担う中枢の花形部門で、銀行の中のエリート集団。経営企画、広報・IR、財務などの役割を担う。

審査

支店から上がってくる融資案件の可否を判断する。判断を誤ると不良債権が発生するため、貸出審査のプロが配属される。

重要視されています。一方、地方銀行や第2地方銀行、信用金庫などは取引先との信頼関係を強化、小回りの良さを生かした営業が求められています。スーパー、コンビニなど流通業からの新規参入、ネット上で振込業務や残高照会を行なうインターネット銀行も増えています。

また、バブル崩壊後の不良債権処理や大型金融グループ間の再編・合併が一段落したものの、リーマンショックによる自己資本比率規制の強化に対応するとともに、収益力強化が急務となっています。

法人向けと個人向けの2つに大別される募集職種

主な募集職種は、法人向けと個人向けに分かれており、営業、営業企画、融資審査、ローン審査などです。

都市銀行の場合は与信審査、不動産、国際業務企画、経営企画など法人相手のビジネスが多く、ファンドマネジャーといった専門系の職種もあります。また、新卒の採用時に分野を選択させるコース別採用を取り入れ、入行後に能力に応じてキャリア形成を支援するという、分野別のプロの育成にも取り組んでいます。

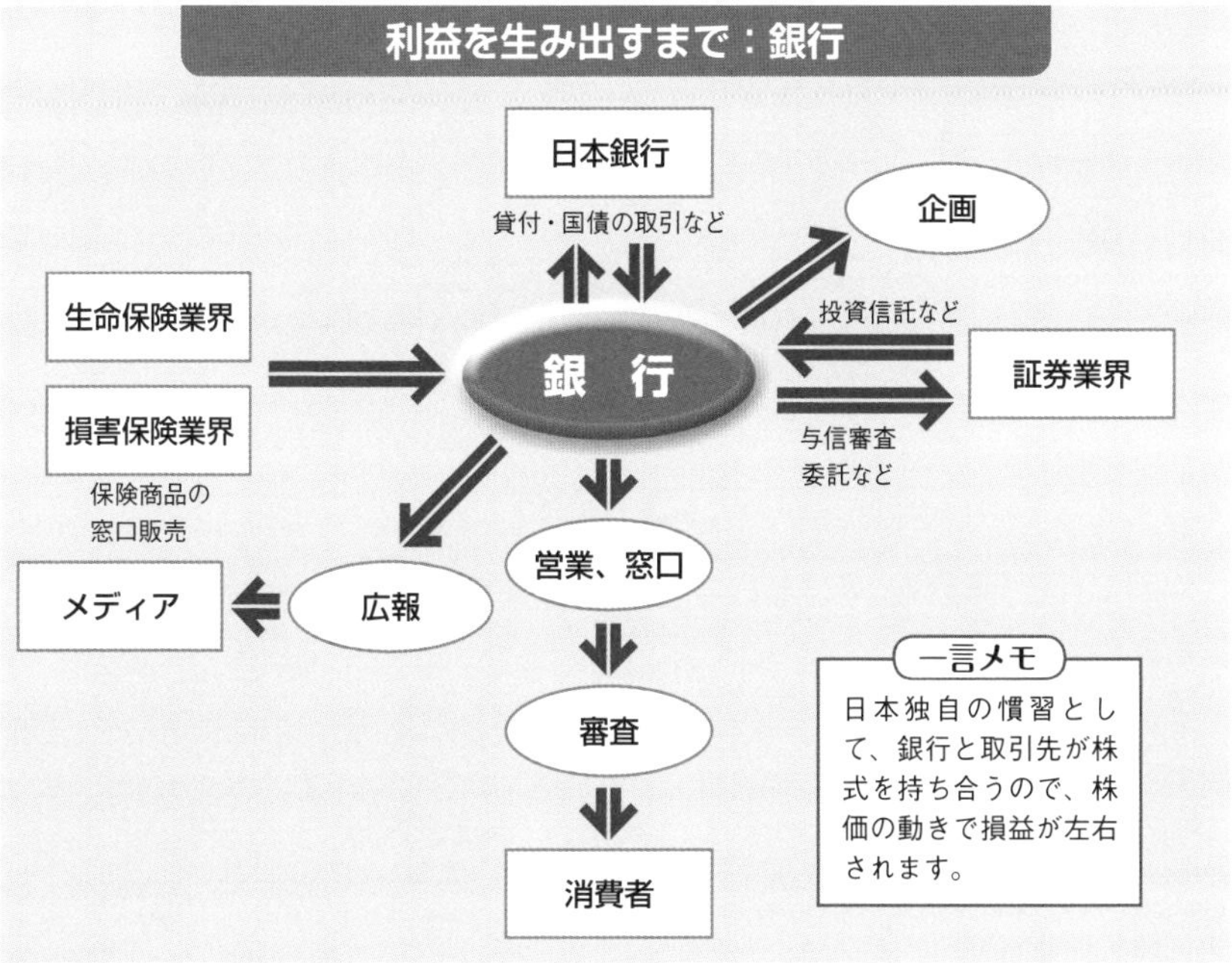
利益を生み出すまで：銀行
日本銀行
貸付・国債の取引など
企画
投資信託など
証券業界
与信審査
委託など
生命保険業界
損害保険業界
保険商品の
窓口販売
銀　行
営業、窓口
審査
消費者
広報
メディア
一言メモ
日本独自の慣習として、銀行と取引先が株式を持ち合うので、株価の動きで損益が左右されます。

Bill broker

金融業界

証券

有価証券の売買の仲介で利益を得る

証券会社は、株式市場を通じた有価証券の売買、つまり、株券の売買の仲介が主な仕事です。業務は、証券取引法で認められている4つの業務を行なっており、①投資家の売買注文を仲介する「委託売買」が収入の柱で、②企業が発行する株を投資家へ販売する「募集・売出」、③証券会社自身が投資家となって株式、債券を売買する「自己売買」、④企業が新規発行する株を買い取り販売する「引受」があります。

近年はサービス内容も多様化し、一律だった株式手数料も完全自由化。各証券会社は独自の手数料体系を採るなど、サービスの拡充に努めています。インターネット専用の証券会社が拡大する中、個人投資家もさらに増えています。

また、近年、積極的な拡張を行なっているのが投資銀行業

主な募集職種

個人顧客を中心に投資信託などの投資商品の案内、販売を手掛ける。特別会員証券外務員2種の資格を取得すると就職に有利。

主に個人の顧客に株式、債券、投資信託、保険、デリバティブなど幅広い金融商品の案内、提案、販売を行なう。

買収、売却候補となる法人を掘り起こし、売買案件を探す。案件がまとまれば必要書類の作成なども手掛ける。

デリバティブとはあらゆる金融商品から派生するオプション、先物のこと。その商品の開発から顧客への提案までを行なう。

務です。株式・社債の引き受け、企業の合併・買収（M&A）、資本提携の仲介、財務戦略の指南役も担っています。

リーマンショックや、欧州諸国の財政危機、東日本大震災などで、株式や債券売買が低迷し、それに伴って株式手数料の減収など、収益環境には厳しいものがあります。しかし、小額投資が可能な投資信託の人気は根強く、個人金融資産からの誘導が見込まれます。

金融や経済の知識が求められる職種

主な募集職種は、FA（ファイナンシャル・アドバイザー）、証券営業、M&A、デリバティブなどです。

個人顧客に対して投資商品を案内・販売するのがFAです。証券外務員資格が必要になりますが、就職のチャンスはあります。

個人顧客に幅広い金融商品の案内、提案、販売を行なう証券営業は、仕事を覚えながら知識とスキルを深めていきます。ほかにも企業買収のアドバイス、デリバティブ商品の開発、投資候補先企業の分析など職種は多く、優秀な人材が求められています。

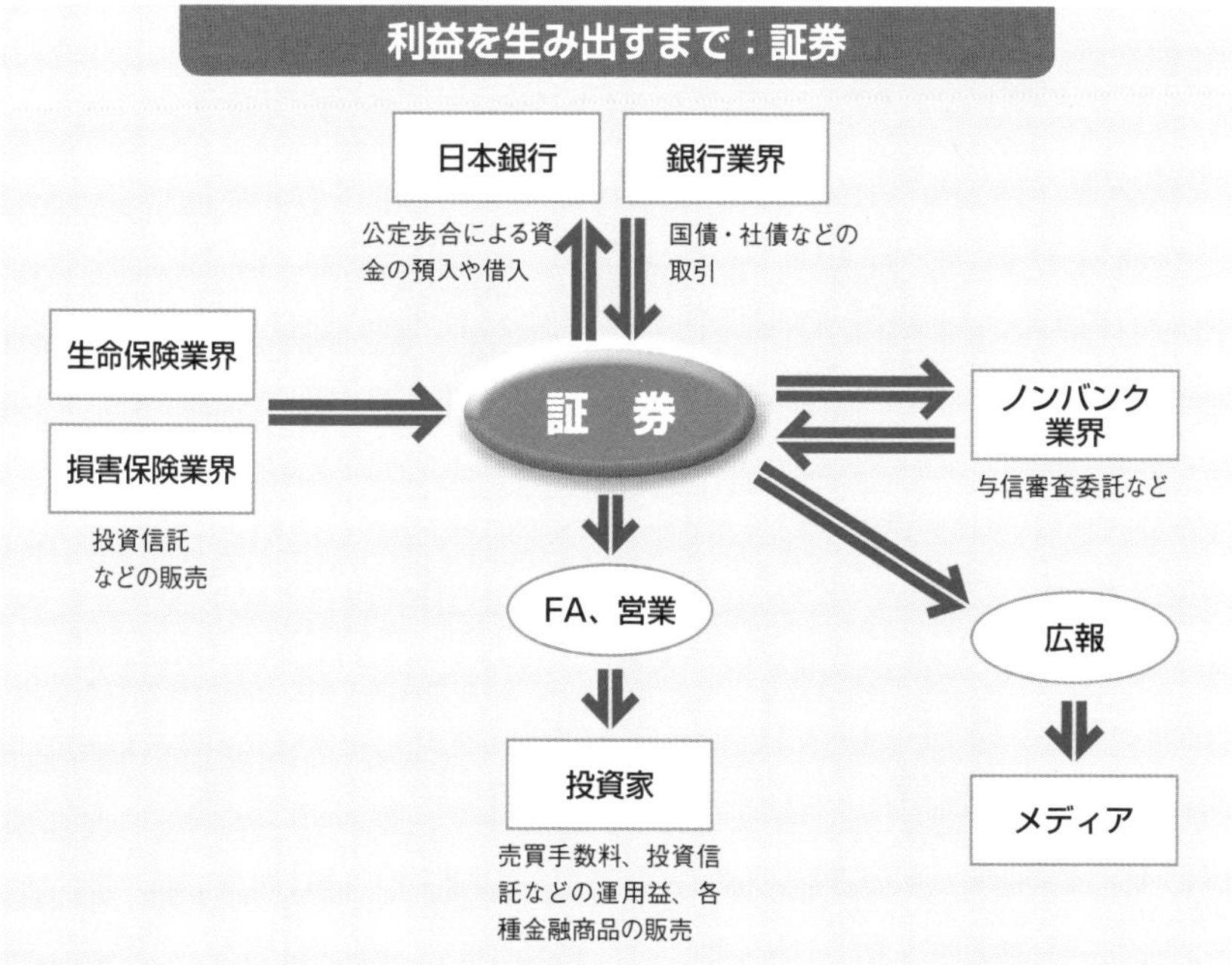
利益を生み出すまで：証券
日本銀行
銀行業界
公定歩合による資金の預入や借入
国債・社債などの取引
生命保険業界
損害保険業界
投資信託などの販売
証　券
ノンバンク業界
与信審査委託など
FA、営業
広報
投資家
メディア
売買手数料、投資信託などの運用益、各種金融商品の販売

Life insurance

金融業界
生命保険

金融自由化による競争が激化

生命保険は、契約者から保険料を受け取り、その保険料を貸付たり投資したりすることで収益を上げます。契約者の万一の死亡時や入院時などには、あらかじめ契約していた所定の保険料を支払います。主な商品は「死亡保険」「入院保険」「傷病保険」などです。

今、「死亡保険」を中心とした生保の在り方は曲がり角を迎えています。もともと日本人の生命保険加入率は非常に高いのですが、少子高齢化や保険料未払い問題などの影響から、それだけでは十分な経営の安定を図れなくなってしまったのです。これに拍車をかけるのが、金融自由化と外資系保険会社の参入です。銀行窓口で保険の販売が行なわれるようになり、インターネット専門の生命保険会社も新たに生まれました。今後も、競

主な募集職種

営業

全国各地の支社や営業所などを拠点に個人･法人へ営業。各種保険のほかに税金、相続まで幅広い知識が必要。

業務管理

保険契約者から寄せられる意見、苦情などの対応に当たる。同時に情報の社内への周知も図り、CS(※)活動も推進する。

※ CS ＝カスタマーサービス

開発

主力だった死亡保険以外の新商品開発に取り組む。最近は貯蓄性の高い保険商品の開発にしのぎを削っている。

資産運用

契約者から委託された資産を運用する。資産運用は有価証券、不動産がメインだが、運用方法は多岐にわたる。

争の激化は必至と言えるでしょう。こうした変化に向けて、三大疾病（がん、急性心筋梗塞、脳卒中）を主な対象とした特定疾病保障型保険、いわゆる「第３分野」の保険商品を続々と販売。養老年金、個人年金、学資保険等は貯蓄性の高い商品として注目されています。

消費者のニーズをつかんで保険商品を開発

そんな生命保険業界ですが、保険金の未払いなどへの対応も一段落したことで採用数は増加しています。主な募集職種は、営業、業務管理、開発、資産運用などです。

特に開発では、主力商品だった死亡保険に代わる新商品の開発が急務となっています。貯蓄性の高い商品や、老後の保障が中心の商品など、消費者が求める商品開発にしのぎを削っています。

かつて生命保険は、セールスレディーによる販売が中心でしたが、インターネット専業の保険会社や銀行による窓口での取り扱いなども増えたことから、生命保険会社でも、店舗によるカウンターサービスに力を入れるなど変化しています。

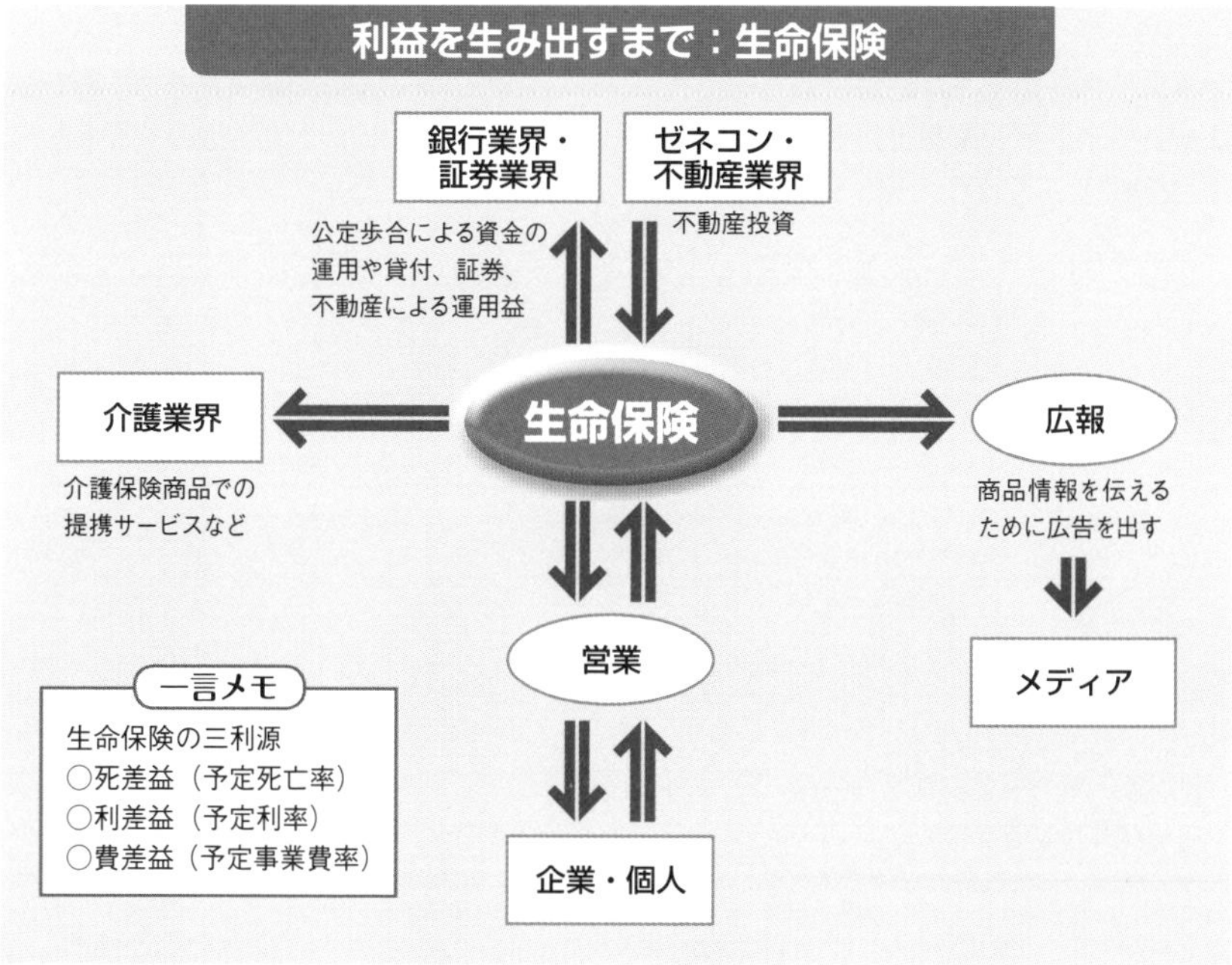
利益を生み出すまで：生命保険
銀行業界・証券業界
ゼネコン・不動産業界
公定歩合による資金の運用や貸付、証券、不動産による運用益
不動産投資
介護業界
介護保険商品での提携サービスなど
生命保険
広報
商品情報を伝えるために広告を出す
メディア
営業
企業・個人
一言メモ
生命保険の三利源
○死差益（予定死亡率）
○利差益（予定利率）
○費差益（予定事業費率）

Property insurance

金融業界

損害保険

ネット販売で業界の再編制と活性化を図る

損害保険は、契約者から保険料を受け取り、その保険料を貸付たり投資したりすることで収益を上げます。契約者の万一の事故や、トラブルにあったときなどには、あらかじめ契約していた所定の保険料を支払います。主な商品は、「自動車保険」、「賠償責任保険」、「傷害保険」、「火災保険」などです。

1990年代に合併、再編劇が起こり、現在は集約された3つの損害保険グループと、それ以外の独立系・新規参入系に分かれています。

損害保険を販売する代理店は全国に約20万店あり、延べ21万人が従事していると言われています。

損害保険は、掛け捨て型の商品が多いので、収益力が高く、経営の安定度に関していえば、金融業界の中でも特に

主な募集職種

法人営業と個人営業に分かれる。共に得意先の保険代理店か個人を回り、保険契約を獲得するのが主な仕事。

獲得した保険の契約書に不備がないかなど契約書類の整理、管理、代理店の保険料収入の把握などを行なう。

物損事故を扱う。事故車の損害額や事故原因の調査などを行なったうえで、相手との示談交渉も行なう。

人身事故を扱う。示談交渉という難しい案件を扱うため、経験が求められる。中途採用の転職者が多い。

リードしています。

主力を担うのは、保険料収入の半分近くを占める自動車保険。しかし、ここでも新規参入の動きは強く、インターネットやコールセンターを活用したサービスの多様化、充実化がカギを握ると言われています。また、海上、火災、自動車と商品が変遷してきた保険商品ですが、低コストを背景に主力分野への新規参入組が増えたこともあり、さまざまな商品開発も進んでいます。事故などで事業がストップしてしまったときの利益を補填《ほてん》する店舗休業補填保険、ホールインワン達成時の出費の補填やゴルフ用品の損害を補償するゴルファー保険などの商品が誕生しています。

業務内容は法人向けと個人向けがある

業務は、大まかに法人向けと個人向けに分かれています。主な募集職種は、営業、営業事務、契約査定、契約事務、事故の示談交渉などを主に行なう専門職などです。中でも、専門職や技術アジャスターでは、人身・物損事故の示談交渉を行なうため、交渉力や説得力など高いコミュニケーションスキルが求められます。

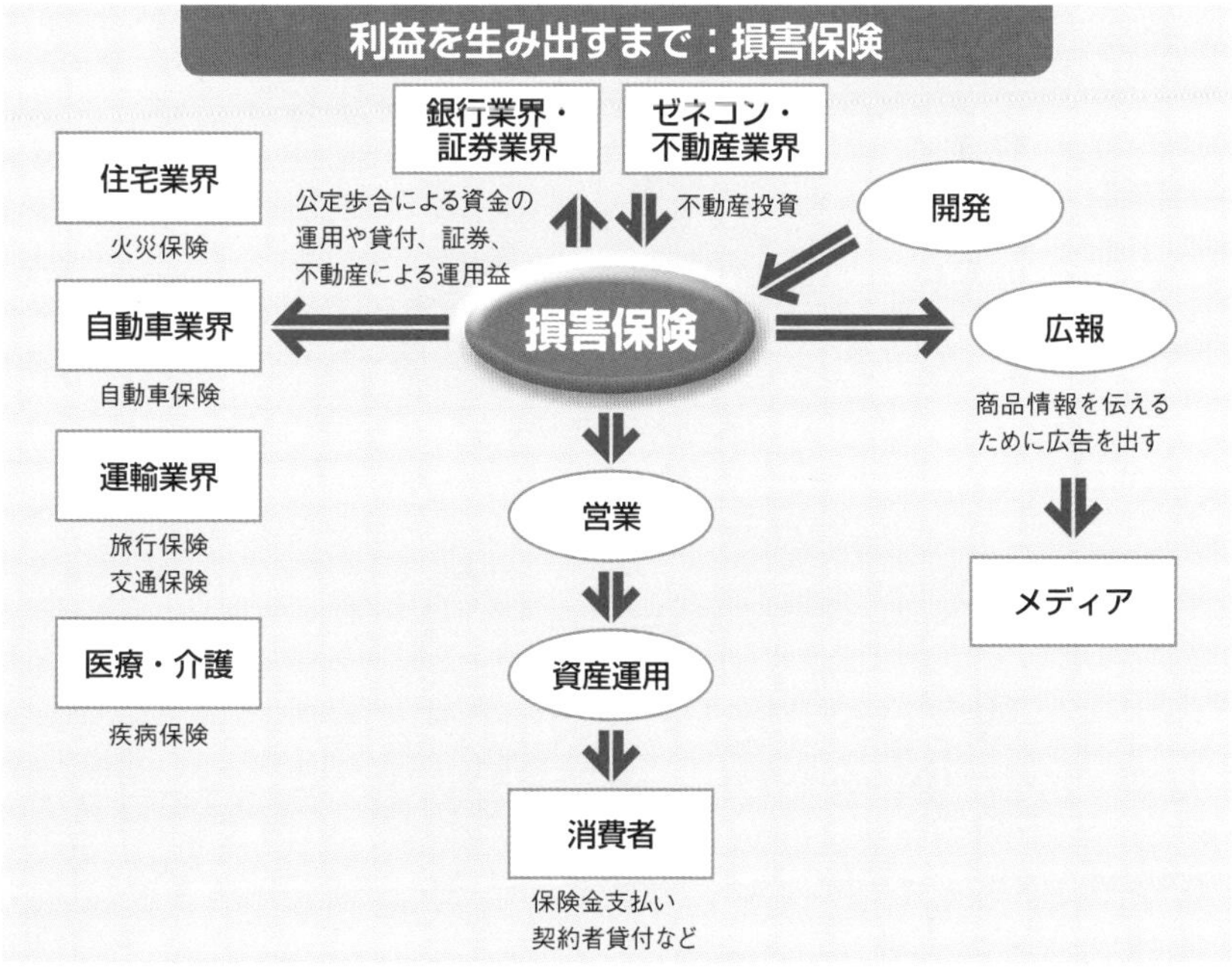
利益を生み出すまで：損害保険
銀行業界・証券業界
ゼネコン・不動産業界
公定歩合による資金の運用や貸付、証券、不動産による運用益
不動産投資
開発
住宅業界
火災保険
自動車業界
自動車保険
運輸業界
旅行保険
交通保険
医療・介護
疾病保険
損害保険
広報
商品情報を伝えるために広告を出す
メディア
営業
資産運用
消費者
保険金支払い
契約者貸付など

Non bank

金融業界

ノンバンク

新たなビジネスモデルが求められる

ノンバンク（リース会社もノンバンクに含まれますが、ここでは貸金業について説明します）は、預金を受け入れずに融資だけを行ないます。融資する資金は銀行などから調達していましたが、規制緩和により社債の発行などで資金を集めることができるようになり、どんどん規模が拡大しています。

ノンバンクの業態は個人向けと事業者向けに大別されます。個人向けでは、金利を収益に充てる消費者金融、一時的に代金を立て替えて、その手数料を収益とするクレジットカード会社、自動車などのローンを扱う信販会社など、事業者向けは事業者金融（商工ローン）、ファクタリング会社、ベンチャーキャピタルなどです。

現在、日本では3億枚以上のクレジットカードが発行さ

主な募集職種

受付や契約内容、手続きなどの説明、カードなどの発行手続き、返済プランの提案などを店頭、または電話で行なう。

支払期日を通知したり、返済プランに関するカウンセリングを行なうなど、顧客へのアドバイスを行なう。

営業業績を細かく分析し、利用者のニーズを掘り下げ、顧客開拓の戦略を練り上げる。新商品の開発にも取り組む。

カードの読み取り機器の開発、新しいシステムの開発も手掛け、顧客や加盟店などに提案する。

れていると言われています。この数字は、成人1人当たり3枚以上を持っていることになります。ところが、利用の約9割は1回払いなど、クレジット会社が金利収入を得られない利用法なのです。利用は多いのに収益につながらないという構造的な問題が懸念されます。

アメリカでは、国民性、生活様式の違いもありますが、カードキャッシングの利用比率が約25%にもなります。国内市場が限界に近づいている中、ノンバンクも新たなビジネスモデルの構築が求められています。

規模の拡大に伴い、さまざまな職種を募集する

社債での資金調達が可能になり、規模が拡大したノンバンクでは、営業、債券管理、システム管理、マーケティングなど、専門性の強い職種から一般職まで幅広い職種で人材を求めています。中でも、新たなビジネスモデルの構築が求められている今、マーケティングでは、営業業績を細かく分析し、利用者のニーズに応えるような発想力、数字や市場を分析するマーケティング能力、ニーズをつかむ情報キャッチ能力などが求められます。

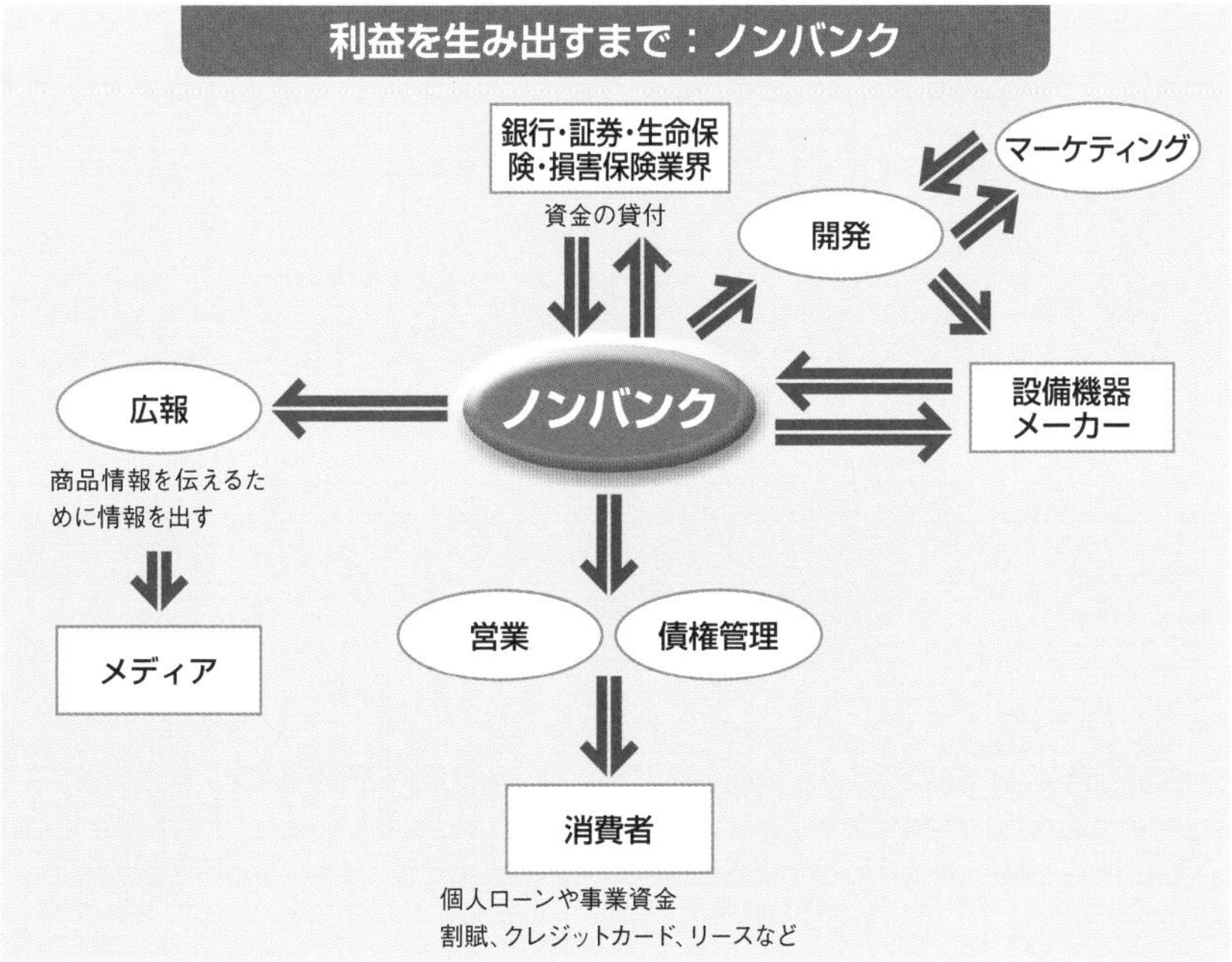
利益を生み出すまで：ノンバンク
銀行・証券・生命保険・損害保険業界
資金の貸付
マーケティング
開発
広報
ノンバンク
設備機器メーカー
商品情報を伝えるために情報を出す
メディア
営業
債権管理
消費者
個人ローンや事業資金
割賦、クレジットカード、リースなど

交通・運輸業界

交通・運輸業界とは?

運輸業界には、陸路で運ぶ「陸運」、空路で運ぶ「空運」、海路で運ぶ「海運」、そして「鉄道」があり、どの輸送手段においても、人を運ぶ「旅客」とモノを運ぶ「貨物」があります。

旅客は、観光やレジャー、ビジネスなどが目的で、これらの人々の移動は景気動向に大きく左右されます。

貨物においても、モノの生産量や貿易活動の多寡によって、取扱量が目まぐるしく変わります。とりわけ、資源の少ない日本では、原材料を海外に求めることが必然的に多くなります。日本の貿易収支は、国の経済力を知るバロメーターになっています。

近年、旅客でも貨物でも、輸送手段には、速く、安全に、確実に、そして安く、快適に、というさまざまな要素が求められています。

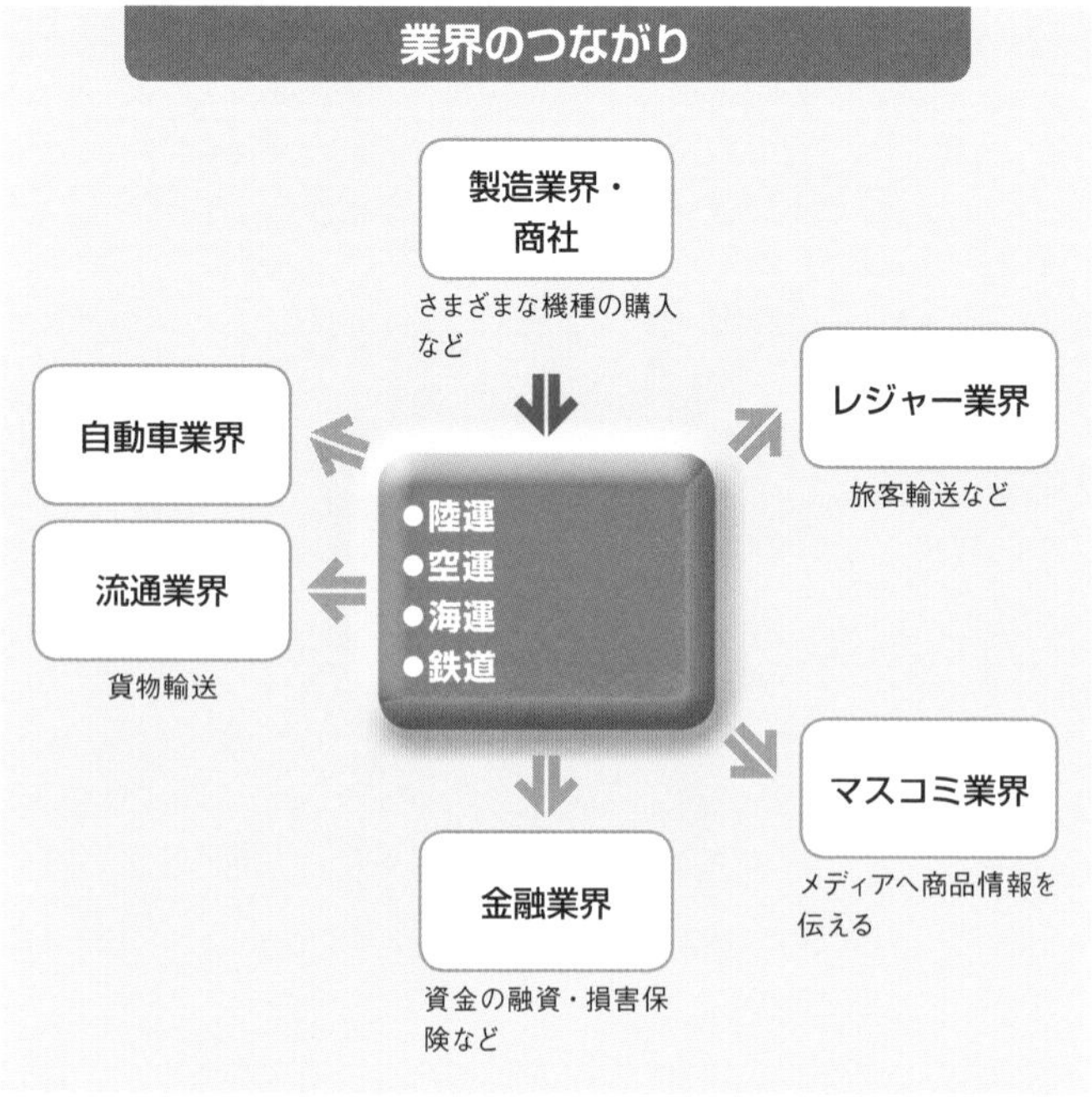
業界のつながり
製造業界・商社
さまざまな機種の購入など
自動車業界
流通業界
貨物輸送
●陸運
●空運
●海運
●鉄道
レジャー業界
旅客輸送など
マスコミ業界
メディアへ商品情報を伝える
金融業界
資金の融資・損害保険など

各業界の概要

空運

航空機で旅客・貨物の輸送を行なう

輸送の花形と呼ばれ、航空機を使って旅客輸送や貨物輸送を行なう。国際・国内線を運航する企業や、国内線のみを運航する企業、離島などの特定地域への発着や貨物輸送事業も営む企業などがある。低価格で簡素化されたサービスを提供する、格安航空会社（ＬＣＣ）もある。

業界リンク

●旅行業界
航空券とホテル、観光を組み合わせたプランを企画することも P.136

陸運

物流の要を司る陸運による国内輸送

陸運とは、陸路による物流のこと。国内輸送の大半が陸運によるもので、トラックでの輸送が中心になっている。法人向けの国内輸送から、個人向けの宅配、引っ越しまで、サービス内容は実に多彩。近年は地球環境に配慮した、自転車による宅配サービスも登場している。

業界リンク

●自動車業界
陸運の大半がトラック輸送で行なわれ、新車の輸送も陸送が中心 P.36

鉄道

車両を使った輸送と、鉄道周辺事業に注力

鉄道会社は、鉄道車両を使用して旅客輸送や貨物輸送を行なう。また、輸送だけではなく、どうしたらたくさんの人に鉄道を利用してもらえるかを考え、観光を提案したり、沿線周辺を開発したり、駅ビルにテナントを誘致したりするなど、鉄道周辺事業も展開している。

業界リンク

●旅行業界
割安の鉄道チケットとホテルを組み合わせたプランを企画することも P.136

海運

海に囲まれ、資源の少ない日本を支えてきた海運

海運は比較的リーズナブルで、一度に大量の旅客や貨物を輸送できるため、海に囲まれた日本の産業を支えてきた。旅客は国際と国内に、貨物はスケジュールや寄港地が固定されている定期船と貨物に合わせてスケジュールや寄港地が決められる不定期船に分けられる。

業界リンク

●造船・重機業界
海運で使用する船や、コンテナをつり上げる重機などはなくてはならない P.34

業界 Check Point

運輸業界の職種は、車両や船舶、航空機など、乗り物を動かす現場の専門職と、営業や企画、関連産業などに携わる事務職に分かれます。どの職種も、グローバル化の進展により、英語など外国語のスキルが必要に。ＩＴによるシステム化が進んでいるため、その知識も要求されます。

Land transportation

交通・運輸業界

陸運

なくてはならない陸運。ほかの輸送機関との連携がカギ

陸運は、企業から企業、企業から消費者、消費者から消費者など、陸上のあらゆる物流を司ります。

日本の国内輸送の大半は陸運によるものですが、中でも輸送量で圧倒的な存在感を示しているのが、トラックなどの自動車輸送です。

自動車輸送事業は、認可基準から、「一般貨物自動車運送事業」「特別積み合わせ貨物自動車運送事業」「特定貨物自動車運送事業」「貨物軽自動車運送事業」と、大きく4つに分類されています。「貨物軽自動車運送事業」で使われる車両の中には、緑ナンバー（自動車運送事業などで使用する業務用自動車）だけではなく、黒ナンバーの一般車両やバイクなどが含まれます。また、貨物輸送の仕事では、トラックなどの自動車のほか、鉄道、船舶、航空機な

主な募集職種

企業や団体に向けて、引っ越しや警備輸送、産廃、公用輸送などの専用輸送やロジスティクス・ソリューションの提案を行なう。

長距離専門から担当地区を回る仕事まで多岐にわたる。最近はセールスドライバーと呼び、集荷から配達まで一貫して担当する。

本支店や営業所において、ドライバーや車両などの運行管理や伝票管理など、輸送全般のシステムを管理する。

国内輸送のネットワークから国際輸送のグローバルネットワークまで、社内のロジスティクスシステムの管理を行なう。

どの輸送機関を使ってモノを運んでいますが、輸送機関を持っている企業は「キャリアー」と呼ばれています。

鉄道や船舶、航空機などは、駅や港、空港でしか発着できません。そこから先の陸上部分では自動車による輸送が行なわれますが、自社の輸送機関ではなく他社保有のものを活用した輸送事業はフォワーディング事業となり、それを手掛ける企業は「フォワーダー」と呼ばれています。

流通サービス業として求められる新しい側面

主な募集職種は、ドライバー、物流管理、物流の効率化を図るエンジニア、営業企画、ネットワーク管理などです。陸運業者の大きな役割は、荷物の集荷と輸送、配達を行なうこと。しかし最近は、企業の物流業務全体を一括して請け負う、「3PL（サード・パーティー・ロジスティクス）」を展開するところも増えてきており、流通サービス業としての仕事の幅は広がってきています。

国内需要の伸び悩みを受け、近年は陸運業者の海外進出も活発化。アジアをはじめ海外拠点の物流センターで運営や営業の業務に携わるケースも増えているようです。

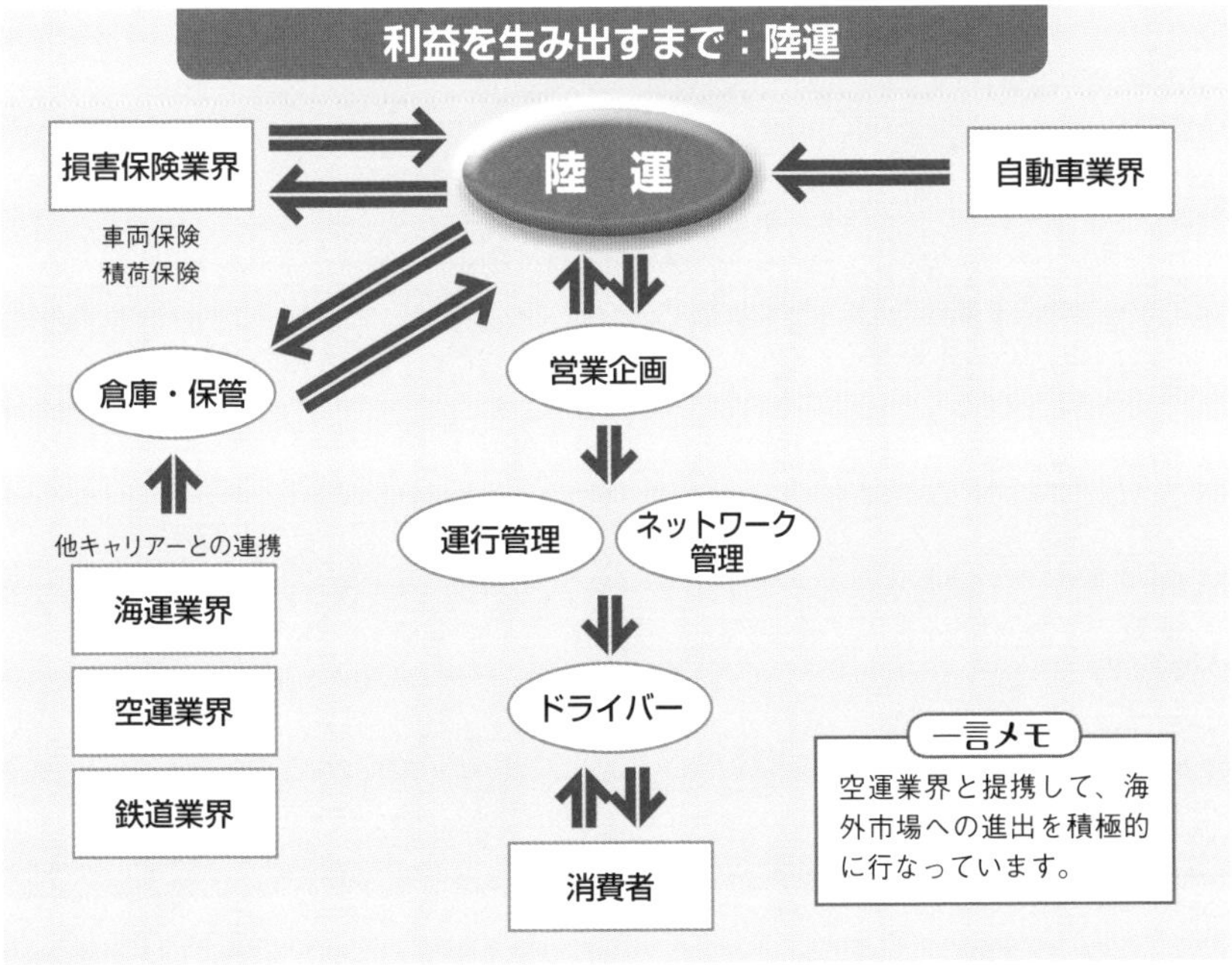
利益を生み出すまで：陸運
損害保険業界
車両保険
積荷保険
陸　運
自動車業界
倉庫・保管
営業企画
他キャリアーとの連携
海運業界
空運業界
鉄道業界
運行管理
ネットワーク管理
ドライバー
消費者
一言メモ
空運業界と提携して、海外市場への進出を積極的に行なっています。

Air transportation

交通・運輸業界

空運

新型コロナウイルス感染症の影響が大きいものの長期的な見通しは明るい

　空運は、航空路や空港を利用し、航空機によって旅客輸送や貨物輸送を行なうサービスです。国際・国内線の両方を運航する企業や、国内線のみを運航する企業、離島への移動インフラ系や貨物輸送事業を手掛ける企業があります。

　旅客輸送は、２０１０年に羽田空港に新国際線旅客ターミナルがオープンし、訪日外国人旅行者や利便性の高い羽田空港から海外に渡航する旅行者が増加。また、２０１２年以降、旅行やビジネスでの移動手段として格安航空会社（LCC）の活用度が高まっていました。しかし、新型コロナウイルス感染症の影響で旅行・ビジネス需要ともに減少、さらに訪日外国人数が激減したことで、業界全体の売上は大幅にダウンしました。ただ、世界的な人口の増加などにより、中長期的には需要は増加すると予測されています。

主な募集職種

旅客や貨物を乗せた航空機の操縦を行なう。副操縦士になるまでには最低5年、機長になるまでには15年以上の経験が必要。

旅客機内での乗客への接客サービスが主な業務。緊急時には保安要員となるため、こちらの研修も重点的に行なわれる。

航空機の点検や整備、修理などを行なう。二等航空運航整備士をはじめ、業務に当たるには、国家資格の取得が必要となる。

空港のチェックインカウンターでの業務や荷物の預け入れ、搭乗ゲートでの案内など、地上での乗客のサポート業務に携わる。

貨物輸送は、ダイヤモンドや真珠などの貴石、半導体などの電子部品、化学光学機器、医療器具、医薬品、映像機器といった、小さくて軽く、高価なものの輸送手段として活用されています。

不況の煽りで不安定な雇用体系が増加

募集職種は、サービス系、事務系、技術系に分かれています。サービス系では航空機を操縦するパイロットや、主に機内で接客サービスを担当するキャビンアテンダント、チェックインカウンターなどで地上で接客サービスを行なう地上職などです。事務系では、航空機の運航スケジュールを管理する運航管理や、キャンペーンや販促などを開発する企画開発、営業など、技術職では、航空機の整備をする航空整備士、施設設備の建築や修繕などを担当する設備計画・監督、技術開発などがあります。

航空会社間の価格競争から、職種の待遇にも格差が大きくなってきました。地上職は、契約社員としての雇用が増え、キャビンアテンダントでは時間給でのパートタイマーの雇用などが増えています。

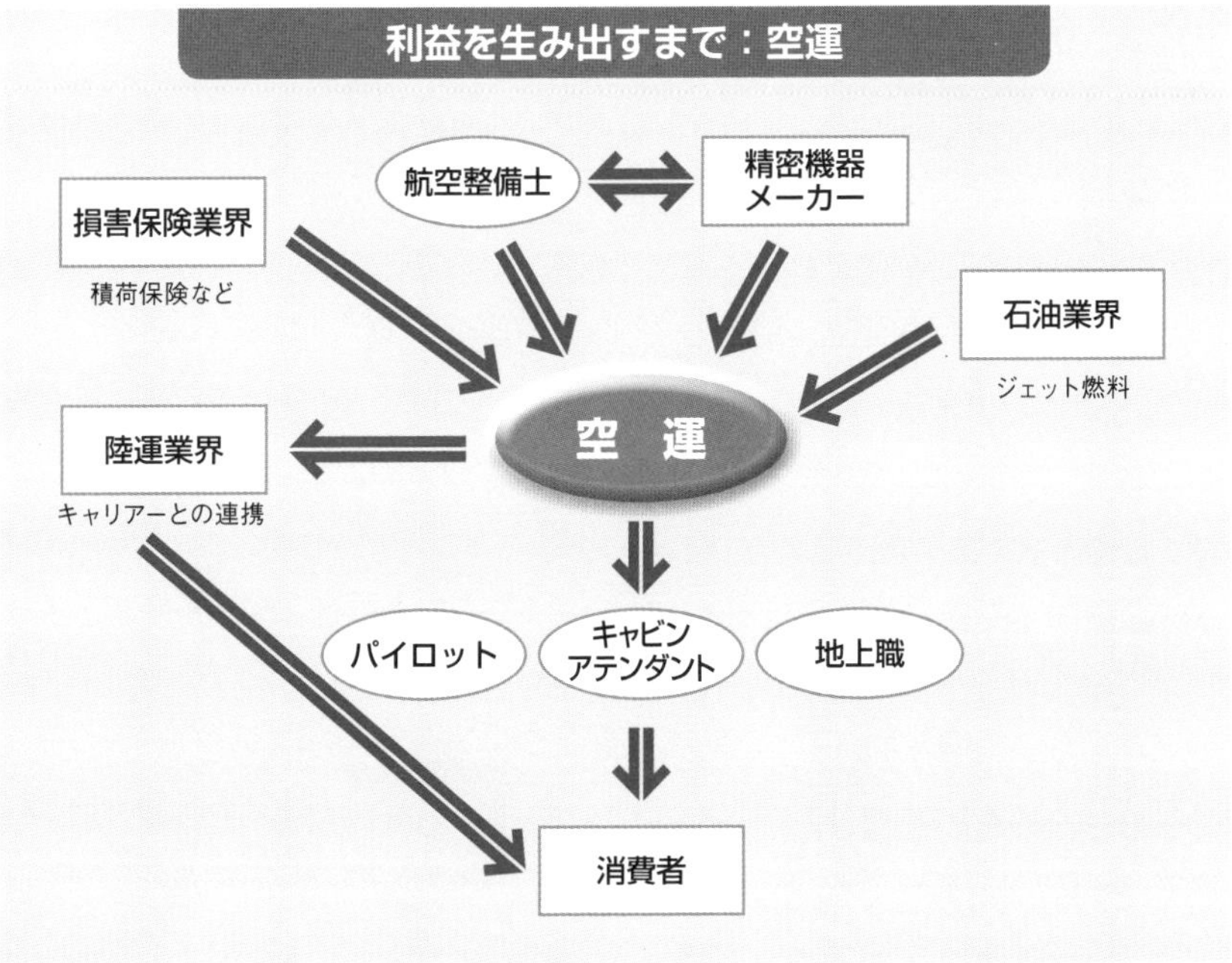

Marine transportation

交通・運輸業界

海運

内航海運と外航海運の連携がカギ

海運には国内を対象とする内航海運と、海外との貿易で活躍する外航海運があります。

国内輸送では、沿岸部にたくさんの臨海工業地帯がつくられていることから、セメントや石油製品、鉄鋼などの原材料の運搬が多く、外航海運では、輸出の場合には機械類や乗用自動車、鉄鋼、電気製品などが多く運ばれています。輸入の場合には原油、石炭、鉄鉱石、LNG（液化天然ガス）、LPG（液化石油ガス）などのほか、木材、トウモロコシや大豆、小麦といった穀物類などが多く運ばれています。急速な需要減などのリスクを考えて、これらの輸出入のバランスを取りながら受注しています。

近年、物流業界は二酸化炭素の排出量削減に向けた「グリーン物流」への取り組みに注力しています。トラックや

主な募集職種

航海士

船の航行の最高責任者は船長で、次に甲板部を取り仕切るのが1等航海士。操船のほか、貨物の積み下ろしの責任者も務める。

機関士・通信士

機関士はエンジンやボイラー、発電機など機械設備全般の運転や整備を行なう。通信士は陸上部との通信を担当する。

船員・司厨士

船員のうち、フェリーや客船で乗客のサービス行なうのがマリンアテンダント。乗組員の食事を作る、司厨士という仕事もある。

営業

顧客ニーズをもとに、物流手段や物流拠点を組み合わせたサービスを提案。経営企画や運航管理などとの連携も必要に。

航空機と比べてエコな輸送手段である船舶の活用に、再び注目が集まりつつあります。

海外の動向にも目を配り航海の安全を確保する

船舶を効率よく安全に航行させるための職種には、海技従事者の資格を持つ航海士や通信士などのほか、資格を必要としない甲板員や機関員などがあります。10人以上の船員が乗船する船舶には、船員の食事を作る司厨員も。事務系の職種には、顧客に物流サービスの提案を行なう営業、運航状況の確認や各所との情報共有を図る運航管理、輸出入に必要な書類手続きを行なう貿易事務などがあります。

また、世界の海を回る海運業界は、災害や紛争など、海外の動向に特に注意を払っています。とりわけ直接的に被害を受けるものの中に、海賊事件があります。海賊事件は世界各地で発生し、最近では自動小銃やロケット弾を使うなど、凶悪化が目立つようになってきました。特に東南アジア海域には、マラッカ海峡やシンガポール海峡など海上交通にとって重要な場所があり、業界だけでなく、日本政府や沿岸諸国との連携も重要になっています。

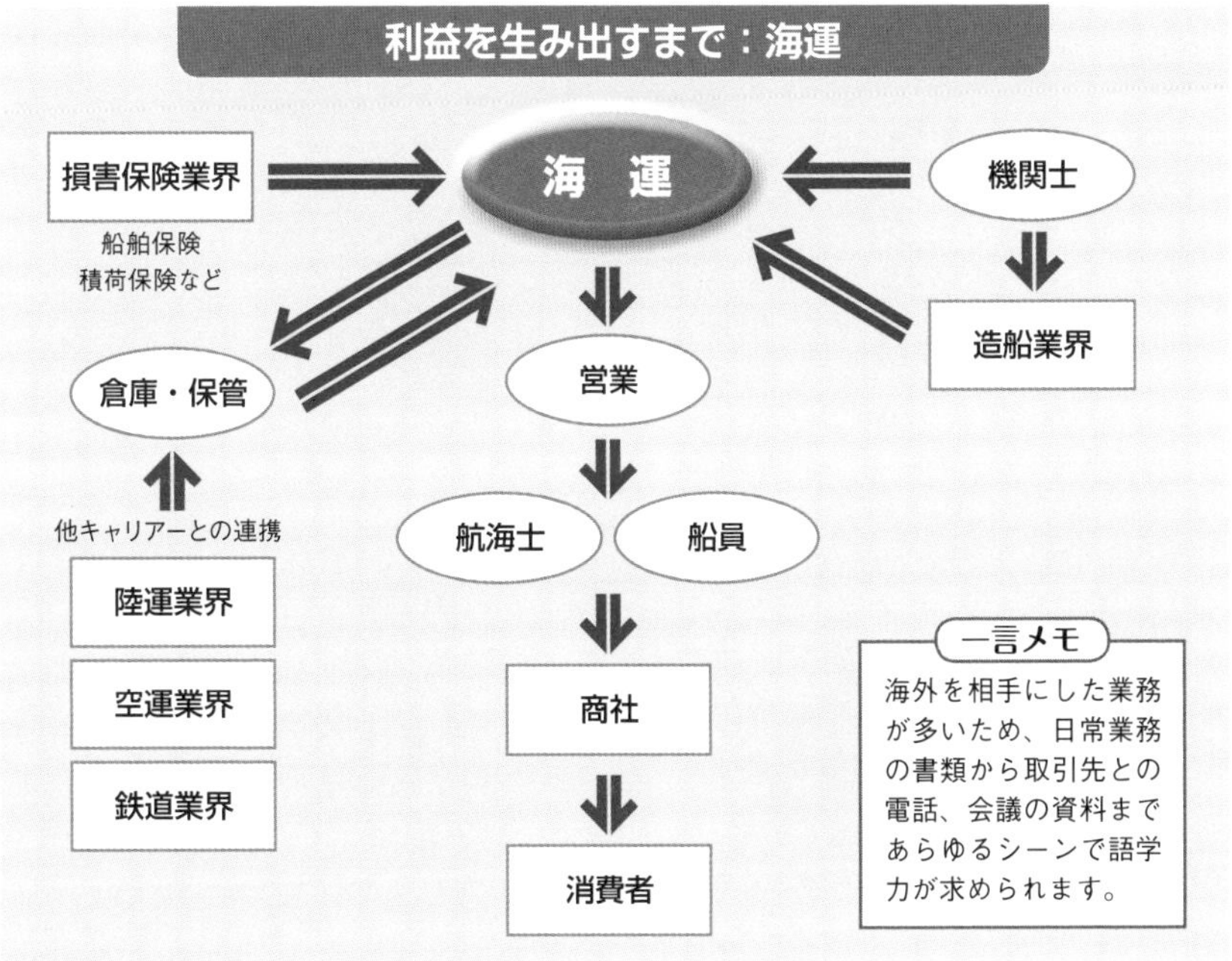
利益を生み出すまで：海運
損害保険業界
船舶保険
積荷保険など
海　運
機関士
造船業界
倉庫・保管
営業
他キャリアーとの連携
航海士
船員
陸運業界
空運業界
鉄道業界
商社
消費者
一言メモ
海外を相手にした業務が多いため、日常業務の書類から取引先との電話、会議の資料まであらゆるシーンで語学力が求められます。

Railway

交通・運輸業界

鉄道

鉄道部門以外の事業展開にも積極的

鉄道会社各社の基幹事業は、電車を使って旅客輸送や貨物輸送のサービスを提供することです。収益アップのためには、いかに多くの人に鉄道を利用してもらうかが重要。そのため、かつては大都会のターミナル駅で百貨店を開設して沿線住民の利便性を高め、鉄道の利用を促し、沿線の不動産価値を高めてきました。同様の目的で、商業施設やレジャー施設、ホテル、オフィスビルの開発や運営を行なうなど、鉄道会社のビジネス領域は多岐にわたります。

近年、都心などの主要駅では、駅の中にいながら気軽に買い物や食事が楽しめる〝駅のエンターテインメント化〟が加速。さらに、介護付き有料老人ホームの運営や、食料品の宅配サービスを手掛けるなど、生活に密着した新たなビジネスに取り組む鉄道会社も増えてきています。景気低

主な募集職種

営業企画から不動産開発、総務や人事、広報まで、部署によって仕事内容はさまざま。駅や現場ではなく、オフィスで活躍する。

鉄道の運行に直接携わる駅係員、車掌、運転士、運行管理など、現場のスペシャリストとしての業務を担当する。

車両や機械系統に関する、技術全般の業務に携わる。新型車両の研究を行なうこともあり、日本の技術力は海外でも評価が高い。

線路や信号、列車運行システムなど、電気系統を中心に、鉄道に関する設備の維持管理とメンテナンスなどを担当。

迷や人口減少の影響もあって運賃収入が低落傾向にあるため、今後はこれまで以上に鉄道以外の分野での成長が、企業運営の大きなカギを握ることになるでしょう。

また、長年培ってきたノウハウの海外展開に力を注ぐ動きも活発化。車両技術や運行システム、不動産事業や小売業と連動させたビジネスモデルを売り込むなど、外国でのビジネスチャンスも拡大していきそうです。

鉄道周辺事業の拡大。女性社員の採用が増える

主な募集職種は、運輸系、事務系、技術系に分かれており、鉄道の運行に直接かかわる運輸系では、車掌、駅係員、運転士などがあります。事務系では運行管理、販売管理、総務、営業、企画、鉄道車両の安全を担う技術系では、電気、建設などがあります。

駅ビル開発などのデベロッパー事業にも積極的に力を入れ始めたことから、事務系では新たな職種の募集も見受けられます。鉄道業界は、不規則なシフト勤務で、男性中心の職場でした。しかし、最近は女性社員が鉄道現場の第一線で活躍する姿が増えてきました。

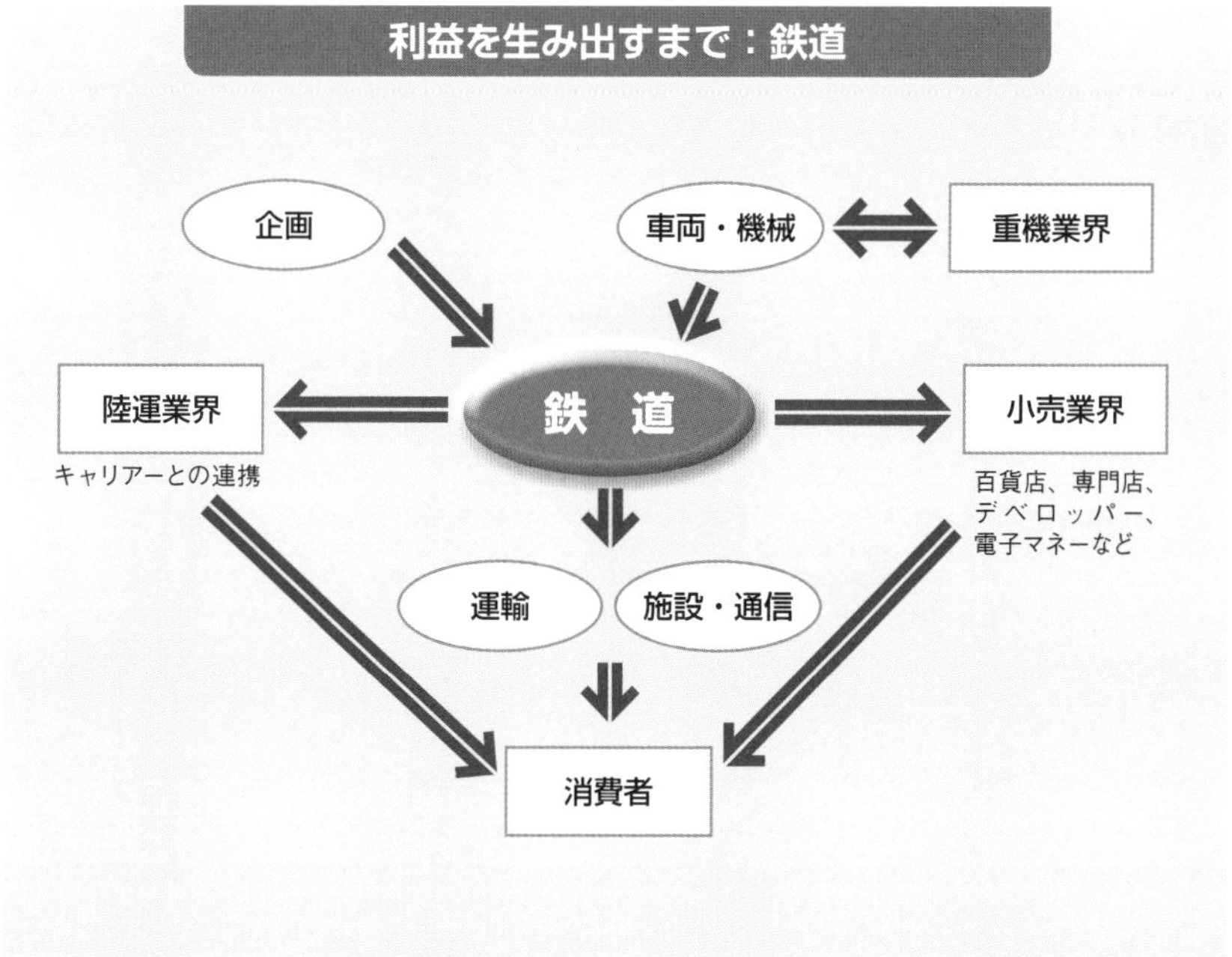
利益を生み出すまで：鉄道
企画
車両・機械
重機業界
陸運業界
キャリアーとの連携
鉄　道
小売業界
百貨店、専門店、
デベロッパー、
電子マネーなど
運輸
施設・通信
消費者

建築・住宅・不動産業界

建築・住宅・不動産業界とは？

建築・住宅・不動産業界には、住宅を建てて売る「住宅」、「住宅設備・建材」、不動産の管理や賃貸、売買を行なう「不動産」、道路やダムなどの社会基盤から商業ビル建設まで幅広く手掛ける「ゼネコン」、発電、通信、石油、化学などの生産設備一式を請け負う「プラントエンジニアリング」があります。

土地や建物は老若男女、年齢を問わず、すべての人に必要なものです。非常に大きな規模を持つ業界であるため、その好・不調が国全体の景気を左右すると言っても過言ではありません。

公共事業費の削減や少子化などの影響で、市場の縮小は続く見込みです。そこで多くの企業は、太陽光発電などを利用した環境にやさしい事業での差別化と海外進出を急務としています。

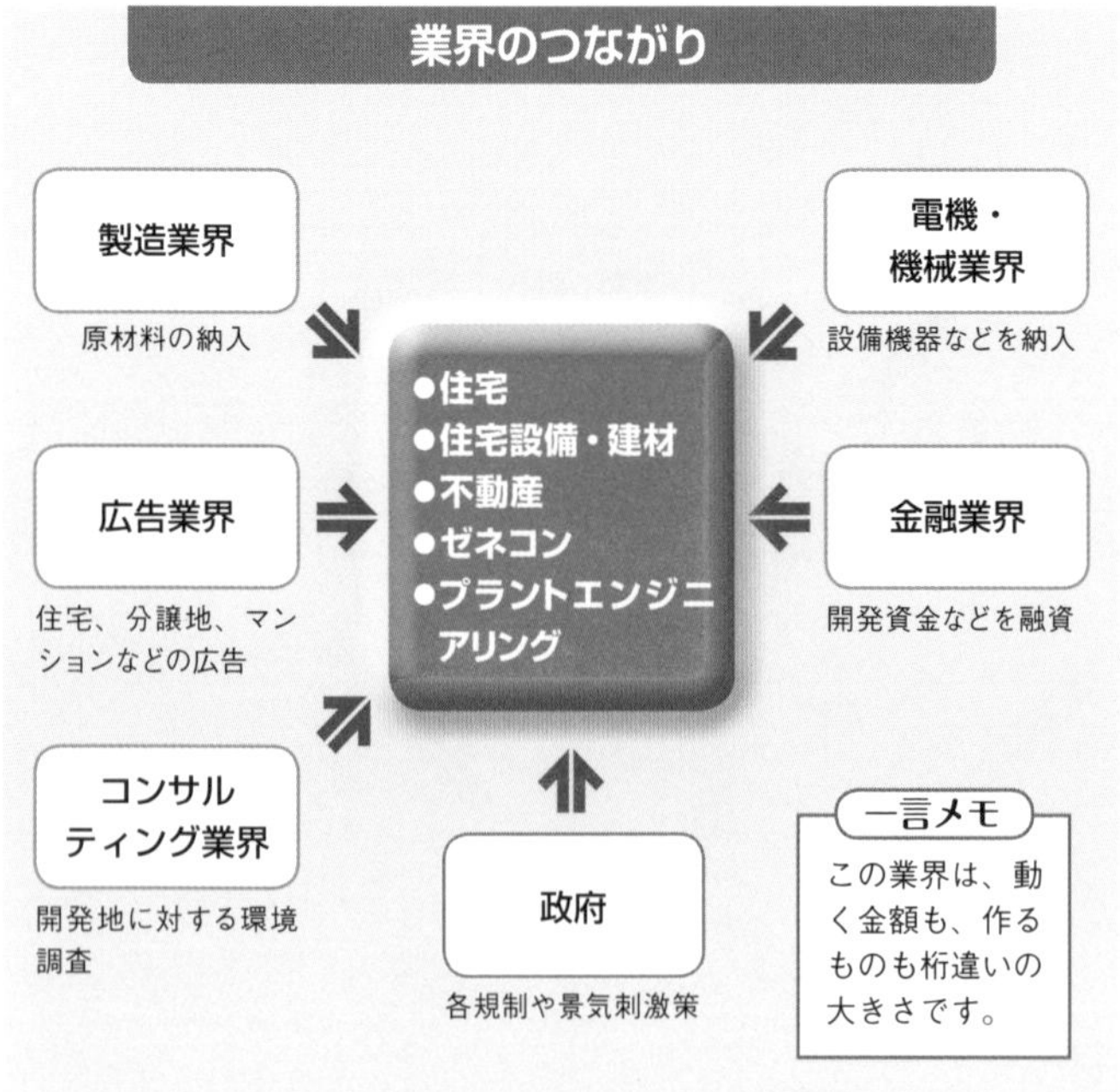
業界のつながり
製造業界
原材料の納入
電機・機械業界
設備機器などを納入
●住宅
●住宅設備・建材
●不動産
●ゼネコン
●プラントエンジニアリング
広告業界
住宅、分譲地、マンションなどの広告
金融業界
開発資金などを融資
コンサルティング業界
開発地に対する環境調査
政府
各規制や景気刺激策
一言メモ
この業界は、動く金額も、作るものも桁違いの大きさです。

各業界の概要

住宅

ハウスメーカーとパワービルダーに大別

全国展開するハウスメーカーと小規模分譲地に比較的安価な規格型住宅を建てるパワービルダーに分類される。ハウスメーカーの多くは、自社工場で独自の部材を用いてある程度組み立て、現場に持ち込み完成させる。

業界リンク
●住宅設備・建材業界
大手ハウスメーカーでも、キッチンなどの住宅設備はメーカーから仕入れている P.118

住宅設備・建材

住宅の内部と、基礎になる建材を扱う

住宅の建設に必要となる機器や建材の製造・販売に特化した業界。住宅設備にはシステムキッチンやバス、トイレ、給湯器、玄関・室内ドアなどがあり、建材には鉄骨や木材、各種金物、断熱材、屋根材などがある。

業界リンク
●プラントエンジニアリング業界
住宅設備や建材を生産する工場などを設計、建造する P.124

不動産

不動産の売買・賃貸以外にも事業は多彩

不動産業界は、大きく「開発業(デベロッパー)」「賃貸業」「流通業」「管理業」の4つの業種に分類でき、そのすべてを行なう企業は「総合不動産業」と呼ばれる。「流通業」は不動産の売買・賃貸の仲介をする仕事。

業界リンク
●ゼネコン業界
マンション開発の場合、建物を建てるのはゼネコンである P.122

ゼネコン

工事全体の取りまとめを行なう

ゼネコンとはゼネラルコントラクターの略で、総合工事業者のこと。一般的には建築と土木の両方を一式請け負う。多くは工事の元請けとなり、下請けとなる各専門業者に対する工事管理全般の責任を持つ。

業界リンク
●コンサルティング業界
工事開始前の地質、騒音など環境調査はコンサルティング会社へ依頼する P.184

プラントエンジニアリング

企画から運転・保守まで請け負う

プラントエンジニアリングは石油、発電、水処理、各種工場などの生産設備を建造し、管理・保守を行なう仕事。化学、機械、電気、環境、土木、建築、財務、法律など、さまざまな分野のエキスパートが活躍している。

業界リンク
●電機業界
工作機械の主要部品となるコンプレッサーなどを製作 P.28

建築・住宅・不動産業界に共通する成長のカギの1つが「エコ」。例えばゼネコン業界の、風力や地熱といった再生可能エネルギーによる発電施設などに注目が集まっています。

Housing

建築・住宅・不動産業界

住宅

パワービルダーの勢いが加速。大手は環境配慮型住宅に注力

住宅業界の企業は、主に戸建住宅の設計・施工、そして販売を行ないます。業態は自社で購入した土地に戸建住宅やマンションを建てて販売する「住宅メーカー」、比較的小規模の分譲地に規格型住宅を建て、低価格で販売する「パワービルダー」などがあります。土地の価格がなかなか上がらない傾向の近年では、住宅市場においては低価格路線であるパワービルダーの勢いが増しています。

東日本大震災の復興需要や消費税増税の駆け込み需要により、一時的に市場は拡大しました。しかし、少子化や雇用不安による住宅ローンへの不安感の高まりなどから、市場規模は長期的には縮小傾向にあると考えられます。

このような状況の中、新たな需要を創出するために、住宅業界では「ネット・ゼロ・エネルギー・ハウス」の開発

主な募集職種

営業

戸建担当と集合住宅担当に分かれることが多い。顧客の将来設計を加味し、しっかりした支払計画を立てるなどの提案力が必要。

設計

設計プランの出来が受注に結び付くこともある。そのため顧客からより多くの情報を引き出すコミュニケーション能力も求められる。

施工監理

工事開始から完成までの間、工務店や電気・水道といった各業者をまとめ、精度、スケジュール、安全などに責任を負う。

生産管理

自社工場で生産される建築部材を管理する仕事。新商品に対応する生産ラインの変更や生産性の向上、メンテナンスなどを行なう。

に注力しました。これは、エネルギーの消費量がゼロになる住宅のことで、太陽光発電や蓄電池などさまざまな省エネ設備を用いた住宅の開発が進められています。「住宅のゼロ・エネルギー化推進事業」として、政府も普及を後押し。また東日本大震災以降、耐震住宅への関心も高まっており、各社ともに開発に力を注いでいます。

国内市場が縮小していることから、海外に活路を見いだそうとしているメーカーも多数。住宅の分譲をはじめ、外国での不動産開発も活発化しています。

クライアントの意向を汲み取るコミュニケーション能力が必要

主な募集職種は、事務系では営業、技術系では設計、施工監理、生産管理、そして地域社員（一般職）として営業事務などがあります。

設計は、クライアントが求めているものを的確に形にするために入念な打ち合わせを繰り返します。そのため、より多くの情報をクライアントから引き出すコミュニケーション能力が欠かせません。

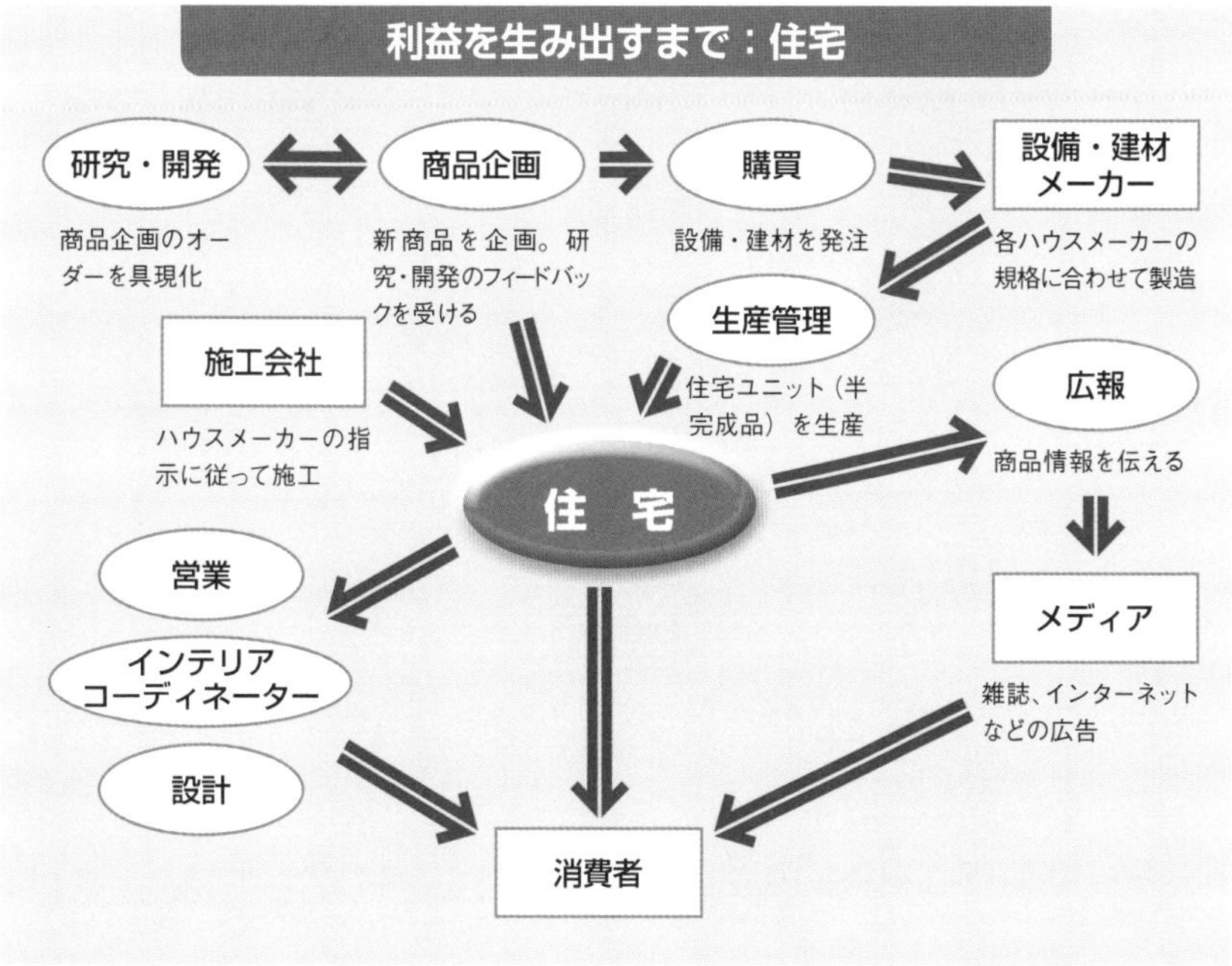
利益を生み出すまで：住宅
研究・開発
商品企画のオーダーを具現化
商品企画
新商品を企画。研究・開発のフィードバックを受ける
購買
設備・建材を発注
設備・建材メーカー
各ハウスメーカーの規格に合わせて製造
生産管理
住宅ユニット（半完成品）を生産
施工会社
ハウスメーカーの指示に従って施工
広報
商品情報を伝える
住宅
メディア
雑誌、インターネットなどの広告
営業
インテリアコーディネーター
設計
消費者

Household appliance

建築・住宅・不動産業界

住宅設備・建材

リフォーム事業拡大と新興国市場参入がカギ

住宅設備・建材業界の企業は、住宅の建設に必要なさまざまな機器や建材の製造・販売を行ないます。業態は、浴室・洗面・トイレ・キッチンなどの水周りを扱うメーカー、ガスや石油を燃料とする暖房や調理器具を扱うメーカー、木材やコンクリート、金属といった各種建材、建築資材の製造、販売を行なうメーカーとに大別できます。

少子化や住宅の供給過多などから市場は縮小傾向にあり、業界の再編が進んでいます。例えば、かつて、老舗内装材メーカーが、サッシ、衛生機器メーカーと提携したのを皮切りに、2011年には、サッシ、エクステリア、シャッター、衛生機器、システムキッチンをそれぞれが扱う5つの企業が統合し、巨大な住宅設備機器グループが誕生しています。各社が熾烈な競争に勝ち抜くため、こう

主な募集職種

営業

担当先は販売店、工務店、大手ハウスメーカーなど。また、ショールームを展開している会社では、そちらへの配属もある。

商品開発

顧客のニーズを調査・分析し、その結果に基づいた商品を企画立案する仕事。また、開発した商品の不具合対策や改良も行なう。

生産技術

商品の効率的な生産のための技術開発を行なう。また、新規の生産ラインやシステムの設計、リサイクルの推進なども担当する。

生産管理

商品の販売計画などをベースに工場での生産計画を作成。効率的な生産のため、工場の新設・統廃合など長期計画も立案する。

して提携・合併が非常に活発化しているところにも注目です。

なお、新築の受注が減少している中で、リフォーム市場に注目が集まっています。2014年には、耐震や断熱をはじめ、住宅の長寿命化につながるリフォームに対して補助金が出る「長期優良リフォーム制度」が誕生。超高齢化社会における住宅のバリアフリー化と合わせて、リフォーム分野ではニーズの拡大が見込めそうです。

営業はショールームへの配属も。業種を問わず海外赴任の可能性あり

募集職種は事務系の経理・人事・総務、営業、技術系の商品開発、生産技術、生産管理などがあります。

営業担当者は販売店や工務店、大手ハウスメーカーに対して営業をすることになりますが、ショールームを展開している企業も多く、そちらへの配属もあります。

また、この業界は中国をはじめとする新興国市場への参入を図るなど、海外進出に対して積極的な企業が多いのも特徴的です。そのため、事務系、技術系を問わず、ワールドワイドに活躍できる可能性も少なくありません。

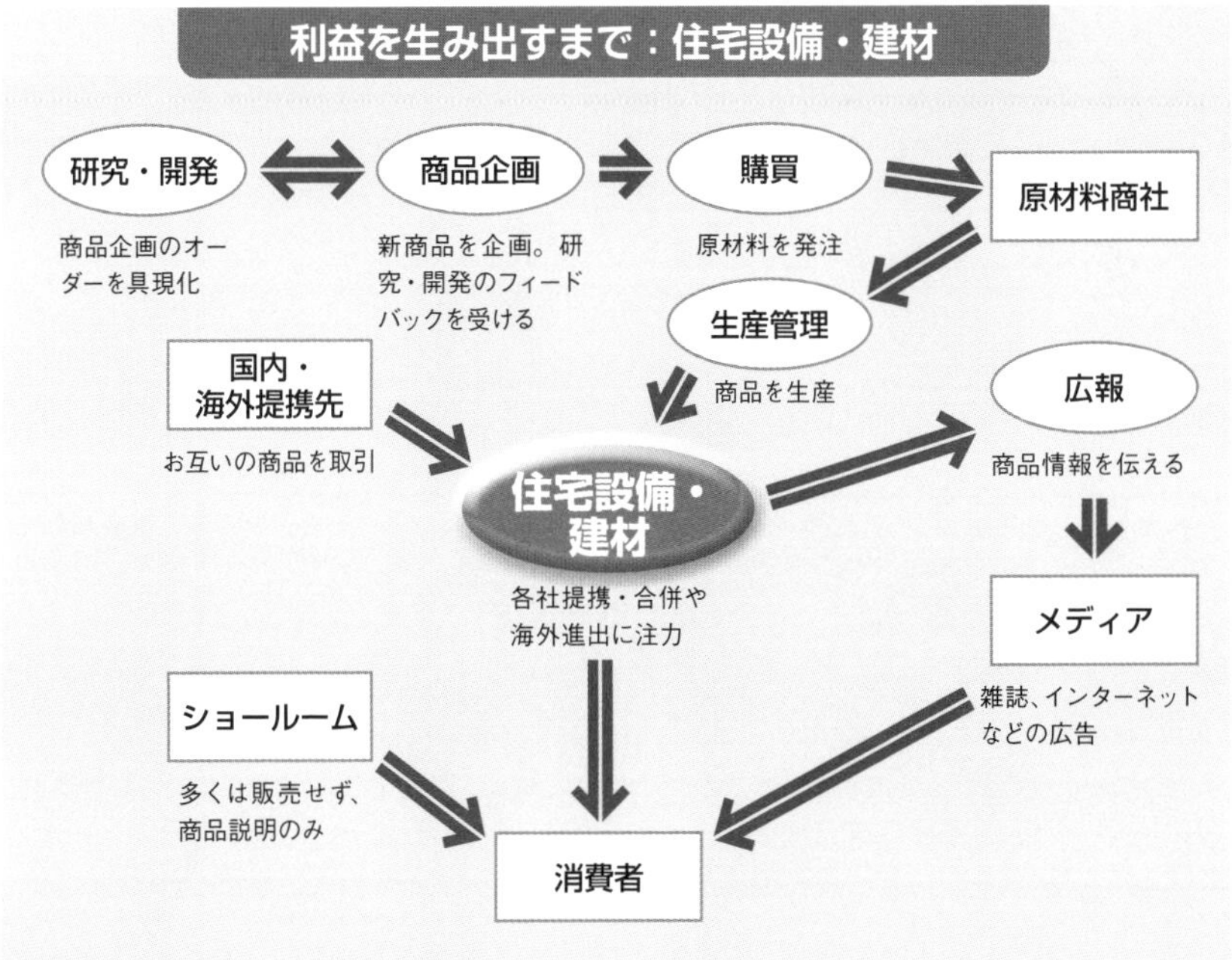
利益を生み出すまで：住宅設備・建材
研究・開発
商品企画のオーダーを具現化
商品企画
新商品を企画。研究・開発のフィードバックを受ける
購買
原材料を発注
原材料商社
生産管理
商品を生産
国内・海外提携先
お互いの商品を取引
住宅設備・建材
各社提携・合併や海外進出に注力
広報
商品情報を伝える
メディア
雑誌、インターネットなどの広告
ショールーム
多くは販売せず、商品説明のみ
消費者

Real estate

建築・住宅・不動産業界

不動産

なかなか上がらない土地価格。都心では再開発が活発化

不動産業界の企業は、ビルや土地、家屋といった不動産の売買や貸借、交換などの取引に際し、その仲介業務を行ないます。

業態は、主に「開発業（デベロッパー）」、「賃貸業」、「流通業」、「管理業」の4つに分類でき、そのすべてを行なう企業は「総合不動産業」と呼ばれています。

近年は、土地の公示価格は低迷が続いています。また、近年のオフィスビルは景気低迷、供給過多などの影響によって空室率が上昇しています。しかし、都心部に限ってはいくらか改善の兆しが見えてきました。東京のオフィス街として知られる丸の内や日本橋周辺、2020年に開催される東京五輪の舞台となる湾岸エリア界隈などの再開発に注目が集まっています。

主な募集職種

開発

利用価値の高い事業用地を取得する仕事。条件に合った用地を見つけるため、不動産仲介業者や信託銀行などから情報を入手する。

企画

用地取得後に具体的な土地活用プランを設計する。どんなコンセプトや建物ならテナントに受け入れられるかなどを考え、企画する。

営業

営業は、オフィスビルでもマンションでも建物の竣工前に満室にするのが目標。それぞれの物件の特徴を熟知し、テナントを集める。

運営

建物竣工後の維持・運営を行なう。具体的には管理会社と連携し、警備・防災などの計画を立案。テナントの引っ越しもサポートする。

貨物用の物流施設に関しては、需要が拡大。インターネット通販の台頭により、通販会社は作業効率のアップを図るために新たな施設の開拓に力を注いでいるようです。

いずれにせよ、賃貸料は不動産業の重要な収入源。立地やコンセプト、建物などさまざまな視点で戦略を練り、企業やテナントを誘致する必要があると言えるでしょう。

利用価値の高い土地を探す情報感度が求められる

主な募集職種は業態で異なりますが、総合不動産業を営む企業の場合は、営業、企画、開発、運営などがあります。開発担当はいかに利用価値の高い事業用地を探せるか重要な仕事なので、仲介業者や信用銀行などからさまざまな情報を集める必要があります。用地の取得後、その土地をいかに活用するか、どんなコンセプトや建物なら企業やテナントに受け入れられるかを考えるのが企画の仕事。営業は、企業やテナントを誘致するための活動を行ないます。

なお、総合不動産業を営む企業の多くは、海外進出にも積極的。新興国の商業施設などを企画する海外事業部で、活躍できるチャンスもあるでしょう。

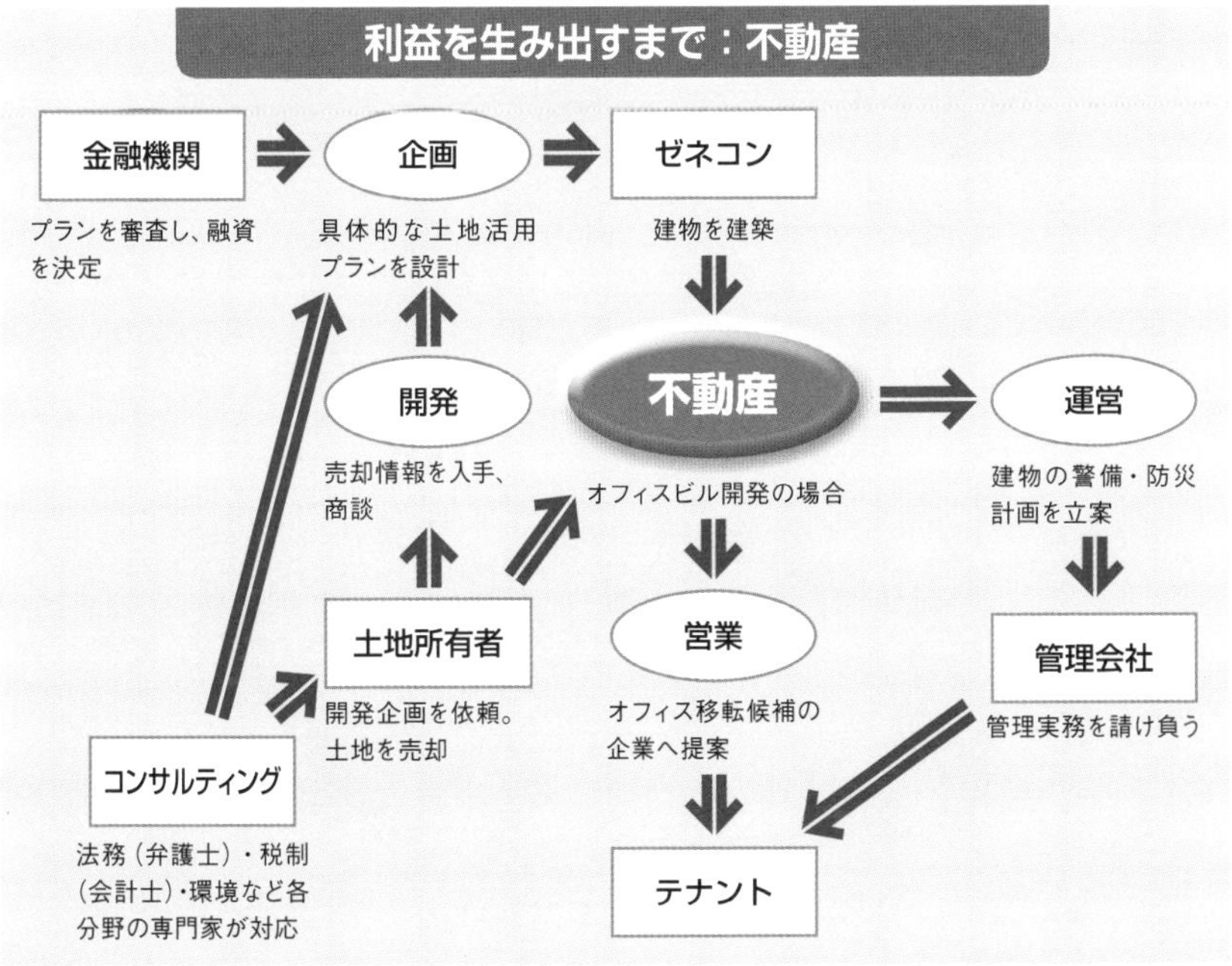
利益を生み出すまで：不動産
金融機関
プランを審査し、融資を決定
企画
具体的な土地活用プランを設計
ゼネコン
建物を建築
開発
売却情報を入手、商談
不動産
オフィスビル開発の場合
運営
建物の警備・防災計画を立案
土地所有者
開発企画を依頼。土地を売却
営業
オフィス移転候補の企業へ提案
管理会社
管理実務を請け負う
コンサルティング
法務（弁護士）・税制（会計士）・環境など各分野の専門家が対応
テナント

General contractor

建築・住宅・不動産業界
ゼネコン

公共インフラの企画にも参入。五輪特需への期待も

ゼネコン（ゼネラルコントラクター＝総合請負者）業界の企業は、自治体や民間企業、不動産会社などの施行主から土木および建築工事を請け負い、建材業者や工事業者などと契約をして、工事全体の取りまとめを行ないます。

売上が1兆円を超えるスーパーゼネコンと呼ばれる大手、3000～4000億円以上の準大手、1500億円以上の中堅とそれ以下に分類できます。

東日本大震災の復興需要があったとはいえ、ここしばらく、市場は縮小傾向にありました。けれども、2020年に五輪が東京で開催されることが決まり、今後は五輪特需への期待が高まってきています。

また、新たな市場として最近注目を集めているのが、PPP（パブリック・プライベート・パートナーシップ）で

主な募集職種

入札物件などの情報を入手し、必要な書類を作成、受注する。ときには数百億円といったスケールの大きな仕事に携われるのも魅力。

敷地、予算、発注者のニーズなどを的確に理解し、独自のアイデアと技術で設計図を作成。営業担当とのチームワークも重要。

見積もり作成や工事支援を担当する。見積もりを行なう際は、設計図や仕様書から工事金額を算出。品質を維持し、利益を出す。

工程の管理、資材・機材の調達、品質・安全・環境の管理などを行なう。竣工後は発注者への説明、関係書類の提出なども担当。

す。官と民が共同で事業を手掛ける手法のことで、新しい官民協力の形態として広まりつつあります。例えば水道やガスなどの公共インフラ工事に、ゼネコンが企画段階から参加します。実際に工事を手掛け、完成後の運営も請け負うというものです。これによってゼネコンは「公共サービス」という新たな市場を手に入れられます。海外事業で苦戦を強いられているゼネコンも少なくないことから、この新たな市場に熱い視線が注がれているのです。

品質を落とさず いかに利益を出すかが重要

主な募集職種は、事務系では営業、技術系では設計、工務管理、施工管理などがあります。大卒採用全体に対する技術系の割合は8割前後で、修士の採用はほとんどが技術系になっています。

営業は入札物件などの情報を入手し、必要な書類の作成を行ないます。場合によっては数百億円という高額受注もありうるスケールの大きい仕事です。工務管理担当者は工事金額を算出し、品質を維持しつつ、企業の利益を生み出すことに手腕を発揮します。

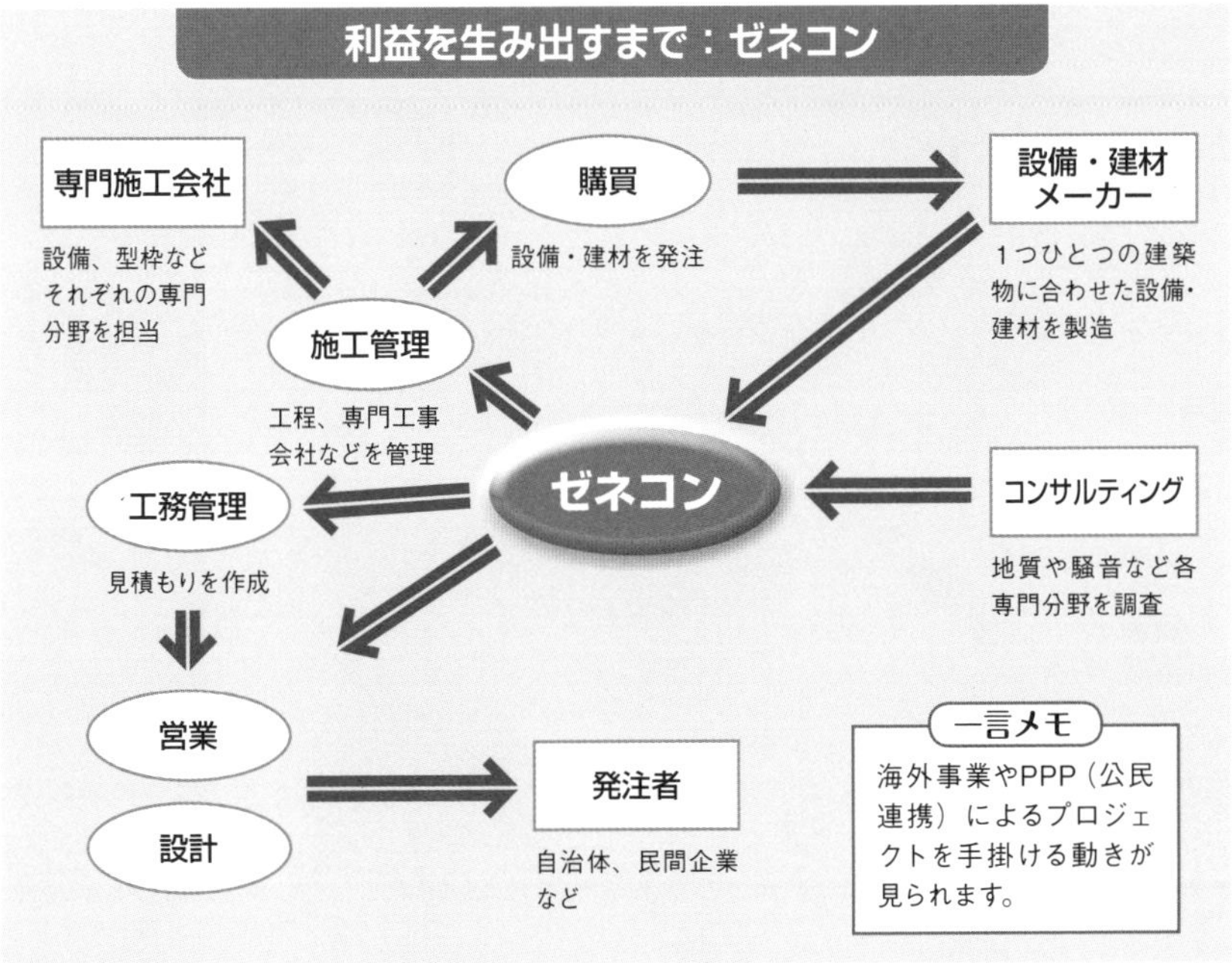

Plant engineering

建築・住宅・不動産業界

プラントエンジニアリング

世界シェアの8割を握るも韓国企業との価格競争が激化

プラントエンジニアリング業界の企業は、石油の精製や化学・発電・鉄鋼の製造設備（プラント）の企画・設計から調達、施工、施工管理、指導、運転までを一括して請け負います。

業態は、石油、発電、水処理などの専門分野に特化した中堅企業と、分野を問わない大手（総合）企業とに大別できます。

プラントエンジニアリング業界に携わる魅力の1つは、そのスケールの大きさ。全世界を視野に入れ、1000億円規模で2000～3000人がかかわるといった案件もめずらしくありません。

案件は、中近東やロシアなどを中心に豊富にあります。業界最大手の企業は、売上の約7割が海外での受注です。

主な募集職種

政府（海外含む）や民間企業の事業計画の情報を収集。技術的可能性、採算性などを加味した見積書をまとめ、受注に結びつける。

同じプラントは２つとないので、調達する資材のほとんどは特注品。そのため品質を維持しつつ価格を抑えることが重要になる。

プラントに使用する鉄骨、配管といったあらゆる構造物や機器を、コンピューターシミュレーションなどで解析し、安全性を検証する。

設計段階から工事に生じる問題を予測し、対策を講じる。現場監督と連携して事業所の立ち上げから引き渡しまでの管理を行なう。

LNG（液化天然ガス）プラントにおいては、日本の上位2社が世界シェアの約8割を握っています。しかし、近年は韓国企業などとの価格競争が激化しているため、今後の採算性の悪化が懸念されています。

他分野との協業における調整能力が問われる

この業界の募集職種は、非常に多岐にわたっています。それはプラント（工業設備）の建造というものが、化学、機械、電気、情報、環境、土木、建築、財務、法律など、さまざまな分野のエキスパートたちの協業体制によって成り立っているからです。

例えば事務系では、営業、購買、工程管理、財務などがあり、技術系では、構造解析、建設エンジニア、設計などがあります。さらに設計の中でも、プロセス設計、機器設計、配管設計、建築設計など、専門分野に特化した内容に分かれています。大卒では文系採用がやや多く、修士の採用はほとんどが理系という傾向が。海外でのプラント開発が多いことから、外国での生活にすぐ慣れることができる適応力も欠かせません。

利益を生み出すまで：プラントエンジニアリング

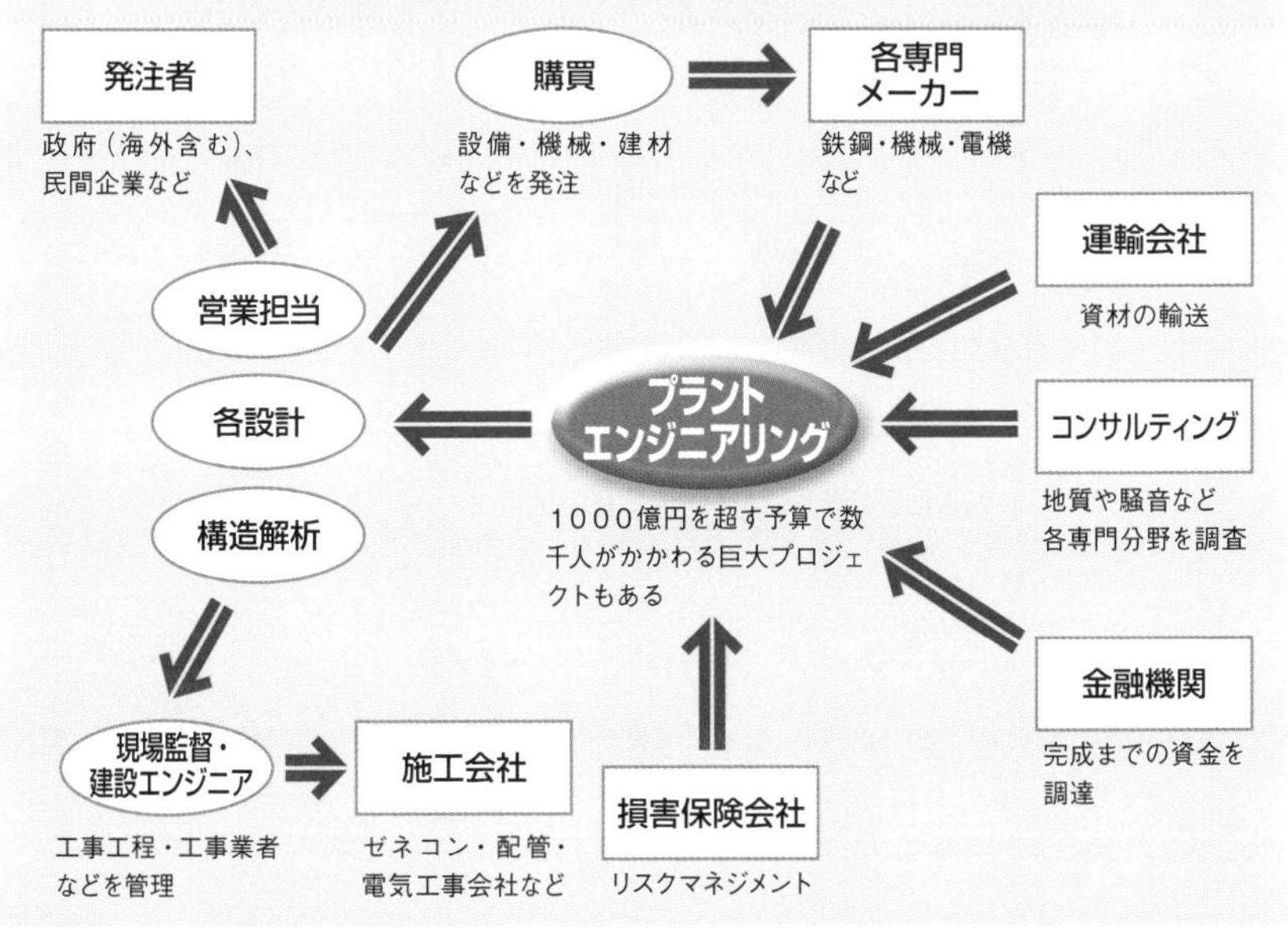
発注者
政府（海外含む）、民間企業など
購買
設備・機械・建材などを発注
各専門メーカー
鉄鋼・機械・電機など
運輸会社
資材の輸送
営業担当
各設計
構造解析
プラントエンジニアリング
1000億円を超す予算で数千人がかかわる巨大プロジェクトもある
コンサルティング
地質や騒音など各専門分野を調査
金融機関
完成までの資金を調達
現場監督・建設エンジニア
工事工程・工事業者などを管理
施工会社
ゼネコン・配管・電気工事会社など
損害保険会社
リスクマネジメント

エネルギー業界

エネルギー業界とは?

エネルギー業界は、油田を開発・採掘し、原油精製・販売を行なう「石油」、発電所やガス備蓄設備を運用し、エネルギーを安定供給するためのインフラを整備する「電力」、「ガス」の3つに分類されます。

2011年に起きた福島第一原発事故の影響で、エネルギー業界を取り巻く環境は一変しました。原子力発電からの供給は見通しが立たず、火力発電は燃料費が重くのしかかるといった状況で、太陽光などを活用した新しいエネルギー資源の開発が模索されています。

また、特定電気事業分野の規制緩和が進んだことで、ガス会社が発電システムを一般家庭に提供するようになり、電気も売るようになりました。しかも、鉄鋼会社や自然エネルギーのベンチャー企業といった競合事業者も現れつつあり、油断できない状況です。

業界のつながり

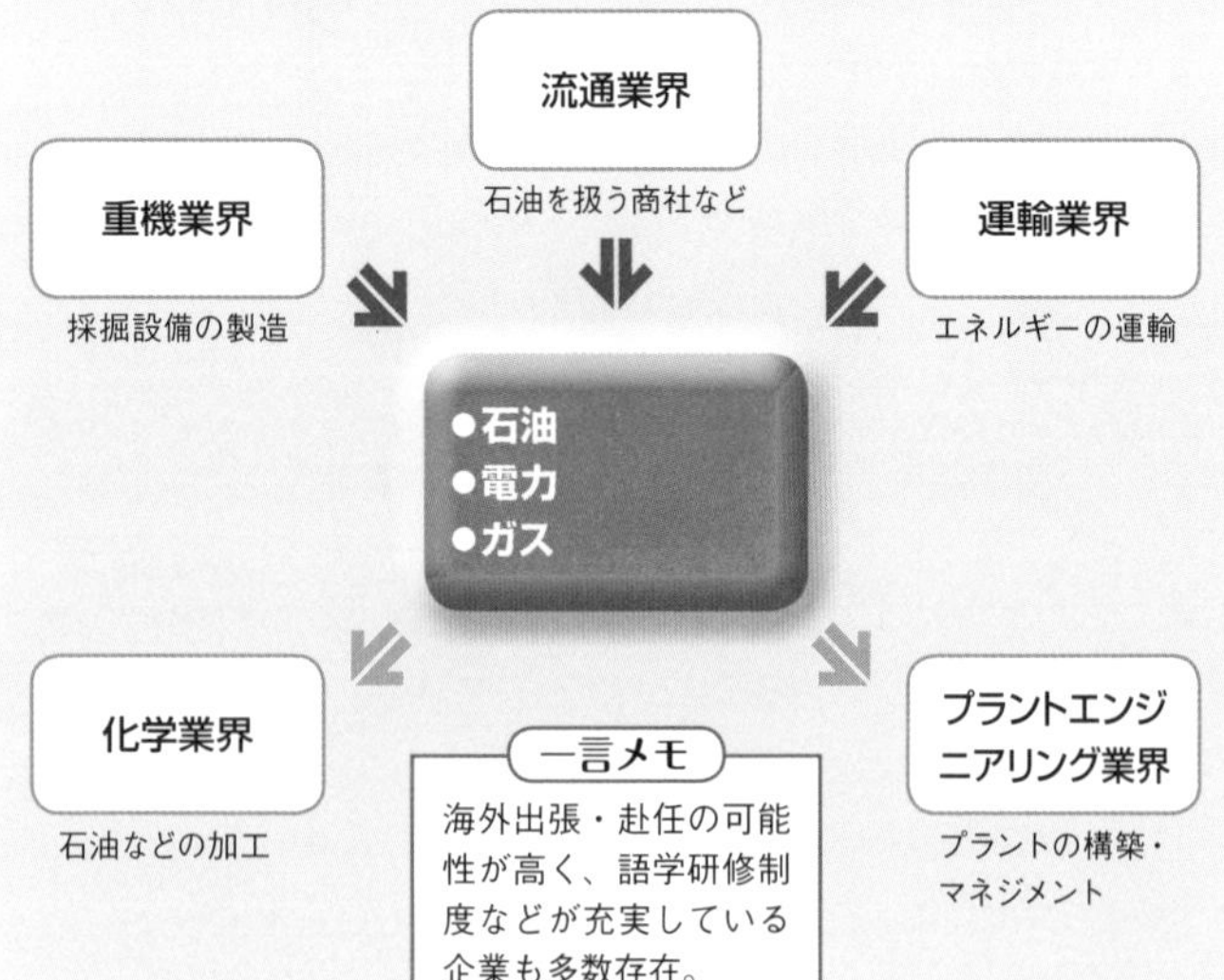
流通業界
石油を扱う商社など
重機業界
採掘設備の製造
運輸業界
エネルギーの運輸
●石油
●電力
●ガス
化学業界
石油などの加工
プラントエンジニアリング業界
プラントの構築・マネジメント

一言メモ

海外出張・赴任の可能性が高く、語学研修制度などが充実している企業も多数存在。

各業界の概要

電力

安定的に生産し、安定的に供給する

電力業界の各企業は、火力や水力、原子力などを利用して電気を生産している。発電所でできた電気を送電線で変電所まで送り、そこから企業や家庭に配送。電気を安定的に生産し、安定供給を行なうことで、企業活動や人々の日常生活を支える重要な役目を果たしている。

業界リンク
●非鉄金属業界
電力業界にとって、なくてはならないのが電線である P.42

石油

開発から精製、販売まで石油ビジネスを主導

油田の開発から原油の採掘や精製、ガソリンや重油、灯油、軽油の販売までを担う。開発や生産を行なう「上流部門」、輸送や貯蔵を行なう「中流部門」、販売を行なう「下流部門」があり、上流から下流までワンストップでサービスを提供している企業も少なくない。

業界リンク
●化学業界
石油化学用ナフサを抽出し、さまざまな製品に加工する P.44

ガス

使いたいときに使える安定供給を第一に

ガス業界の企業の主な業務は、ガスコンロや給湯、冷暖房などに使われる家庭用ガスや、工場の熱処理をはじめとした企業の生産活動に欠かせない工業用ガスを安定供給すること。天然ガスを中心とした都市ガスと、石油系のLP（プロパン）ガスの2種類がある。

業界リンク
●電機業界
ガス給湯器は省エネ製品が人気。省エネ給湯器の販促に注力 P.28

業界 Check Point

電力業界とガス業界が、正面からぶつかるケースも増えてきました。代表的な例が、主にガス会社が扱っている家庭用燃料電池『エネファーム』と、電力会社が扱っている家庭用給湯システム『エコキュート』です。

Petroleum

エネルギー業界

石油

石油の需要が減り、消費量も緩やかに減少

　石油業界の企業は、石油の開発、精製、流通を担います。業界では、石油・天然ガスの開発・掘削・生産を「上流部門」、大型タンカーを使った輸送や原油タンクでの貯蔵を「中流部門」、日本国内での精製、燃料油・ナフサなど生産物販売という一連の製造・販売プロセスを「下流部門」と呼んでいます。利益が大きいのは上流部門ですが、上流を握るのは欧米メジャー（国際石油資本）や中東諸国が多く、日本の石油会社の事業は下流部門が中心です。石油会社によっては系列のガソリンスタンドを有しているところもあり、上流から直接、消費者に接する最下流の部門まで擁しています。

　２０００年以降、国内の石油需要は減少傾向にあり、２０３０年には現在の約半分になるという悲観的な予測も

主な募集職種

調達

石油メジャー、ＯＰＥＣ諸国、総合商社などから、原油を買い入れる仕事。長期契約とスポット購入を組み合わせることもある。

販売

直接、石油化学会社やガソリンスタンドなどの大口ユーザーに販売する「直売」と販売会社に売る「卸販売」の２種類がある。

開発

石油会社によっては、いわゆる自主開発石油の比率が高いことも。石油開発専門会社やメジャー、総合商社と組むケースが多い。

技術

元売り各社は石油精製が主たる仕事。各種の燃料油とナフサを生産している。化学コンビナートの最も上流部分に当たる。

あります。そのため、各石油会社は大きな変革が求められています。すでに動き出している企業もあるのですが、今後はコスト削減を目的とした精油所の閉鎖や転用、ガス分野など他事業への新規参入、外国企業との連携による海外展開の加速がさらに進むことになるでしょう。

専門知識だけでなく、対人関係のスキルも必要

募集職種は、開発・精製部門を持つことから、事務系と技術系に分かれています。

技術系の募集職種は会社によって異なるものの、石油精製や石油化学品製造のプロセス管理、プラント設計・運転・管理などのプラント管理、潤滑油や石油化学製品のセールスエンジニア、精製や潤滑油、精製の研究開発などで、理工系の学部出身者を対象にしています。事務系は石油開発、リテール販売、法人販売、経営企画、物流管理、経理、財務、人事、総務などです。

石油メジャー、OPEC諸国、総合商社などから原油を買い入れる「調達」では、長期契約とスポット購入を組み合わせることもあります。

利益を生み出すまで：石油

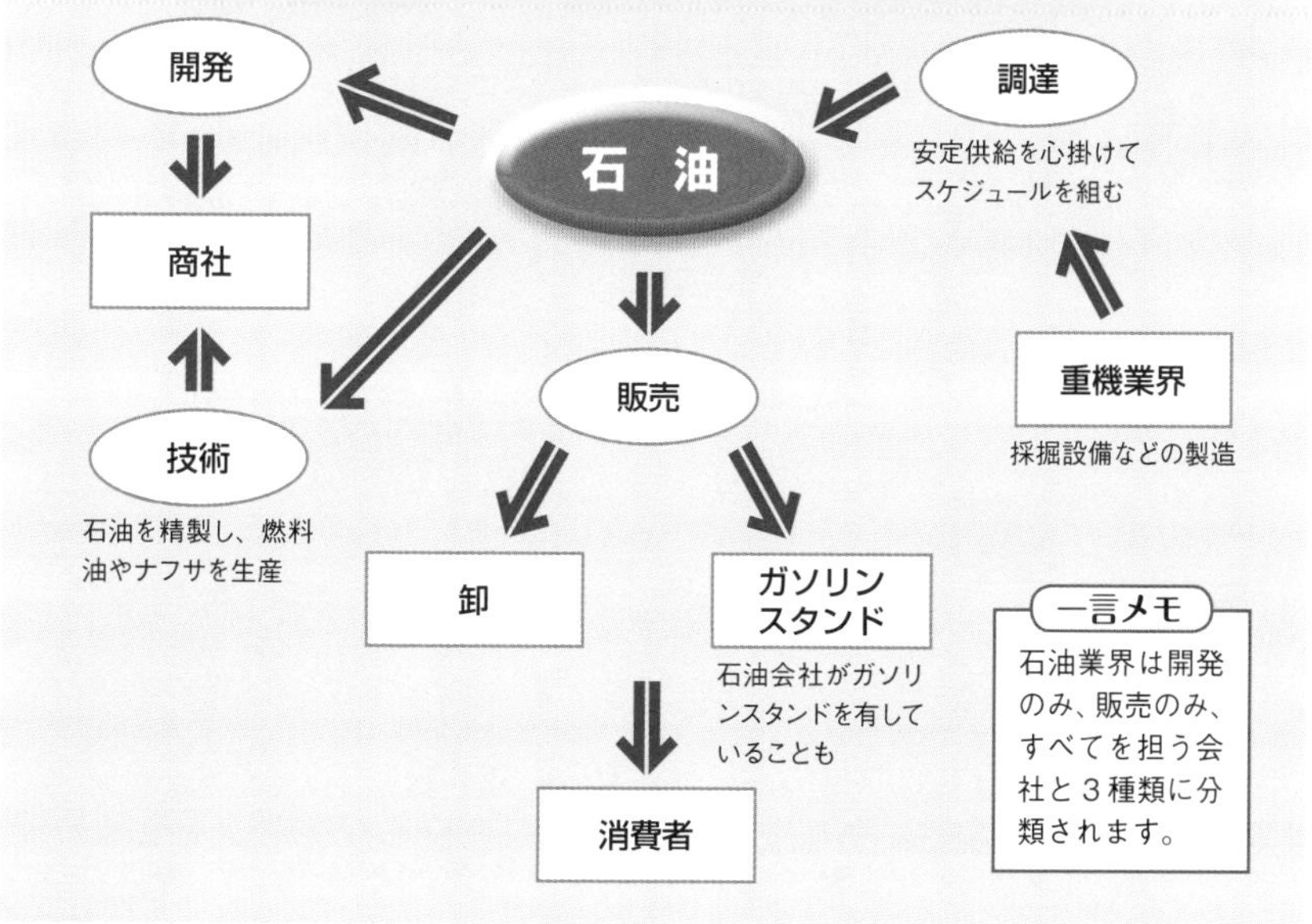
開発
石　油
調達
安定供給を心掛けて
スケジュールを組む
商社
販売
重機業界
採掘設備などの製造
技術
石油を精製し、燃料
油やナフサを生産
卸
ガソリン
スタンド
石油会社がガソリ
ンスタンドを有して
いることも
消費者

一言メモ
石油業界は開発のみ、販売のみ、すべてを担う会社と３種類に分類されます。

Electric power

エネルギー業界

電力

震災の影響で発電の変革が求められる

電力を扱う企業は、発電から卸売、企業、家庭などへの供給までのすべてを行なう企業と、一部を主業務とする企業に分かれます。

長年、電力事業は大手企業10社の独占状態でしたが、2000年以降、電力小売事業の一部が自由化され、安価な料金設定で、商業施設やオフィスビルなどの大口需要者向けの販売を行なう新事業者が登場しています。

福島第一原発事故を境に、原子力発電所による発電量が大幅に低下し、電力会社の未来図が描きにくくなりました。事故以前は、二酸化炭素削減のために火力から原子力へ比重を移す方向でしたが、原発事故で、かえって火力発電への依存を強めました。定期点検のため停止した原発の再稼働ができず、火力発電に軸足を移したものの、燃料費

主な募集職種

ITなどを戦略的に活用し、業務全体の品質向上や効率化の実現を主導する要職。グループ全体の業務改善に携わるケースも。

ユーザーのところまで電気を届ける配電ネットワークと、それらをコントロールする情報通信ネットワークの構築・運用を行なう。

多様化する顧客ニーズと社会のニーズに迅速かつ的確に対応し、顧客の省エネ・省コスト・省二酸化炭素をサポートする。

自然エネルギー発電所、変電設備などの事前調査・計画立案・建設・施工を担当。完成後は運用・保守・修繕に取り組む。

の増加が響き、経営の足かせになっています。電力会社の中には、電気料金の値上げを模索する動きも見られます。

そのような状況下にありながら、今後は電力小売りの全面自由化の流れが加速する見込みです。異業種による電力事業への参入がいっそう増えることになるでしょう。また、電力買い取り価格の優遇措置の影響もあり、太陽光発電や風力発電といった自然エネルギーの注目度もアップ。業界全体の流れが大きく変わっていくことが予測されます。

安全な電力供給を支える人材が求められる

募集職種は、事務系と技術系に分かれています。事務系には営業、マーケティング、企画、国際、燃料、購買などがあり、技術系には発電、送変電、系統運用、配電、情報システム、土木、建築などがあります。

技術系の「土木」は、自然エネルギー発電所、変電設備などの事前調査・計画立案・建設・施工を担当し、完成後は運用・保守・修繕に取り組みます。

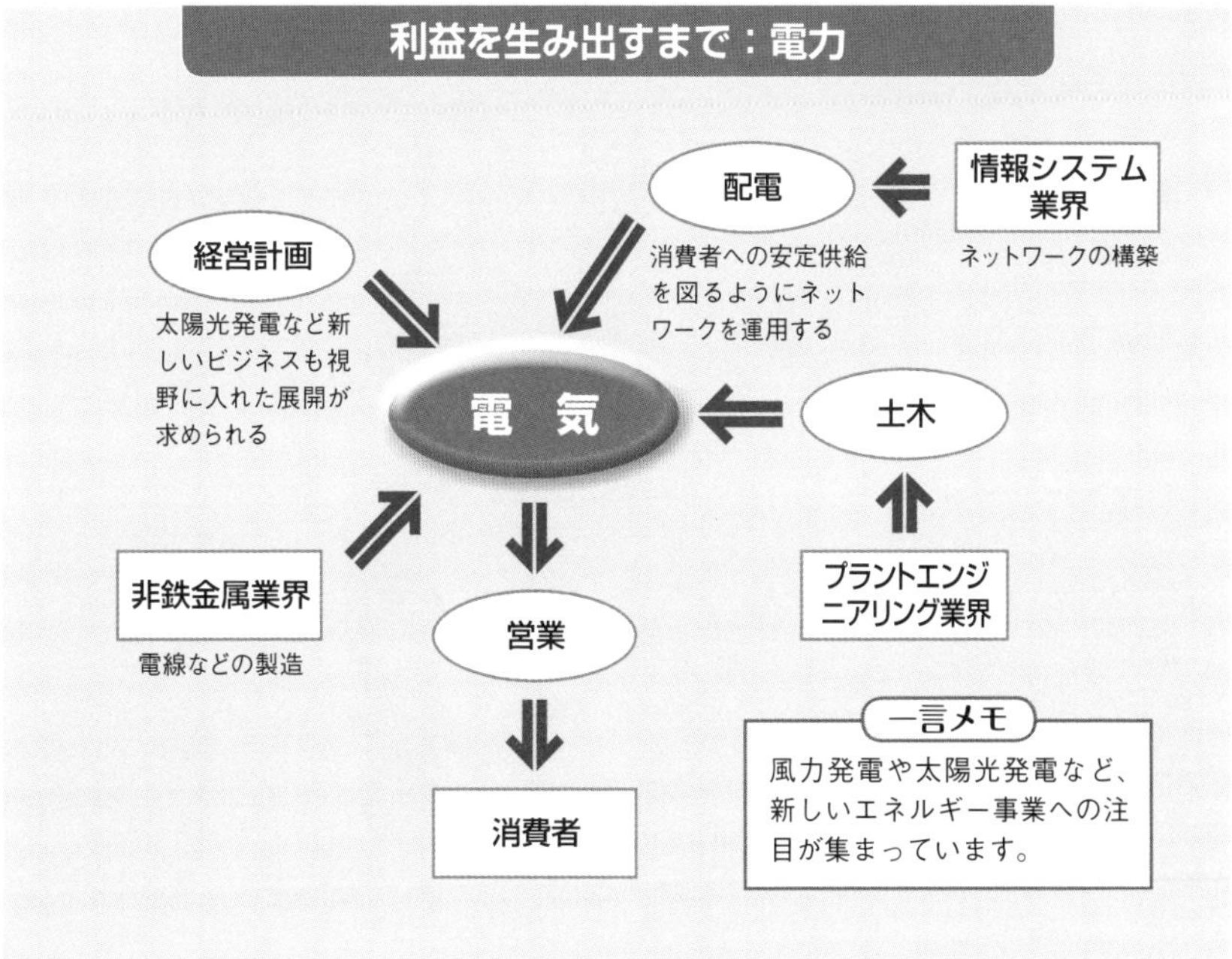
利益を生み出すまで：電力
配電
情報システム業界
ネットワークの構築
消費者への安定供給を図るようにネットワークを運用する
経営計画
太陽光発電など新しいビジネスも視野に入れた展開が求められる
電　気
土木
非鉄金属業界
電線などの製造
プラントエンジニアリング業界
営業
消費者
一言メモ
風力発電や太陽光発電など、新しいエネルギー事業への注目が集まっています。

Gas

エネルギー業界

ガス

競争が激化するエネルギー業界

ガスを扱う企業では、家庭用、製造業者用に液化天然ガスを供給する都市ガス会社があり、全国に200社以上存在しています。

都市ガスの原料である液化天然ガスが日本で初めて導入されたのは1969年。天然ガスの埋蔵量は豊富で、石油に比べると価格が安く、燃焼時の二酸化炭素、窒素化合物の排出量も少なく、硫黄酸化物を全く排出しないことから、クリーンエネルギーの代表格として扱われています。

また、都市ガス会社は、都市ガスの原料である液化天然ガス（LNG）を燃料とした発熱事業にも参加し、発電で生じる熱エネルギーを再度発電に利用しての、自家発電代行も手掛けています。そのため電気の代替品として天然ガスの普及に努め、家庭の床暖房や工場、ビル空調システム

主な募集職種

天然ガス発電所、変電所の設計・建設をし、建設中の問題に臨機応変に対応する。営業運転開始以降はメンテナンスを担当。

ガスの配管工事が業務。地下にはガス管、通信ケーブル、水道、下水道など、多くのインフラ設備が埋設され、手続きも難しい。

LNGの安定供給を図るため、多数の取引先と長期の購入契約を結ぶ。専門用語やLNG船(※)などに関する高度な知識が必要。

※ LNG船＝液化天然ガスを輸送する船

メディアを通じて活動内容・実績を伝え、企業ブランドを向上させる。新商品・サービスなどの報道発表や取材対応なども。

などへの売り込みに力を入れています。

電力・ガスともに規制緩和により、電力会社が天然ガスを売り、ガス会社が電気を売るようになり、エネルギー業界は垣根を超えた「大競争の時代」を迎えつつあります。しかも、鉄鋼会社や自然エネルギーのベンチャー企業といった競合事業者が現れつつあります。

エネルギー分野の見識と、専門的な知識が求められる

募集職種は、文系・理系に分かれており、文系にはリビング営業、エネルギー営業、エリア開発、ITソリューション、コーポレートスタッフなど、理系にはリビング営業、エネルギー営業、営業エンジニアリング、パイプライン技術、エネルギー生産技術、技術開発、ITソリューションなどの職種が用意されています。コーポレートスタッフは、一般的には管理部門と呼ばれています。

天然ガスの安定供給を図るため、多数の取引先と長期の購入契約を結ぶ職種である「法務」は、専門用語や液体天然ガスを輸送するＬＮＧ船などに関する、高度な専門知識が必要とされています。

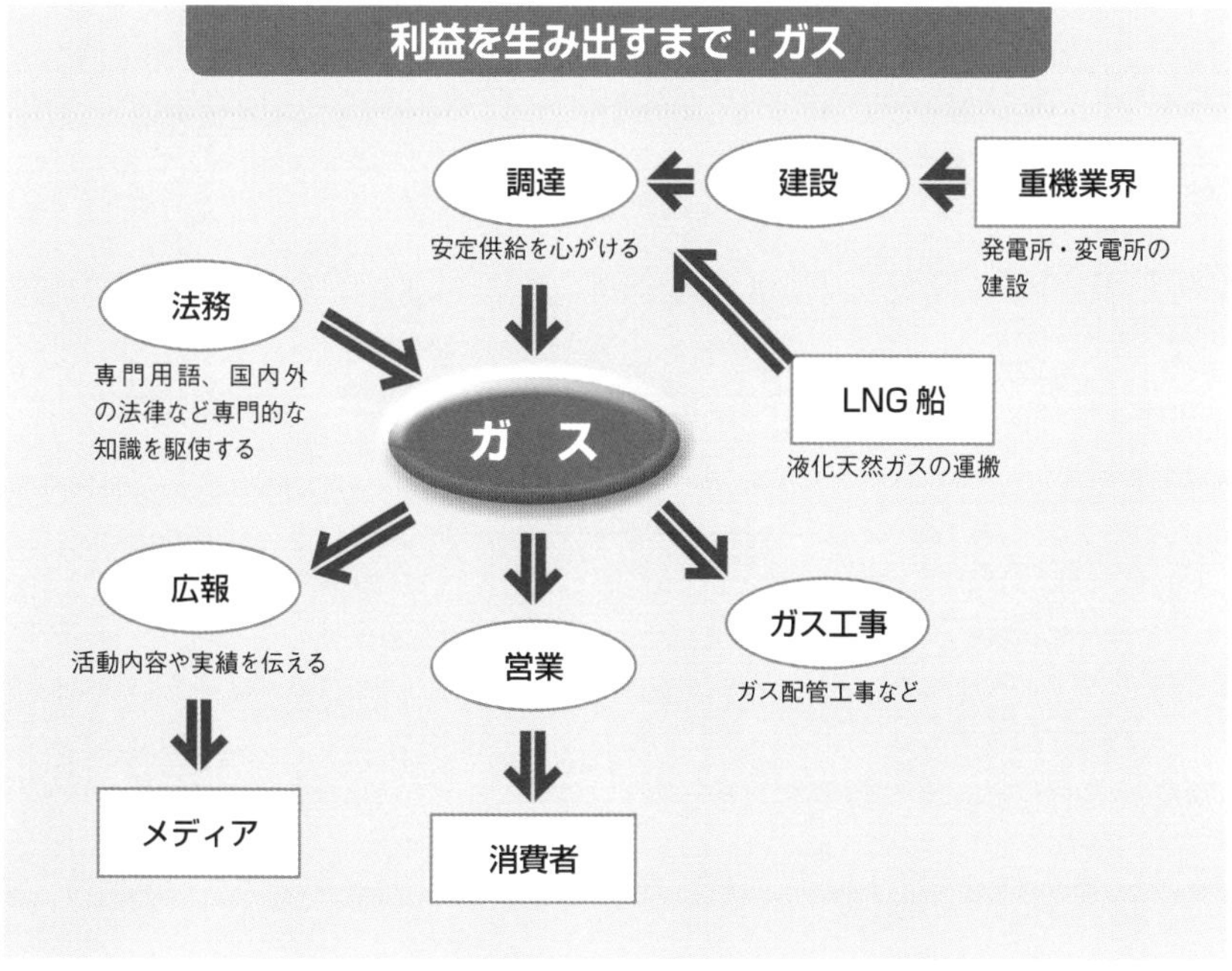
利益を生み出すまで：ガス
調達
安定供給を心がける
建設
重機業界
発電所・変電所の建設
法務
専門用語、国内外の法律など専門的な知識を駆使する
ガス
LNG船
液化天然ガスの運搬
広報
活動内容や実績を伝える
営業
ガス工事
ガス配管工事など
メディア
消費者

レジャー業界

レジャー業界とは?

レジャー業界には、交通、宿泊など旅行に関する商品を仲介あるいは企画して販売する「旅行」、ホテル施設において宿泊や宴会、飲食などのサービスを提供する「ホテル」、余暇を楽しむための施設やサービスを提供する「レジャー施設」、外食産業として飲食を提供する「フードサービス（外食）」があります。

バブル期には好景気に支えられ、レジャー業界も大型化していましたが、バブル崩壊や金融不安などによって、世界的な規模で同時不況に陥ると、レジャー関連消費は急速に落ち込みました。しかし、国内の産業構造がモノづくりの第二次産業から人的サービスの第三次産業にシフトするにつれて、レジャー業界においても、さまざまな業態が生まれ、雇用も増加しています。

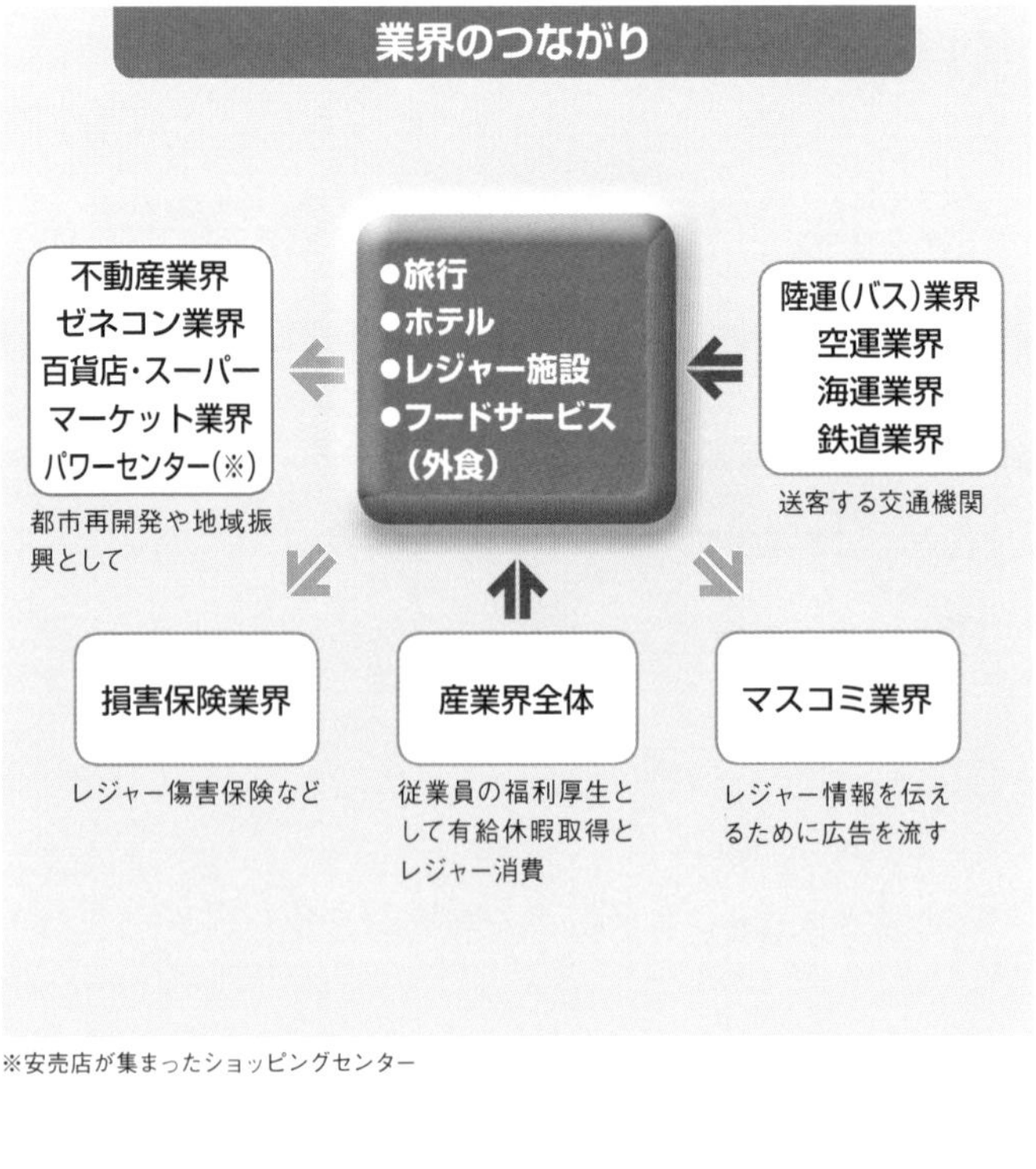
業界のつながり
●旅行
●ホテル
●レジャー施設
●フードサービス（外食）
陸運（バス）業界
空運業界
海運業界
鉄道業界
送客する交通機関
不動産業界
ゼネコン業界
百貨店・スーパーマーケット業界
パワーセンター（※）
都市再開発や地域振興として
損害保険業界
レジャー傷害保険など
産業界全体
従業員の福利厚生として有給休暇取得とレジャー消費
マスコミ業界
レジャー情報を伝えるために広告を流す

※安売店が集まったショッピングセンター

各業界の概要

ホテル

宿泊だけではなく、イベント会場としても

ホテル業界の企業は、観光客や出張客に宿泊や飲食などのサービスを提供する。またホテルには、観光ホテルや旅館、ビジネスホテルなど、さまざまなタイプが存在。宴会場を設けて結婚披露宴やセミナーの開催を請け負うなど、幅広いサービスを手掛けているところもある。

業界リンク
●不動産業界
都市再開発事業などでホテルを中心施設にすることが多い P.120

旅行

販売手数料や送客手数料が主な利益

旅行代理店の仕事は、宿泊施設や交通手段、観光資源を組み合わせたパッケージ商品の企画・販売と、宿泊や交通チケットの手配に分けられる。主な収入源は、チケットの販売手数料、施設への送客手数料、旅行商品の企画料。団体旅行を扱う企業では、添乗業務もある。

業界リンク
●空運業界
格安航空会社の誕生により、主催旅行の内容も変化が求められている P.108

フードサービス（外食）

ファストフード店から専門店まで多彩

ファストフード店やレストラン、専門料理店、居酒屋などに分類され、複数の業態を展開する企業もある。総菜やコンビニ弁当など、調理済み食品を自宅で食べる「中食」関連の事業もフードサービスの一種。調理や接客のほか、店舗やメニューの開発など、業務内容は幅広い。

業界リンク
●コンビニエンスストア業界
中食需要も高まり、コンビニとの競合も顕著になっている P.78

レジャー施設

さまざまな利用客を楽しませる施設を運営

人々が余暇を楽しむための場やサービスを提供する。テーマパークからスポーツ施設、温泉施設まで、そのジャンルは多岐にわたる。1カ所で複数のレジャーが楽しめる、複合レジャー施設もある。多くの人が訪れたくなる、魅力的なイベントなどを企画するのも仕事。

業界リンク
●鉄道業界
「安・近・短」のレジャー嗜好が高まり、鉄道利用客も多い P.112

業界 Check Point

日本生産性本部が発行する『レジャー白書』では、「スポーツ」「趣味・創作」「娯楽」「観光・行楽」の４部門で、国民の余暇活動の実態が公表されています。近年、人気があるのは、国内旅行、ドライブ、外食、映画などです。

Travel

レジャー業界

旅行

高齢者や外国人旅行客の取り込みに期待

旅行会社では、旅行へ行く人の要望を聞き、交通・宿泊の手配をするだけでなく、そのほかの旅行商品の仲介、あるいは自社で企画した旅行商品の販売もしています。

インターネットの普及により、宿泊施設や交通チケットを個人で手配できるようになり、旅行会社は企画商品の開発に力を入れています。また、旅行者の募集も、訪問型の営業から、インターネットの活用や大型広告、チラシの配布などに変わってきました。しかし、インターネットによる予約件数が急増している一方で、中高年者などには、気心が知れた添乗員とのパッケージツアーが、根強い人気を保っています。

また、格安航空券を活用した格安パッケージツアーも人気があり、旅行会社では安く、魅力ある商品の開発に力を

主な募集職種

営業・
団体
デスク

企業や団体向けに、オーダーメイドの旅行企画や出張の手配などを行なう。コンベンション関係の業務に携わることもある。

旅行
企画

航空会社やホテル・旅館などと交渉し、旅行会社が主催するパッケージツアーの商品企画や販促企画などを担当する。

カウンター・
受付

店頭での宿泊券や交通チケットの予約受付、販売を担当。同時に、電話やインターネットでの予約受付業務にも対応する。

仕入れ・
手配

海外旅行での現地手配や主催旅行でのホテル・旅館、食事場所、バス・鉄道の予約・手配などを専門に行なう。

入れ、販売力、企画力もさることながら、仕入れ力でも、他社と激しく競い合っています。

富裕層の高齢者や訪日外国人の増加によって、売上が増加傾向にあった旅行業界ですが、新型コロナウイルス感染症の影響によって、壊滅的なダメージを受けました。そこで、収束後の需要回復のために、各社がインターネットなどICT技術の一層の活用などを始めています。

時代の流れに合わせて業務内容の分業化が進む

募集職種は、企画開発、交渉、店頭販売、販促、法人営業などがあります。個人がインターネットで旅行の手配をするようになって以来、これまでの手数料ビジネスから、企画商品の開発と販売に重点が置かれるようになりました。

その流れから、業務の分業化が進み、国内旅行では営業員が自ら受付や添乗業務も行なうなど、旅行を総合的にコーディネートする内容に変化。海外旅行では現地のラウンドオペレーターとして、添乗員や通訳ガイドなどを専門とする企業との連携や、企画商品づくりを専門とする旅行企画会社との提携などが増えてきました。

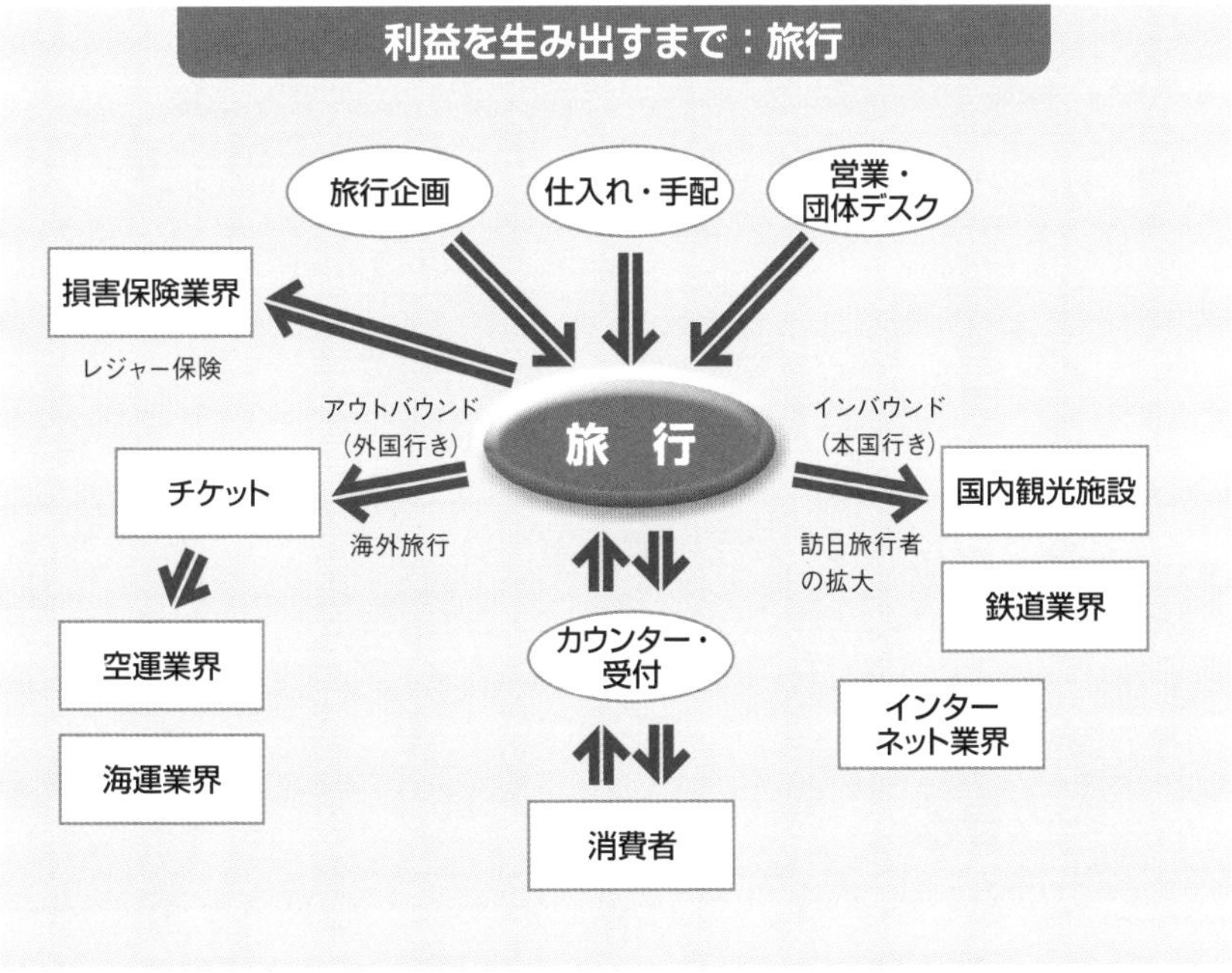

Hotel

レジャー業界

ホテル

外資系ホテルの進出で競争が激化。外国人旅行者の取り込みがポイントに

ホテルには、旅行者をターゲットとした観光ホテルや旅館、リゾートホテル、ビジネスパーソンをターゲットとしたビジネスホテルなど、さまざまなタイプが存在。また、宿泊客を受け入れるだけでなく、結婚披露宴やパーティー、セミナーなどの開催を請け負っているホテルもあります。

近年は、外資系ホテルの積極的な進出によって競争が激化。外資系ホテルの日本進出が相次いだ要因として、バブル崩壊による日本の地価の下落で投資コストが小さくなったことや、経済のグローバル化が進み、ビジネスを中心に訪日外国人の数が増加したことが挙げられます。

また、ビジネス客を中心とするホテル需要の増加によって、宿泊と朝食サービスだけの泊食分離による宿泊特化型のホテルチェーンの展開も活発化。日本のホテル業界では、

主な募集職種

宿泊部門の仕事は、チェックイン業務をはじめとするフロントサービスと宿泊客の快適な滞在を演出する客室サービスがある。

レストラン部門や宴会部門、調理部門に分類され、食事サービスを提供。調理部門はさらに、和食や洋食、バーなどに分かれる。

営業は、企業や団体のニーズに合ったプランを提案するのが主な業務。販促はネットなどで新しい宿泊プランなどの告知を行なう。

ホテルの売上管理や人材管理などのほか、ホテル内の施設や客室の電気、空調、水などの設備を管理する業務がある。

高級ホテルと格安ホテルの二極化が顕著になりました。

ビジネス客が減少傾向の一方、外国からの観光目的の旅行者は増加傾向にあり、ホテル間の宿泊客の獲得競争はさらに激しさを増しています。新型コロナウイルス感染症によって、大きなダメージを受けたホテル業界ですが、中長期的に見れば成長に転じると見られています。

ホテル業務はさまざまな職種のチームプレー

ホテル業界は、各ホテルの形態や宿泊・宴会・飲食など事業部門の違いによって、職種も業務内容もさまざまです。

主な募集職種は、ゲストから見えるサービス現場では、ボーイ、コンシェルジュ、料飲スタッフ、バンケットスタッフなどです。料飲スタッフは、レストラン部門と宴会部門、調理部門があり、調理部門はさらに和食、洋食、バーなどに分かれています。ゲストからは見えない職種では、客室の環境を整える施設管理のスタッフ、営業・販促などがあります。サービスの現場で働くスタッフの雇用形態は、正社員だけでなく、契約社員や派遣社員、パート・アルバイトと多岐にわたります。

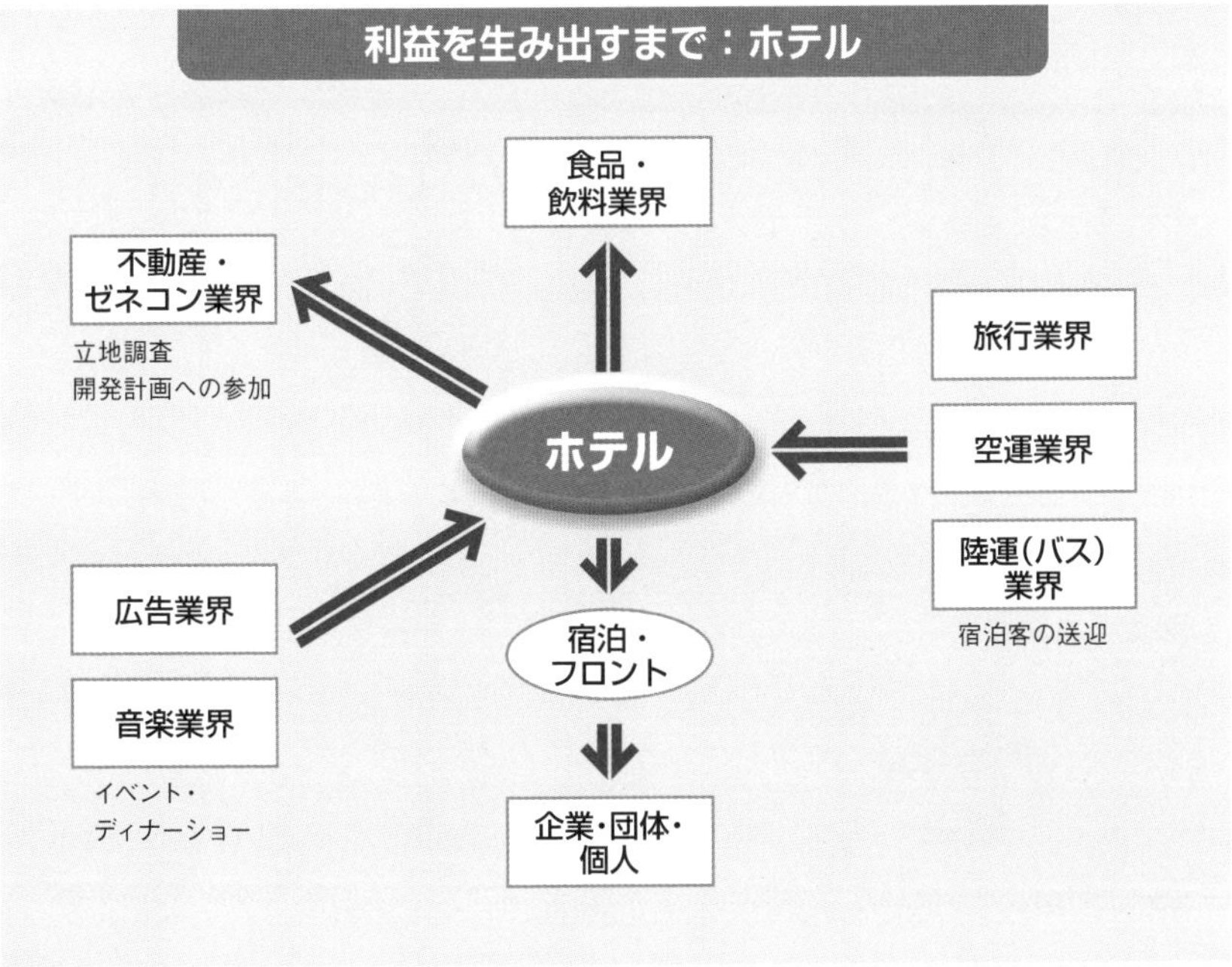
利益を生み出すまで：ホテル
ホテル
食品・飲料業界
不動産・ゼネコン業界
立地調査
開発計画への参加
旅行業界
空運業界
陸運(バス)業界
宿泊客の送迎
広告業界
音楽業界
イベント・ディナーショー
宿泊・フロント
企業・団体・個人

Leisure facility

レジャー業界
レジャー施設

「安・近・短」の傾向が続く

　レジャー施設のジャンルは、「観光」や「娯楽」「スポーツ」「アミューズメント」など多岐にわたり、業態は遊園地や動物園、水族館などのテーマパークと、パチンコやカラオケ、ゲームセンターなどのアミューズメントに分けることができます。

　レジャー施設は観光産業などと同様に、国民の時間や家計のゆとりなどの影響を受けやすく、ブームにも左右されます。さらに、環境の変化の影響も受けやすく、2020年は新型コロナウイルス感染症の感染拡大によって、レジャー施設は、休業や営業時間の短縮を迫られ、売上が大幅減少しています。レジャーの嗜好は常に変化しており、バブル期には、ゴルフ場や大型リゾート施設、テーマパークなどが次々と開発され、国民も惜しみなくレジャーに出

主な募集職種

サービススタッフ

各種レジャー施設の来場者たちへの対応を担当。具体的には、案内受付や業態に応じた接客サービスなどを提供する。

オペレーター

テーマパークなど、アトラクション施設にあるさまざまな設備の操作や管理、点検、メンテナンスなどを一手に担う。

企画・演出・クリエーター

集客アップに向けた、企画や演出を考える。アトラクション施設で働く場合、音響や照明などまで担当するケースもある。

営業

セールス・プロモーション全体の戦略立案から、団体客獲得に向けた旅行代理店やチケット販売会社への営業までを行なう。

費してきました。しかし、ここ近年の傾向では景気の後退に伴い、レジャーの「安・近・短」の傾向が強まっています。

少子高齢化や余暇の過ごし方の多様化による集客の落ち込みを防ぐためには、老若男女が楽しめる独自の施策やリピーターの確保、外国人観光客の取り込みが重要になってくるでしょう。

多様化するレジャー施設の職種と業務内容

最近は、レジャー施設の多くが来園者をゲスト、従業員をキャストと呼ぶようになりました。キャストは、直接接客を行なう人とそうでない人に大きく分けられますが、キャストと名の付く職種はたくさんあります。レジャー施設によって、職種や業務内容は実にさまざま。主な募集職種としては、サービススタッフ、企画・開発、機械調達、販売促進、施設開発管理、新規事業開発などが挙げられます。

アトラクション施設では、企画や演出を担当する企画・演出・クリエーターや、アトラクション施設の機械や設備の操作を担当し、管理、点検なども行なうオペレーターも募集しています。

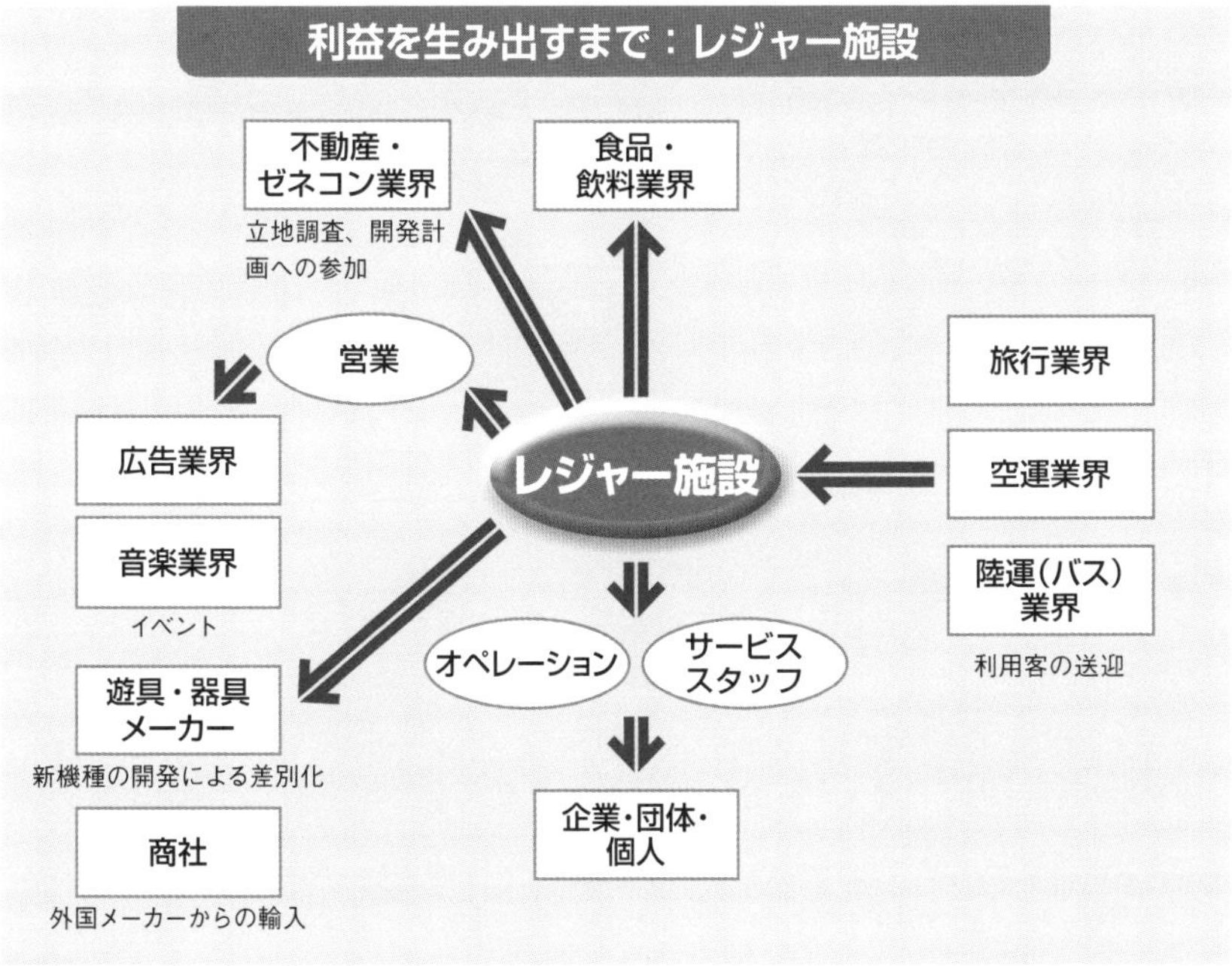
利益を生み出すまで：レジャー施設
不動産・ゼネコン業界
立地調査、開発計画への参加
食品・飲料業界
営業
広告業界
音楽業界
イベント
遊具・器具メーカー
新機種の開発による差別化
商社
外国メーカーからの輸入
レジャー施設
旅行業界
空運業界
陸運(バス)業界
利用客の送迎
オペレーション
サービススタッフ
企業・団体・個人

Foodservice

レジャー業界

フードサービス（外食）

「中食」関連のサービスが業界の未来を担う大きなカギに

フードサービスを扱う企業は、ファストフード店やコーヒーチェーン店、ファミリーレストラン、専門料理店、居酒屋などを経営しています。外食業界の業態は、「給食・料飲主体部門」と、弁当給食を除いた宅配や持ち帰り総菜店などの「料理品小売業」とに大きく分かれます。

食堂や喫茶店と言われる業態は、戦前からありましたが、「外食産業」と呼ばれて、市場規模が拡大したのは、アメリカからハンバーガーチェーンや、ファミリーレストランチェーンが日本に進出して、店舗展開するようになった1970年代からです。このとき、フランチャイズチェーン方式やセントラルキッチン方式、全店統一のサービスマニュアル方式といった、革新的な経営手法も一緒に導入され、外食産業は急成長を遂げました。

主な募集職種

店長は、売上や人材の管理をはじめ、店舗のマネジメント全般を担う。また、来店者への接客を行なうのがホール担当の仕事。

メニューの考案や調理を担当。チェーン店の場合は、本部から出されるマニュアルに沿って、全国均一のメニューを手掛ける。

チェーン展開しているフードサービス会社に存在する職種。地区ごとに数店舗を担当し、定期的に巡回して品質管理などを行なう。

直営店やＦＣ加盟店などの開発を担当する。不動産業からの情報収集のほか、自ら出張して出店可能地をリサーチすることも。

市場規模は、1997年をピーク（約29兆円）に、景気の後退や人口減少の影響で縮小傾向に。そのため、新たなニーズを開拓するために、積極的に海外展開に乗り出す企業も増えてきています。

しかし、新型コロナウイルス感染症の感染拡大による休業や外出自粛により、業界全体の売上は大幅減。その一方でいち早く、デリバリーやテイクアウトを強化したファストフード店は影響を最小限に抑えています。デリバリー系の企業とフードサービスが連携して、自宅にいる顧客に商品を届けるといったサービスの需要は今後も高まるでしょう。

店舗での業務と、本社での業務の2種類

主な募集職種は、店舗の場合には、調理とホール（客席）に分かれます。個店ではなくチェーン展開を前提とした業態の場合には、店舗開発を担当する仕事や、マニュアルに沿った全国均一の味とサービスを維持するために、巡回指導などを行なうスーパーバイザーの仕事があります。

また、本社勤務の事務職では、商品開発・企画・店舗開発などが募集されます。

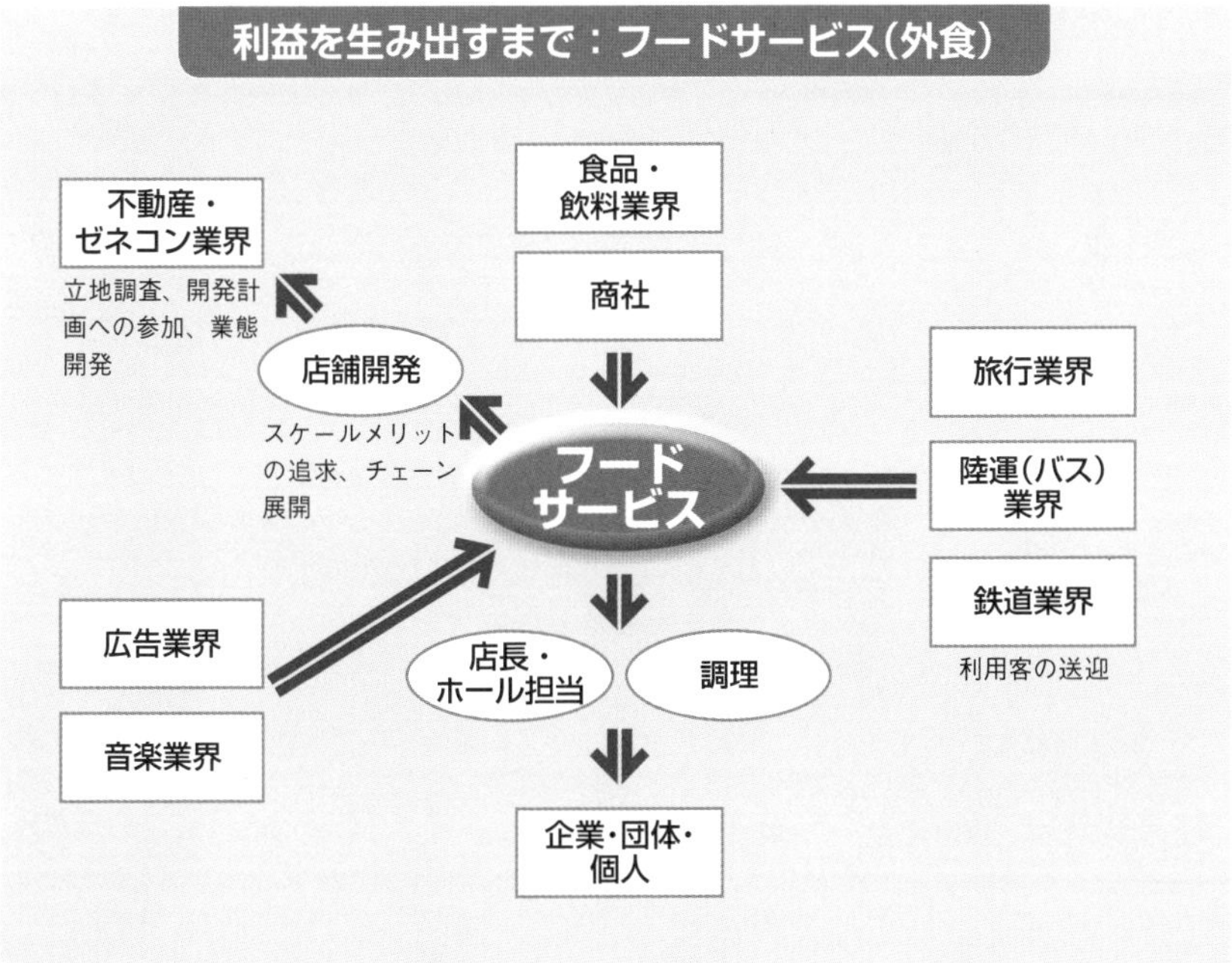
利益を生み出すまで：フードサービス（外食）
食品・
飲料業界
商社
不動産・
ゼネコン業界
立地調査、開発計画への参加、業態開発
店舗開発
スケールメリットの追求、チェーン展開
フード
サービス
旅行業界
陸運（バス）
業界
鉄道業界
利用客の送迎
広告業界
音楽業界
店長・
ホール担当
調理
企業・団体・
個人

エンターテインメント業界

エンターテインメント業界とは?

エンターテインメント業界には、映画を制作し、宣伝し公開する「映画・映像」、ＣＤやＤＶＤの制作を行なう「音楽」、ゲームソフトやゲーム機器を制作する「ゲーム」があります。

ＩＴ化とインターネット、そして携帯電話（スマートフォン）の目覚ましい進化によって、アナログからデジタルへの転換が一気に進み、コンテンツ制作を中心とするエンターテインメント業界にも、大きな変革をもたらしています。

モバイルコンテンツのダウンロードや利用が増え、これらコンテンツの配信に当たって必要になった課金制度においては、クレジット会社や電子マネーと新たなサービスの融合が行なわれ、新しい広告メディアとして広告業界との連携も進んでいます。

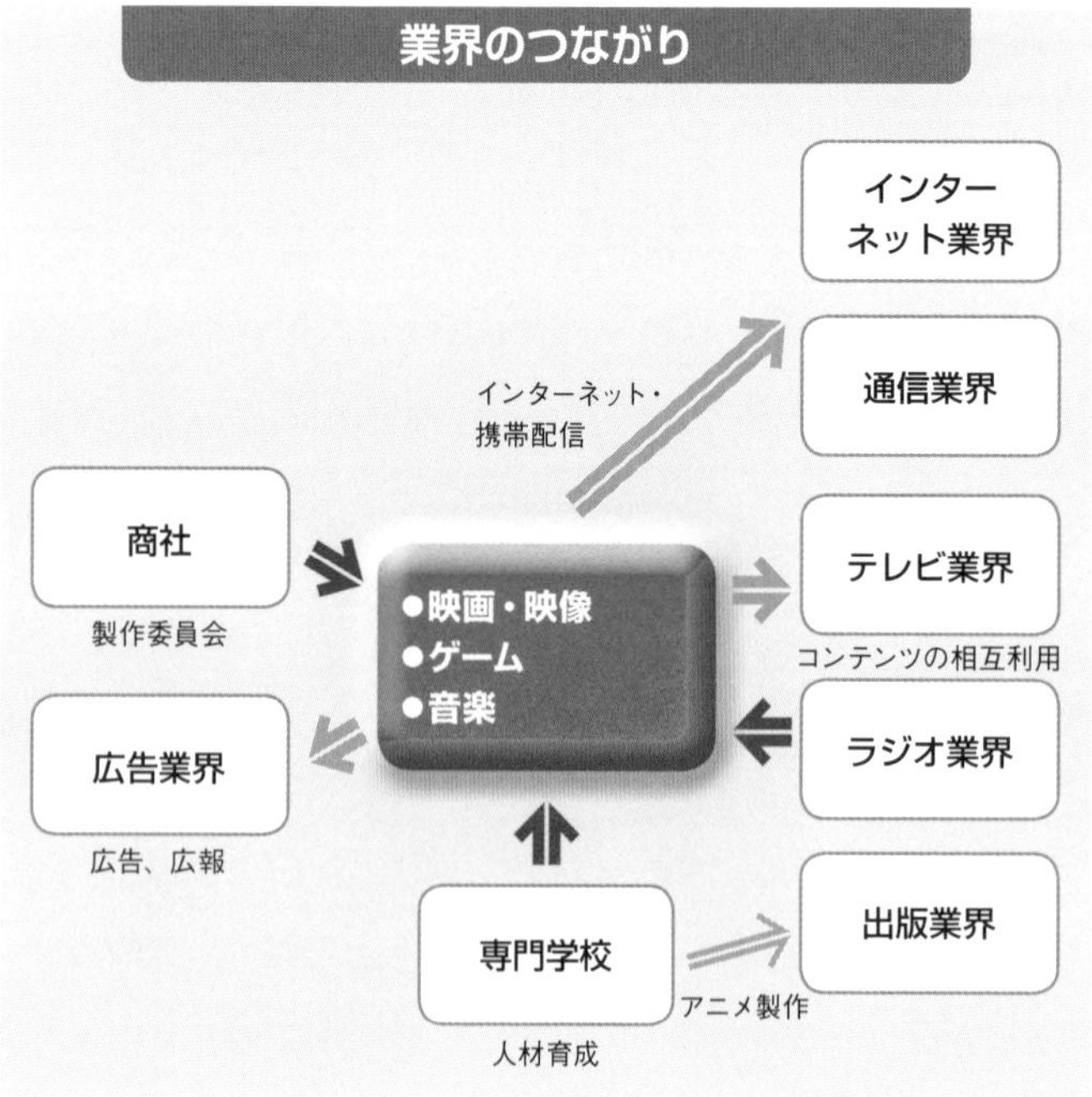
業界のつながり
インターネット業界
通信業界
インターネット・携帯配信
商社
製作委員会
●映画・映像
●ゲーム
●音楽
テレビ業界
コンテンツの相互利用
広告業界
広告、広報
ラジオ業界
専門学校
人材育成
出版業界
アニメ製作

各業界の概要

ゲーム

スマホやパソコンでのオンラインゲームが人気

かつては、ゲーム機の製造メーカーが業界を牽引し、ゲーム機器やソフトの販売が主な収入源となっていた。近年は、スマートフォンなどで遊ぶソーシャルゲームが主流に。それらを手掛けるゲーム会社は、アイテムを販売する「アイテム課金」を主な収入源としている。

業界リンク
●情報サービス業界
携帯電話やインターネットなどのソーシャルネットワークでのゲーム配信が増加 P.182

映画・映像

スクリーンの増加と邦画の人気が続く

制作と配給、映画館での興行に分かれている。映画会社の収入は、入場料のほか、国内外の劇場への配給収入やテレビ放映料、DVDの販売収入など。近年は、複数のスクリーンを擁したシネマコンプレックスが増えている。劇場とインターネット配信で、同時公開されるケースも。

業界リンク
●テレビ業界
テレビでの放映権を取得するために映画制作に参画する放送会社も多い P.164

音楽

携帯電話による音楽ダウンロードが浸透

レコード会社は、CDやDVDの制作販売、CMやドラマなどの楽曲提供などで収益を上げる。近年は、CDやDVDではなく、インターネットの有料配信での購入が一般化。まだ日本には定着していないが、今後は定額制の音楽配信サービスが主流になるという声もある。

業界リンク
●インターネット業界
インターネットからダウンロードして、音楽を聴く層が増加 P.180

業界 Check Point

広義のエンターテインメント業界には、映像、ゲーム音楽などのコンテンツ産業のほかに、映画、演劇、寄席・お笑いなどの実写・実演も含まれ、全体の市場規模は9兆円を超えています。このほか、本来は出版事業に含まれるコミックもエンターテインメントの1つで、ほかのコンテンツとの二次使用などでつながっています。

Cinema & Reflection

エンターテインメント業界
映画・映像

シネコンやインターネットで新たな価値を提供

映画・映像業界は、映画づくりを行なう制作と、作品の宣伝や映画館への作品提供を行なう配給、映画館を運営する興行に分けられます。大手映画会社は、制作から配給、興行までをワンストップで対応します。また、主な収入源は映画館の入場料、国内外の劇場への配給収入、テレビ放映料、ＤＶＤの販売収入などになります。

ここ数年、業界全体の業績は、ほぼ横ばいで推移。興行収入では、邦画が洋画を大きくリードする状態が続いています。その要因の1つとして、テレビドラマや小説、アニメなどの人気作品を映画化する機会が増え、それらがヒットしていることが挙げられるでしょう。

近年は、1つの建物の中に複数のスクリーンを設けたシネマコンプレックスが普及。中には映画の上映だけで

主な募集職種

制作

プロデューサーの補佐役的存在。監督や俳優の窓口となったり、予算や進行を管理したりして、一本の作品を作り上げていく。

進行管理

クオリティーと予算のバランスを考え、制作工程すべての進行管理・調整を行なう。納期に納めさせる交渉能力も必要とされる。

買い付け

映画祭などに足を運び、上映する映画の買い付けを行なう。その映画がヒットするかどうかを見極める力が要求される。

配給・宣伝

マスメディアを通した宣伝、テレビや新聞・雑誌への広告、主題歌や作品内商品とのタイアップなどを企画するのが主な業務。

なく、スポーツイベントやライブを中継する映画館もあります。また、劇場とインターネット配信で映画を同時公開するという動きも活発化。映画や映画館を取り巻く環境は、今後も大きく変わっていくことが予測されます。

特定の仕事を目指すなら事前に確認を

募集職種は、制作に限らず、配給業務や劇場勤務など、多岐にわたります。大手配給会社の募集職種を例に挙げると、映画・演劇業務として企画、制作、配給・宣伝、興行、事業部門として制作販売、イベント企画・運営、サイト運営、物販、事務系として営業、総務、そして劇場スタッフなどがあります。しかし、仕事内容は企業の規模によっても異なるので、事前によく確認しておきましょう。

制作会社も大小あり、採用も正社員に限らず、作品単位で契約するフリーランスのスタッフもたくさんいます。

かつて映画業界の人材育成は映画会社が独自に行なってきましたが、現在は大学や大学院、専門学校といったスクールで学ぶのが一般的に。映画や映像に関する学科を設けている大学も存在します。

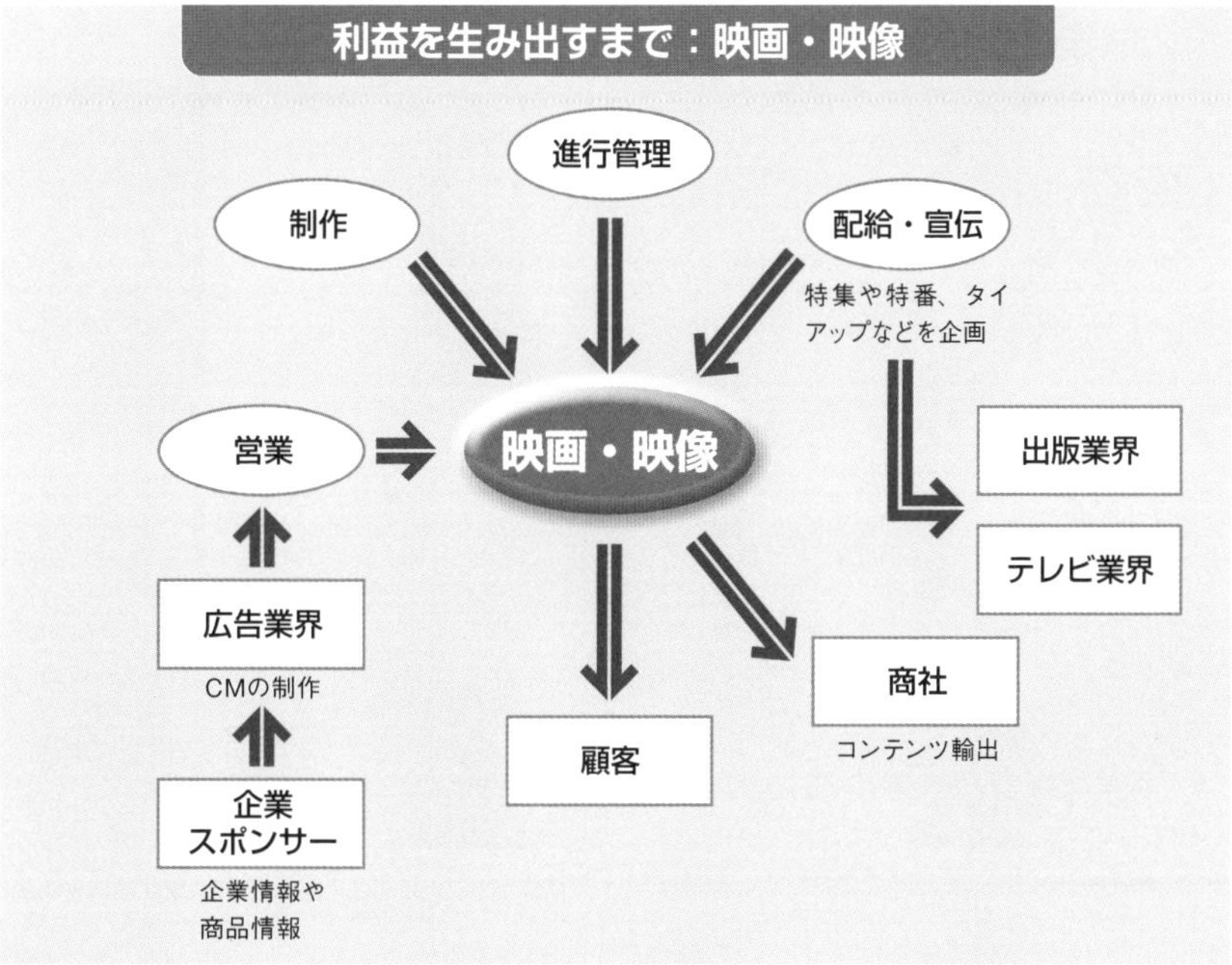
利益を生み出すまで：映画・映像
進行管理
制作
配給・宣伝
特集や特番、タイアップなどを企画
営業
映画・映像
出版業界
テレビ業界
広告業界
CMの制作
商社
コンテンツ輸出
顧客
企業スポンサー
企業情報や商品情報

Game

エンターテインメント業界

ゲーム

縮小傾向の市場の中でソーシャルゲームが人気

ゲーム業界の企業には、家庭用ゲーム機とソフトの企画や開発、販売を行なうメーカーと、ソフトのみの企画や開発、販売を行なうメーカーがあります。

近年はスマートフォンなどで楽しめるソーシャルゲームへのシフトが加速。ソーシャルゲーム市場は家庭用ゲームのソフトウェア市場の約10倍にまで成長しています。ソーシャルゲームの開発をメインに手掛けるゲーム会社も多数存在し、大ヒット作品を世に送り出したある企業では、30代の社長が日本の長者番付にランクインするほど。市場の拡大が進むソーシャルゲームの世界は、まだまだ成長が期待できるでしょう。家庭用ゲーム機中心だった大手ゲーム会社でも、ソーシャルゲームのユーザーを取り込むためのビジネス展開に着手。今後、家庭用ゲームとソーシャル

主な募集職種

企画書に沿ったプログラムを組み、作品を制作。開発希望ゲームの種類によりC言語、Javaなど、言語習得が必須となる。

ゲームの骨組みを考えるプロフェッショナル。企画、プレゼン、開発者への説明などを行なうので、コミュニケーション能力が必要。

ゲーム画面に表示されるビジュアル全般のデザインを制作する。最近では2D、3D担当とパートごとに細分化されることが多い。

プランナーから曲のリストやイメージをもらい、ゲーム内の音楽や効果音を作成。作曲と効果音の担当で分業することも。

ゲームの融合が進むことが予測されます。

縮小傾向にあった国内のゲーム市場ですが、新型コロナウイルス感染症の影響で、自宅で手軽にエンターテインメントを楽しめる「巣ごもり消費」の手段として注目され、売上は増加傾向に。5Gなどの進化した通信環境や最新技術を活用することで、国内外で市場の拡大に力を入れています。

制作会社の募集はクリエーター職がメイン

主な職種は、ゲームの企画立案を行なうゲームデザイナーやプランナー、開発を担当するキャラクターデザイナー、シナリオライター、ゲームプログラマー、そして、スタッフをまとめるゲームプロデューサーなどです。

制作会社などでは、クリエーター職がメインになりますが、大手や中堅では、営業や総務などの事務、機械開発や研究などの専門職の募集もあります。また、プログラマーやグラフィック、サウンド・コンポーザーをはじめとする機械開発やクリエーター職への応募は、専門的知識を学んできた学生に限られます。

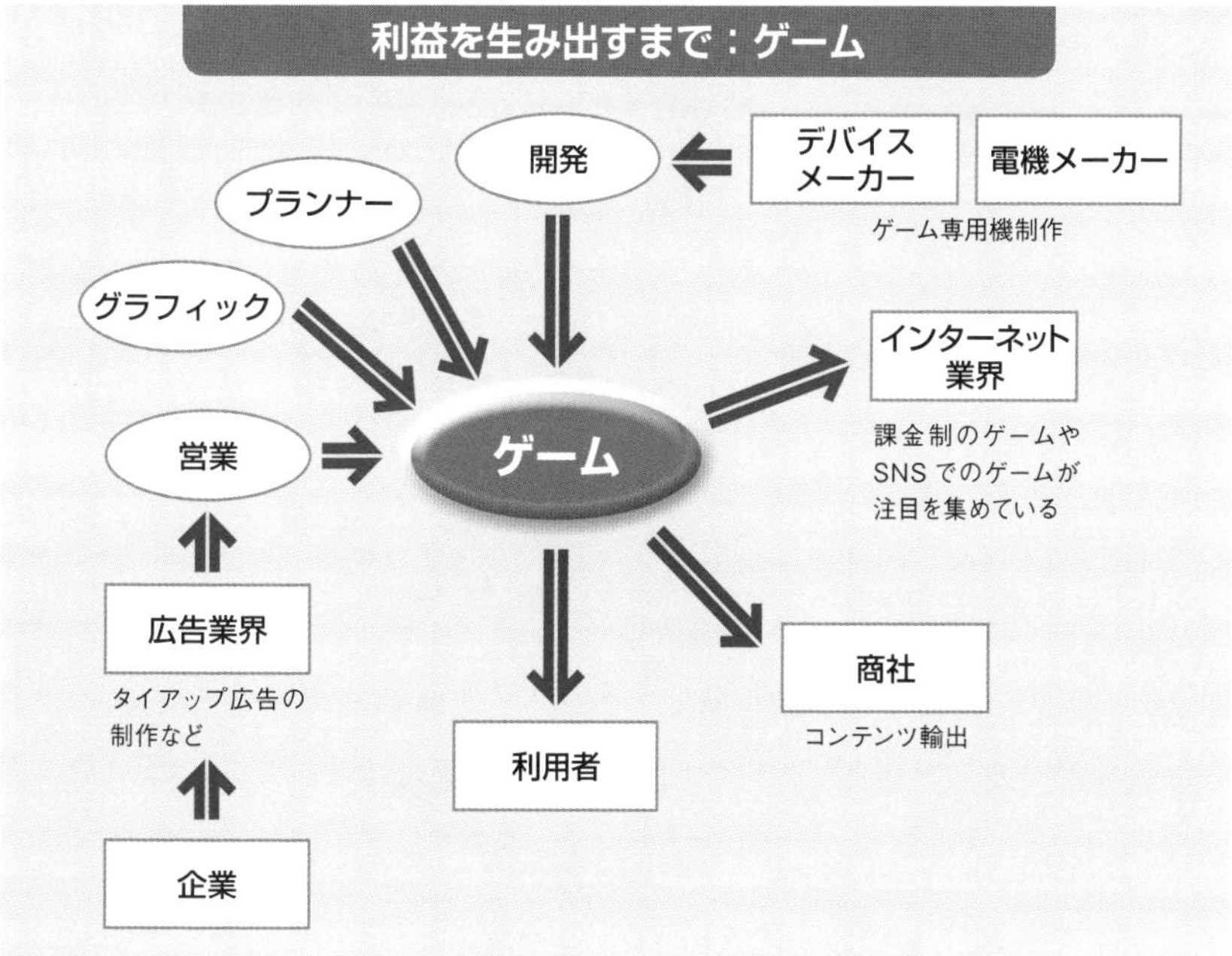
利益を生み出すまで：ゲーム
開発
デバイスメーカー
電機メーカー
ゲーム専用機制作
プランナー
グラフィック
インターネット業界
課金制のゲームやSNSでのゲームが注目を集めている
営業
ゲーム
広告業界
タイアップ広告の制作など
商社
コンテンツ輸出
利用者
企業

エンターテインメント業界

音楽

Music

CDの生産額が減少。有料音楽配信が浸透

音楽業界の企業は、音楽ソフトの企画・制作・販売、モバイル・インターネットを通じた楽曲の配信事業などを行なっています。

業態は、実際にアーティストが音楽演奏を行なう市場と、CDの制作・販売・流通とその周辺の仕事をするレコード会社があります。日本のレコード会社はさらに、①メジャーレコード会社（制作、宣伝、営業などをすべて自社で行なう会社）、②独立系レコード会社（営業を持たず制作、宣伝、販促に特化）、③レーベル会社（メジャーレコード会社と組み製作だけを行なう）、④インディーズレコード会社（日本レコード協会に入会していない会社など）の4つのタイプに分けることができます。

近年はCD販売の売上は減少しているものの、音楽業界

主な募集職種

制作

アーティストやプロダクションと連携を取りながら方向性を決定する。CD制作、マーケティングリサーチ、新人の発掘も行なう。

宣伝

作品のプロモーションを行なう。媒体で作品を露出してもらうために放送局、音楽関連出版物制作会社などを回る。

営業

新商品を全国の営業所を通じて各地区の小売店、代行店に営業する。店頭でのキャンペーン、イベントの企画なども大切な業務。

作詞家・作曲家

レコード会社や歌手などの希望から歌詞や曲を完成させる。曲の後から詞をつけたり、条件に合うイメージの曲を創作する。

全体の売上は伸びています。その理由の1つとして、有料音楽配信サービスの定着が挙げられます。定額制の音楽配信サービスも広がりを見せつつあり、今後もインターネットによる音楽配信市場は伸び続けるでしょう。

音楽業界は人気の高い狭き門

募集職種は企業のタイプによりますが、メジャーレコード会社での主な募集職種は、音楽業務での制作・広報、マネジメント、映像業務での制作・広報、事務系で営業、管理、総務などがあります。音楽・映像の制作業務への応募は、専門知識を学んだ学生に限定されることもあります。

一概に音楽業界といっても、音楽を「作りたい」のか「演奏したい」のかでも方向は異なります。創作系ならCMやゲームのサウンドクリエーターも1つの道です。スタジオミュージシャンやクラブDJという道もあります。

制作に携わるには、音楽出版会社やプロダクション、ゲーム制作会社、雑誌記者も考えられます。ほかにも声楽家やピアノ講師や調律師、CDショップ経営なども音楽に密接にかかわった仕事です。

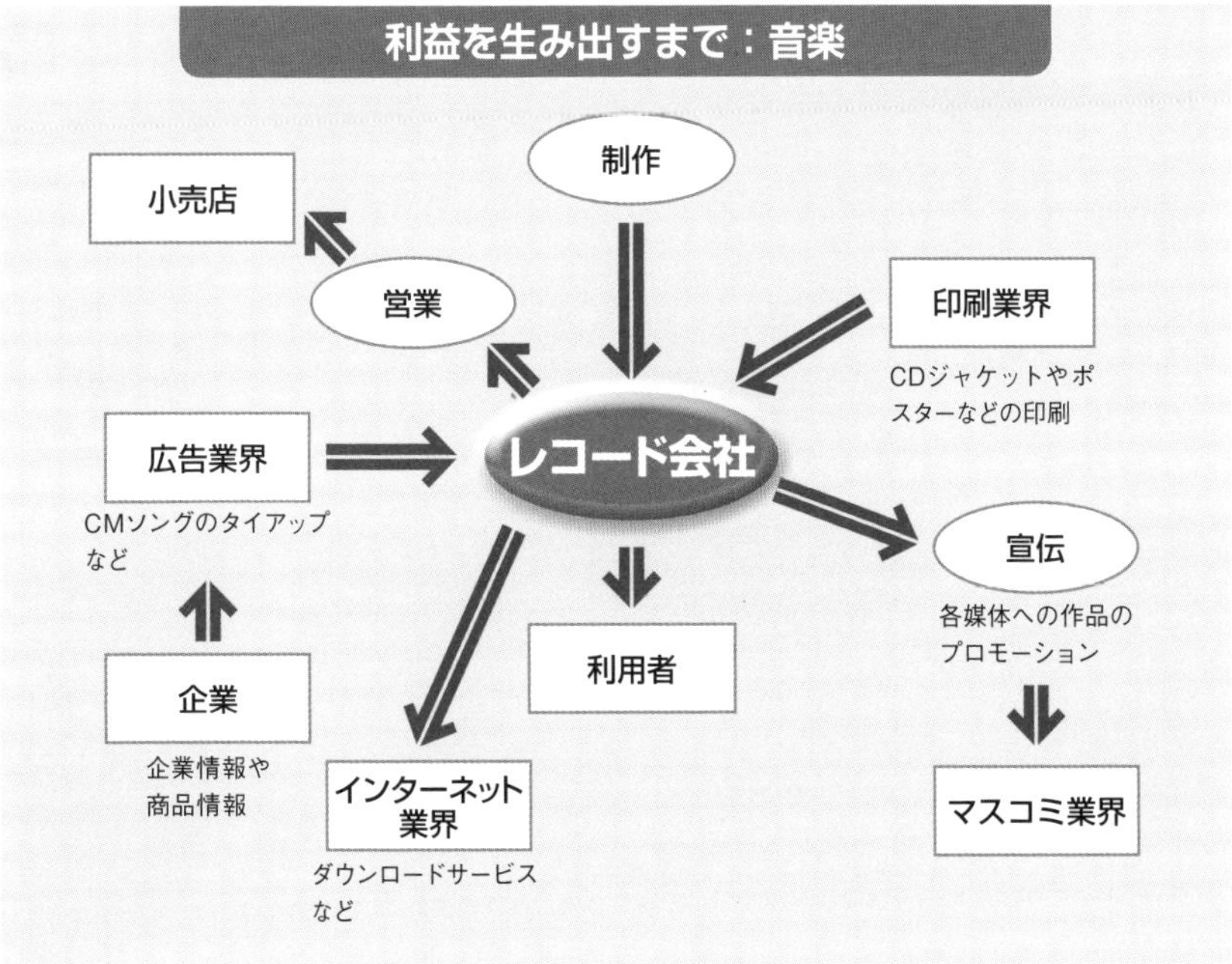
利益を生み出すまで：音楽
制作
小売店
営業
印刷業界
CDジャケットやポスターなどの印刷
広告業界
CMソングのタイアップなど
レコード会社
宣伝
各媒体への作品のプロモーション
企業
企業情報や商品情報
利用者
インターネット業界
ダウンロードサービスなど
マスコミ業界

福祉・教育・サービス業界

福祉・教育・サービス業界とは?

福祉・教育・サービス業界は、利用者に対してさまざまな介護サービスを提供する「介護」、特定の目的に向けた学習に関するサービスを提供する「予備校・塾・通信教育」、より専門的・高度な知識の学習に関するサービスを提供する「大学・専門学校」があります。

介護・教育・サービス業界は、人が人にサービスを提供するという業態なので、少子高齢化の影響を真っ先に受けやすい業界と言えます。

また、少子高齢化によって、国の方針はどんどん変化しています。老人福祉政策も文教政策も目に見えて変化し、これまでのやり方では通用しなくなるものも出てきています。今後は、より専門性の高いサービスを生み出し、企画し、顧客へ提供することで、他者とのサービスでの差別化を図らなければなりません。

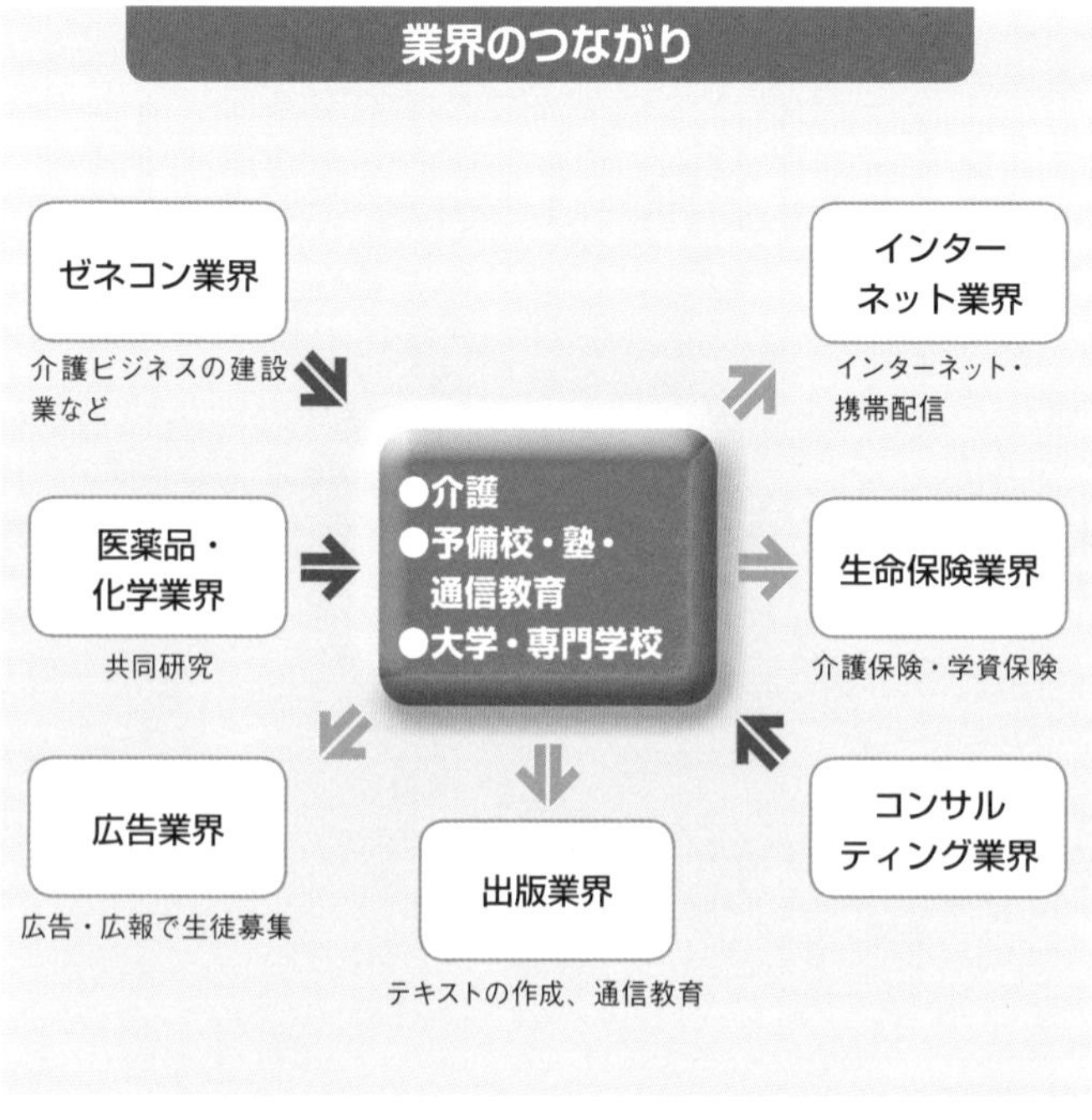
業界のつながり
ゼネコン業界
介護ビジネスの建設業など
インターネット業界
インターネット・携帯配信
●介護
●予備校・塾・通信教育
●大学・専門学校
医薬品・化学業界
共同研究
生命保険業界
介護保険・学資保険
広告業界
広告・広報で生徒募集
出版業界
テキストの作成、通信教育
コンサルティング業界

各業界の概要

介護

売上は増加傾向だが職員確保が大きな課題

食事や入浴、排泄のサポートなど、高齢者らへ介護サービスの提供を行なう。有料老人ホームなどの居住施設からデイサービスなどの通所施設、利用者の自宅まで、活躍の場はさまざま。居住施設や通所施設など複数の施設を所有し、幅広いサービスを提供しているところもある。

業界リンク
●生命保険業界
介護保険や保険契約者への介護サービスで提携 P.98

予備校・塾・通信教育

ネット配信や少人数制授業で他校と差別化

大学や高校、中学の受験対策やビジネス資格試験の受験対策をはじめとする、各種教育サービスを提供。授業のネット配信や少人数制クラスの導入など、独自のサービスで他校と差別化を図っているところが多い。教員免許を持った、優秀な講師が在籍している予備校も存在。

業界リンク
●大学・専門学校業界
AO入試など、入学試験の変化にも対応 P.158

大学・専門学校

地域社会との連携や新学部の開設に注力

専門的な学問や技術に特化した教育サービスを手掛ける。経営のほとんどを入学金や授業料で賄っているが、少子化の影響で定員割れする学校も。国や企業との共同研究で、委託研究費や特許料を財源にしたり、資格取得の教室を増やしたりするなど、増収策に力を注いでいる。

業界リンク
●コンサルティング業界
産学官連携など、大学と企業との連携ビジネスが増加 P.184

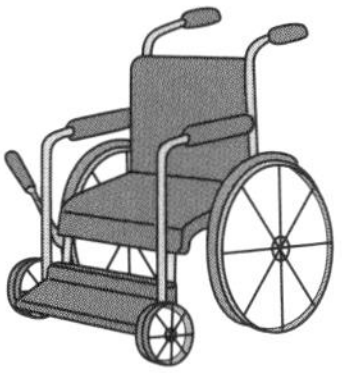

業界 Check Point

少子高齢化により国の老人福祉政策も文教政策も、目まぐるしく変化し、これまでのビジネスモデルでは通用しなくなるケースも出てきています。介護にしても教育にしても、知識と技能の高度化が要求され、就職してからも引き続き、上級資格を狙った取り組みが必要でしょう。

Care

福祉・教育・サービス業界

介護

高齢者のさらなる増加により安定成長が予測される

介護事業者は、高齢者や身体障害者など、身体が不自由な人の快適な日常生活を支えるサービスを提供しています。具体的なサービス内容は、食事、入浴、排泄のサポートや身の回りのお世話など。業態は、介護付き有料老人ホームなどの施設系サービス、デイサービスなどの通所系サービス、訪問介護などの在宅系サービスがあり、業態を問わずに幅広いサービスを提供している企業もあります。

そのほか、介護業界を支えるビジネスは多数存在します。介護・福祉用具の販売やレンタル、ホームヘルパーの資格を有した運転手による介護タクシーなどがその一例です。また、大人用おむつなど排泄ケア用品の製造・販売、買い物代行や理容・美容サービスをはじめ、利用者のニーズに合わせた幅広い事業が展開されています。

主な募集職種

高齢者やその家族にヒアリングを行なうなどし、最適な介護プランを提案していく。利用者と介護事業者の架け橋的な存在。

訪問型はリハビリ指導や医療的処置を、施設では健康管理や投薬管理などを行なう。医療と介護の両面をフォローする要職。

利用者の食事や入浴、排泄のサポートを行なう。介護福祉士は介護現場における専門資格であり、唯一の国家資格でもある。

身体が不自由な人の日常生活をサポートする仕事。現場で活躍するには、介護職員初任者研修を修了する必要がある。

介護保険制度が導入された2000年以降、介護業界には多くの民間企業が参入しました。高齢者の増加に伴い、市場は拡大傾向に。高齢者向けのサービス拡充や要介護認定者数の増加により、今後も安定成長が見込まれます。

その一方で、人材の確保が大きな課題に。団塊の世代が75歳以上となる2025年までに人材を増やすべく、資格制度改正など、国を挙げてさまざまな取り組みが行なわれています。今後も、業界動向から目が離せません。

保有資格によって業務内容も変わる

事業主体によって募集職種も変わってきますが、主な介護関連の職種は、現場スタッフであるホームヘルパー、介護福祉士、ケアマネジャー、専門職として看護師、社会福祉士、理学療法士、作業療法士、言語聴覚士、栄養士、調理員などです。事務系の採用はあまりありません。

介護スタッフのキャリアアップは、介護職員初任者研修を経てホームヘルパーとなり、現場経験を積んで介護福祉士、さらに経験を重ねてケアマネジャーを目指すのが一般的。経験と共に、専門性を高めていくことができます。

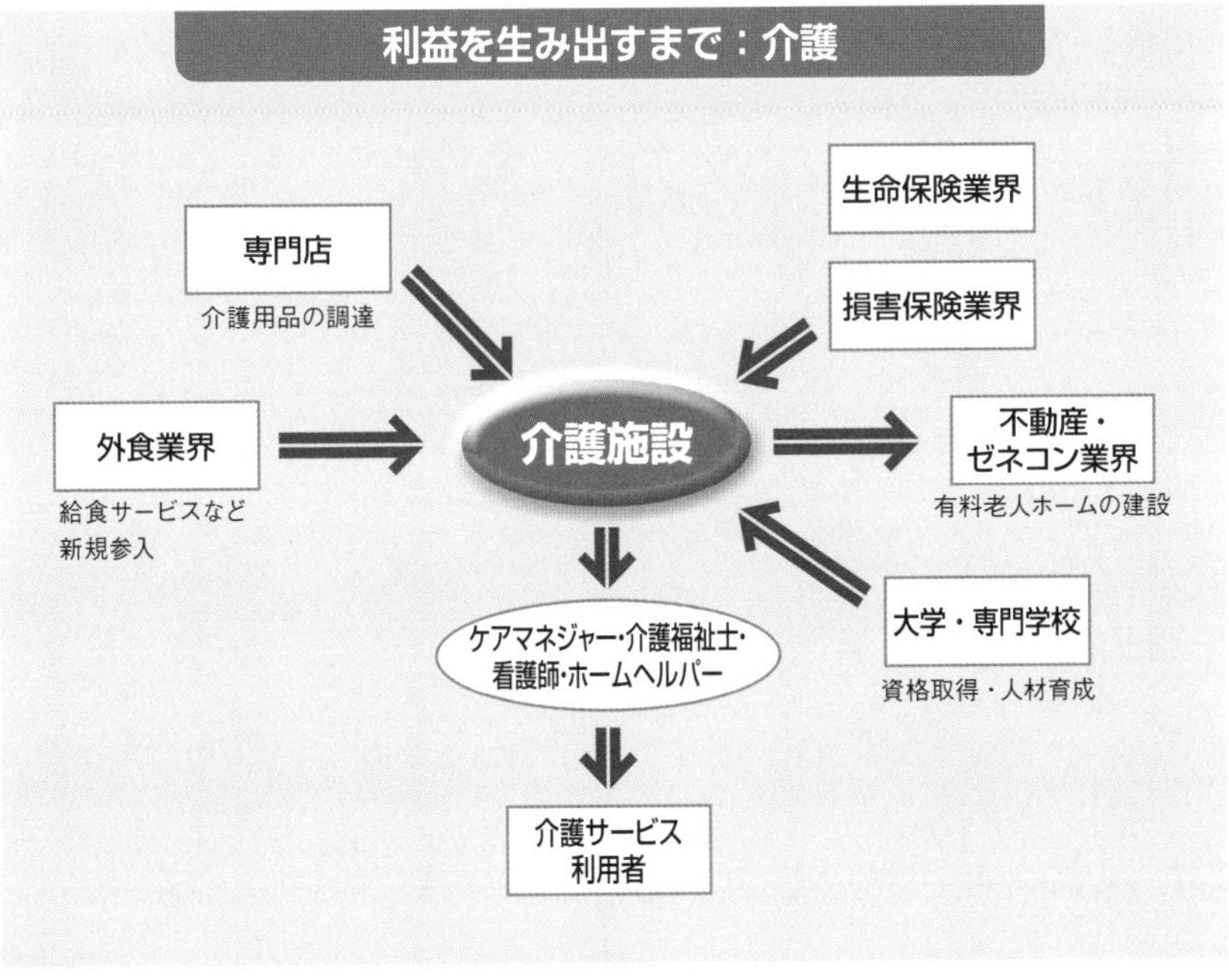
利益を生み出すまで：介護
専門店
介護用品の調達
生命保険業界
損害保険業界
外食業界
給食サービスなど
新規参入
介護施設
不動産・
ゼネコン業界
有料老人ホームの建設
大学・専門学校
資格取得・人材育成
ケアマネジャー・介護福祉士・
看護師・ホームヘルパー
介護サービス
利用者

C

Preparatory & Cram school

福祉・教育・サービス業界

予備校・塾・通信教育

中高一貫の人気から中学受験市場が拡大

予備校、塾、通信教育では、特定の目的に向けた学習支援を行なっています。業態は、地域に根ざした個人が経営するタイプと、全国展開をするタイプに分類されます。

少子化と大学推薦枠の拡大により、大学受験の市場が縮小傾向に。その一方で、中高一貫校の人気の高まりから、中学受験の市場は拡大しています。それに伴い、大学受験だけでなく高校・中学受験対策へと、塾や予備校のスタイルも多様化していく傾向にあります。

少子化が続き、国の「児童手当」など、子育て支援策が打ち出される中で、教育サービス業界においては、さまざまな業態が生まれ、新たな競合も生じています。

また、業界ではIT化が加速。一部の大手予備校では、インターネットを利用した授業配信や、スマートフォンを

主な募集職種

新規ビジネスの企画・立ち上げ、イベント準備、案内チラシ作成、営業、経理、マーケティング、人事管理などに携わる。

生徒担任、生徒指導、進路相談を中心に生徒対応全般に当たるとともに、進路指導方針の策定、教室運営なども行なう。

科目別に、授業を通して学習指導を行なう。個別指導講師としても活躍。塾はアルバイト講師からスタートすることが多い。

社内システムの管理、開発、社内ネットワークの設計・構築、自社サイト開発、教育コンテンツの制作・管理・配信などを担当。

使った学習アプリの活用が導入されています。さらに新型コロナウイルス感染症の影響によって、大学を筆頭にオンライン授業が急増。インターネットによる講義などに特化した大学も誕生しました。さまざまな教育制度の変化や環境に対応していくことが求められています。

講師は教員資格未取得者でも採用される

募集職種は、塾・予備校では講師、教材開発・テキスト制作などのサポートスタッフ、校舎運営や総務などの事務スタッフに分かれ、職種間での異動はあまりありません。講師は教員資格未取得者でも応募できますが、非常勤やアルバイトからスタートする場合も多数。また、全国展開している場合は、転勤の可能性もあります。

通信教育業界では、テキストの編集者、営業、マーケティング、事務などが募集されます。事務補助、通信教育の質問・相談回答業務、答案チェックなどに携わる人材も必要に。また、添削や教材の作成・執筆などを行なう在宅スタッフを募集しているところもあります。

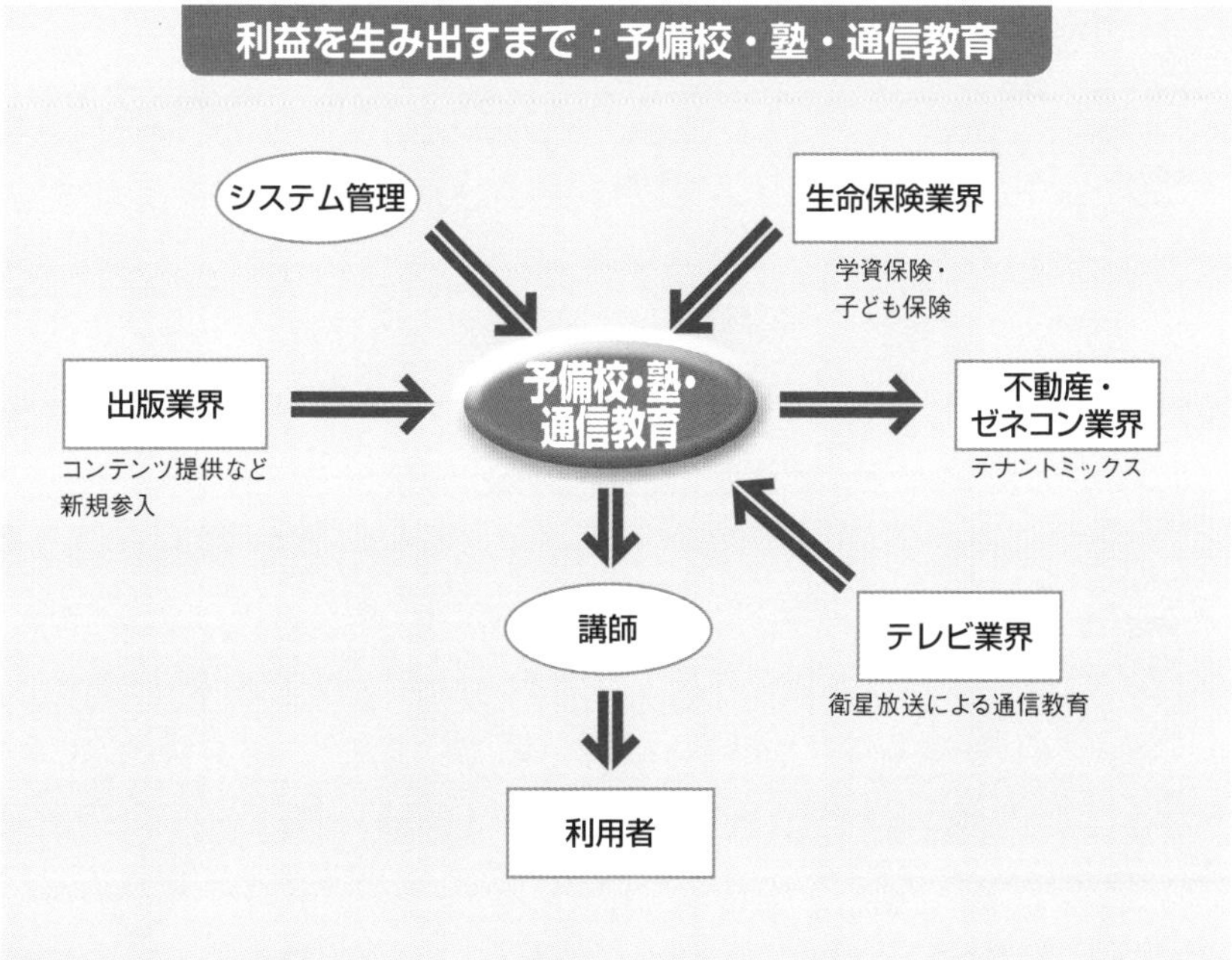
利益を生み出すまで：予備校・塾・通信教育
システム管理
生命保険業界
学資保険・
子ども保険
出版業界
コンテンツ提供など
新規参入
予備校・塾・
通信教育
不動産・
ゼネコン業界
テナントミックス
講師
テレビ業界
衛星放送による通信教育
利用者

福祉・教育・サービス業界

大学・専門学校

少子化により定員割れが増加。専門性を高める取り組みを強化

大学や専門学校は、専門的な学習ができる教育サービスを提供しています。

ここ数年、少子化により定員割れを起こす大学や専門学校が増え、一部の大学や専門学校では、生徒獲得に苦心しています。そのため、就職率などによる学校間の競争が加速しています。

講義のレベルアップのために、教員の研修を義務付けるなど、専門性の向上に向けた取り組みをはじめ、新たな改革が始まっています。

国立大学の職員は現在非公務員となり、地区国立大学法人等職員採用試験委員会による「国立大学法人等職員採用試験」で採用されます。

私立大学は大学の設置者である学校法人が独自に職員募

主な募集職種

助手（教育）

教授や准教授の仕事を手助けするスタッフ。仕事内容によって、「研究助手」「実習助手」「特任助手」などに分かれる。

図書館司書

図書館資料の選択や発注、受入、整理、蔵書目録の作成などを一手に担う。カウンター業務を担当するケースもある。

事務職員

大学の管理運営業務、研究活動支援、学生指導、広報・学生募集などを行なう。最近は具体的な教育指導を担当することも。

専門職

主に理系教育の現場で、サポート業務を担当する。実験や特別研究を行なう際に準備をしたり、補助をしたりすることが主な業務。

集を行ない、採用試験を実施しますが、応募者が多く高倍率です。少子化で減収が予想されることもあり、派遣スタッフやパート・アルバイト・契約・嘱託などの非正規職員としての採用が増加しています。また、民間企業経験者を中途採用するケースも増えてきています。

大学の形態によっては大学以外の勤務になることも

大学・専門学校の採用は、全体的に募集枠は少なく、募集職種は、ポストに空きが出たタイミングで募集される講師や助手、定期的に採用される教育スタッフ、総務スタッフ、技術指導や実験補助員などの事務職員です。

また、大学病院や介護施設などが併設されている大学では、医療事務や介護スタッフなど施設業務スタッフとしての募集もあります。

さらに、キャンパスが複数ある学校では、配属される学部や学年によって、キャンパス間での転勤の可能性もあります。中学や高校が併設されている大学では、一括採用になることが多く、配属によっては大学以外での勤務になるケースもあるでしょう。

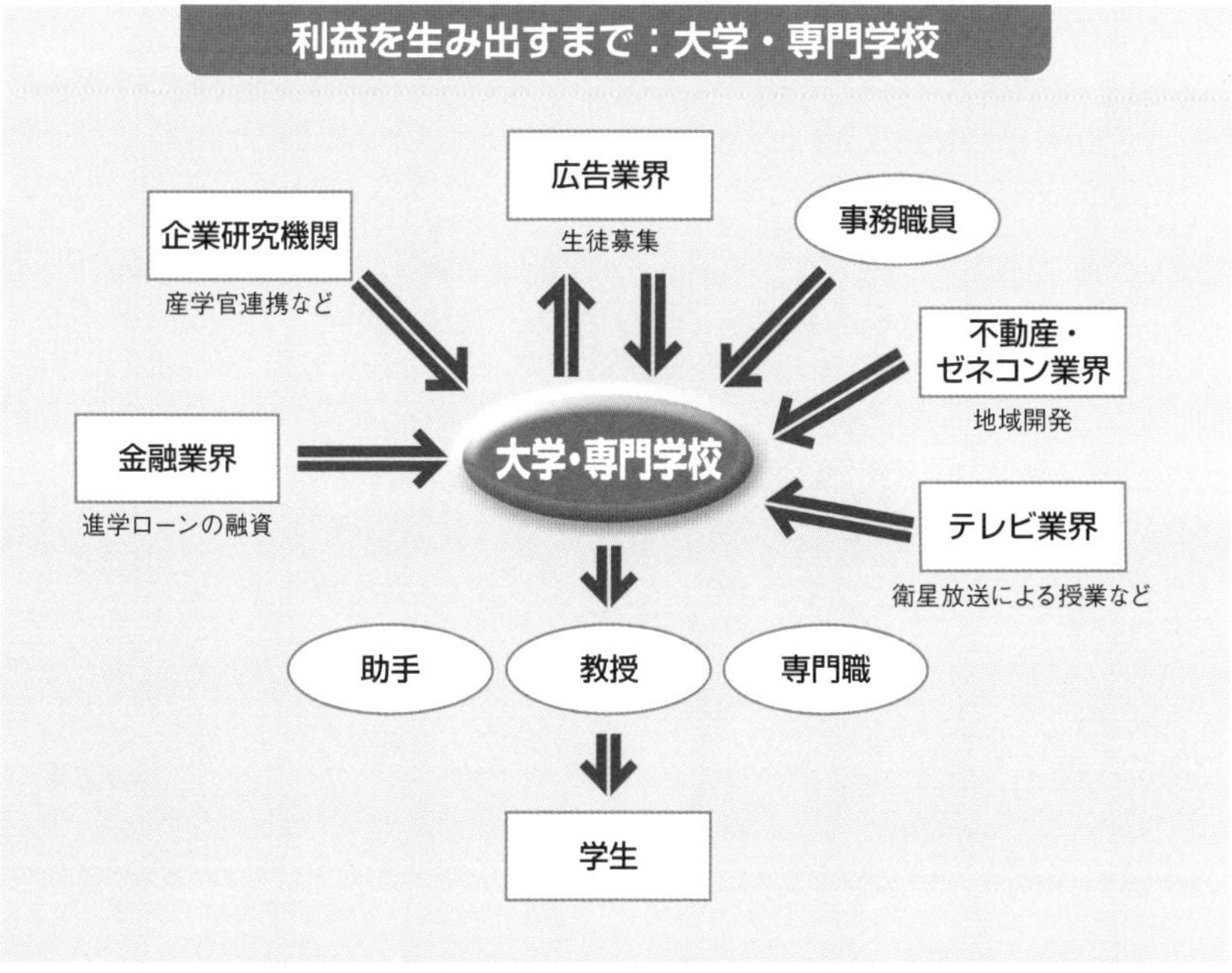
利益を生み出すまで：大学・専門学校
広告業界
生徒募集
企業研究機関
産学官連携など
事務職員
不動産・ゼネコン業界
地域開発
金融業界
進学ローンの融資
大学・専門学校
テレビ業界
衛星放送による授業など
助手
教授
専門職
学生

マスコミ業界

マスコミ業界とは？

マスコミ業界は、ニュース情報を紙面で伝達する「新聞」、さまざまな情報や映像コンテンツを提供する「テレビ」、音声コンテンツを提供する「ラジオ」、書籍や雑誌、情報誌、専門誌などを発行する「出版」、さまざまな分野の印刷を手掛ける「印刷」、広告や販促として広告媒体を制作する「広告」に分けられます。インターネットとの融合によって、マスコミ業界においても、新しいビジネスモデルの創出が活発化してきました。

紙媒体では、電子との共存が当たり前のビジネスモデルになり、電波においても、これまで一方向だった情報発信が双方向化され、新しいメディアとしての役割を果たそうとしています。今後、マスコミ業界では、各メディアの特性を熟知し、応用しながら新しいコンテンツを生み出していけるスキルが求められます。

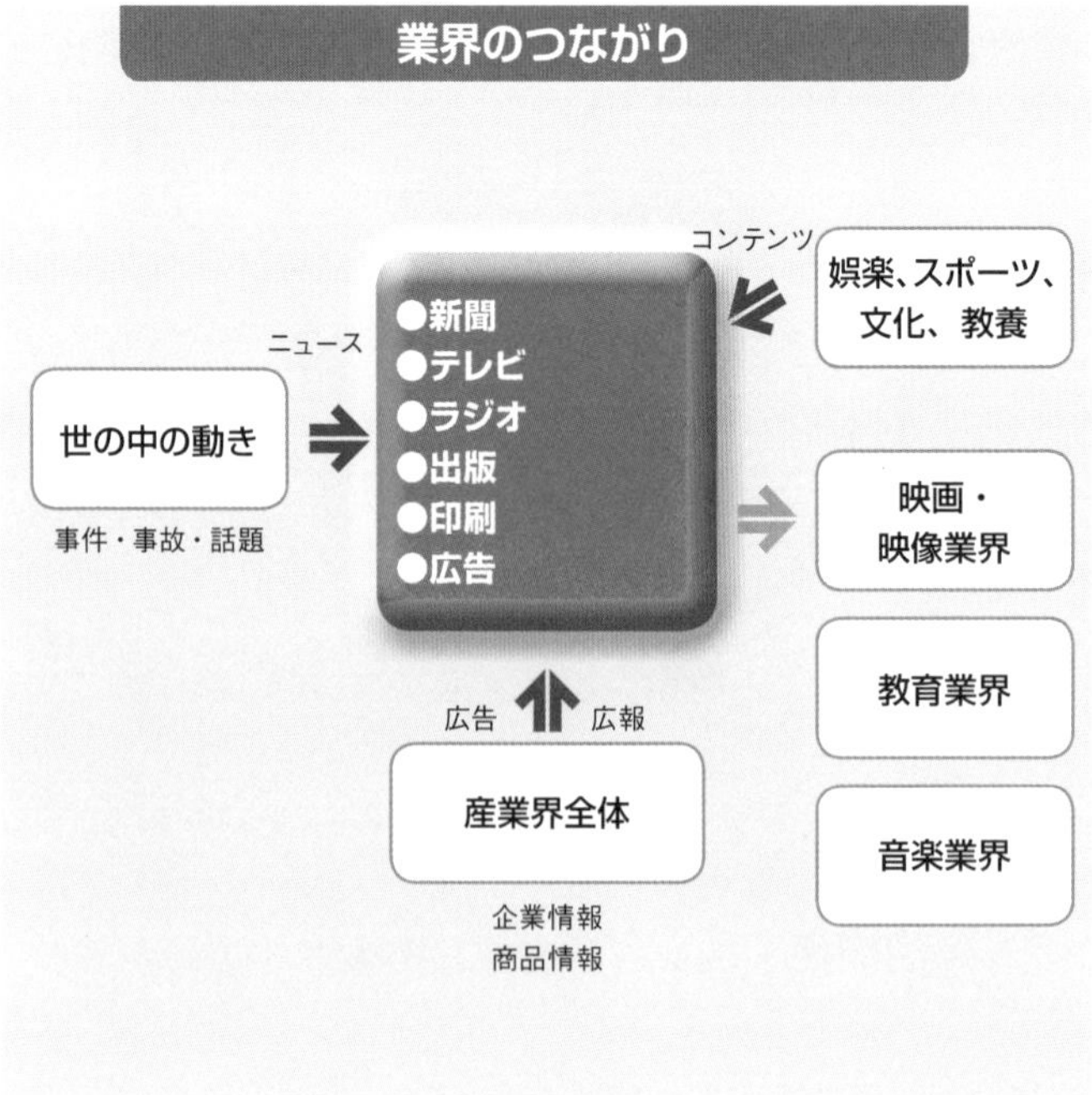
業界のつながり
コンテンツ
娯楽、スポーツ、文化、教養
ニュース
世の中の動き
事件・事故・話題
●新聞
●テレビ
●ラジオ
●出版
●印刷
●広告
映画・映像業界
教育業界
音楽業界
広告
広報
産業界全体
企業情報
商品情報

各業界の概要

テレビ

デジタル化による放送とネットの融合

映像コンテンツを視聴者に提供しており、営利を目的としない公共放送と、CMによる広告収入で成り立つ民間放送に分かれる。民間放送には地上派キー局、地上派ローカル局、衛星放送、ケーブルテレビなどがある。

業界リンク
●映画・映像業界
チャンネル数の増加により、映画やアニメなどの放送も増加 P.146

新聞

電子版の発行やネットへのニュース配信も

報道機関としての役割を担い、全国紙や地方紙、スポーツ紙、夕刊専門紙、政党機関紙など、さまざまなジャンルが存在する。近年は、電子版を発行している新聞社も多数。主な収入源は、新聞の売上と広告収入。

業界リンク
●インターネット業界
電子版の新聞を発行する企業も増え、ニュースの配信なども行なわれている P.180

出版

出版物にかかわる3つの業態が存在

出版業界には、書籍や雑誌を発行する「出版社」、書籍を書店へ供給する「取次業者」、取次業者から仕入れた書籍を消費者へ販売する「書店」が存在する。出版社の主な収入減は、書籍売上と雑誌広告売上。

業界リンク
●予備校・塾・通信教育業界
教育図書の出版社で、添削指導や学習塾チェーンに加盟しているところも P.156

ラジオ

電波とネットとのコンテンツ勝負の時代

AM、FM、短波放送があり、民間放送の場合は広告収入が主な収入源となる。東日本大震災を契機に、存在感がアップ。近年は、インターネットやスマートフォンのアプリを利用した番組配信にも注力している。

業界リンク
●通信業界
スマートフォンなどへのラジオ番組の配信も増えている P.176

広告

メディアの多様化に対応した広告提案

顧客のプロモーション戦略に適した広告媒体を、テレビや新聞、雑誌、インターネットなどから選択し、プロモーション提案や広告枠の取次を行なうのが広告代理店。制作業務に特化した制作会社なども存在する。

業界リンク
●インターネット業界
インターネット広告の取扱量が増え、営業体制も大きく変化している P.180

印刷

成長分野への積極的投資

書籍や雑誌などの出版物から、ポスターやチラシなどの広告物まで、幅広い制作物の印刷を行なう。印刷事業が縮小していく中で、太陽光発電のパネルや電子書籍など、新たなビジネスを手掛ける印刷会社もある。

業界リンク
●紙・パルプ業界
ペーパーレス化の進行による需要減は、両業界共通の悩みになっている P.54

Newspaper

マスコミ業界

新聞

販売部数減少でも大きな責任を担う報道機関

古くからジャーナリズムとしての役割を担ってきた新聞。全国紙やブロック紙、地方紙、スポーツ紙、夕刊専門紙、業界専門紙、政党機関紙など、さまざまなジャンルが存在し、有力新聞はテレビ局と系列を組んでいます。

新聞発行部数は、ピーク時の1997年を境に年々減退傾向にあります。これまで日本の新聞社は、販売店による宅配制度を確立することで、比較的安定したビジネスを展開していました。しかし、インターネットの登場などにより、新聞を読む習慣がない人が増加したことが、発行部数の減少に大きな影響を与えていると言えます。

現在は、多くの新聞社が自社サイトでニュースの配信を行なっています。また、大手新聞社などでは、新聞の電子版も発行。ITの活用によって、新聞を取り巻く環境は大

主な募集職種

営業

広告収入は、新聞社にとっての大きな収入減。営業は、広告主への直接営業のほか、広告代理店とも連携して仕事を進めていく。

販売

販売売上は広告売上と並ぶ新聞社の収入源で、部数の拡大は広告にも影響する。新聞販売店と連携して、拡張販売に取り組む。

記者・校閲

記者は足で稼ぐと言われるように、朝から晩まで取材と記事の執筆に取り組む。校閲は校正作業のほか、原稿内容をチェックする。

技術

印刷のデジタル化に伴い、システムの開発・保守・管理などを担当する。最近では、インターネットのスキルを要求されることも。

き く様変わりしました。けれどもそれらが、業績改善の打開策になり得ているとは言いづらい状況にあります。

近年は、新しい事業開発に向けての新組織を立ち上げたり、コスト削減を目的に通信社との連携を強めたりと、各新聞社でさまざまな取り組みが行なわれています。業績低下に歯止めをかけるべく、今後も事業構造の転換を目指した挑戦が続けられることになるでしょう。

職種別の採用が一般的。勤務地は地方局と本社

新聞業界の募集職種は、記者（編集）、営業（業務）、技術などに大別されています。いずれも職種別の採用になっており、入社後の配属異動はほとんどありません。それを考えると、就職活動における職種選びは重要です。

大手一般紙の記者の場合は、地方局への転勤と本社勤務を繰り返すことが比較的多く、海外支局への転勤の可能性もおおいにあるでしょう。

利益を生み出すまで：新聞

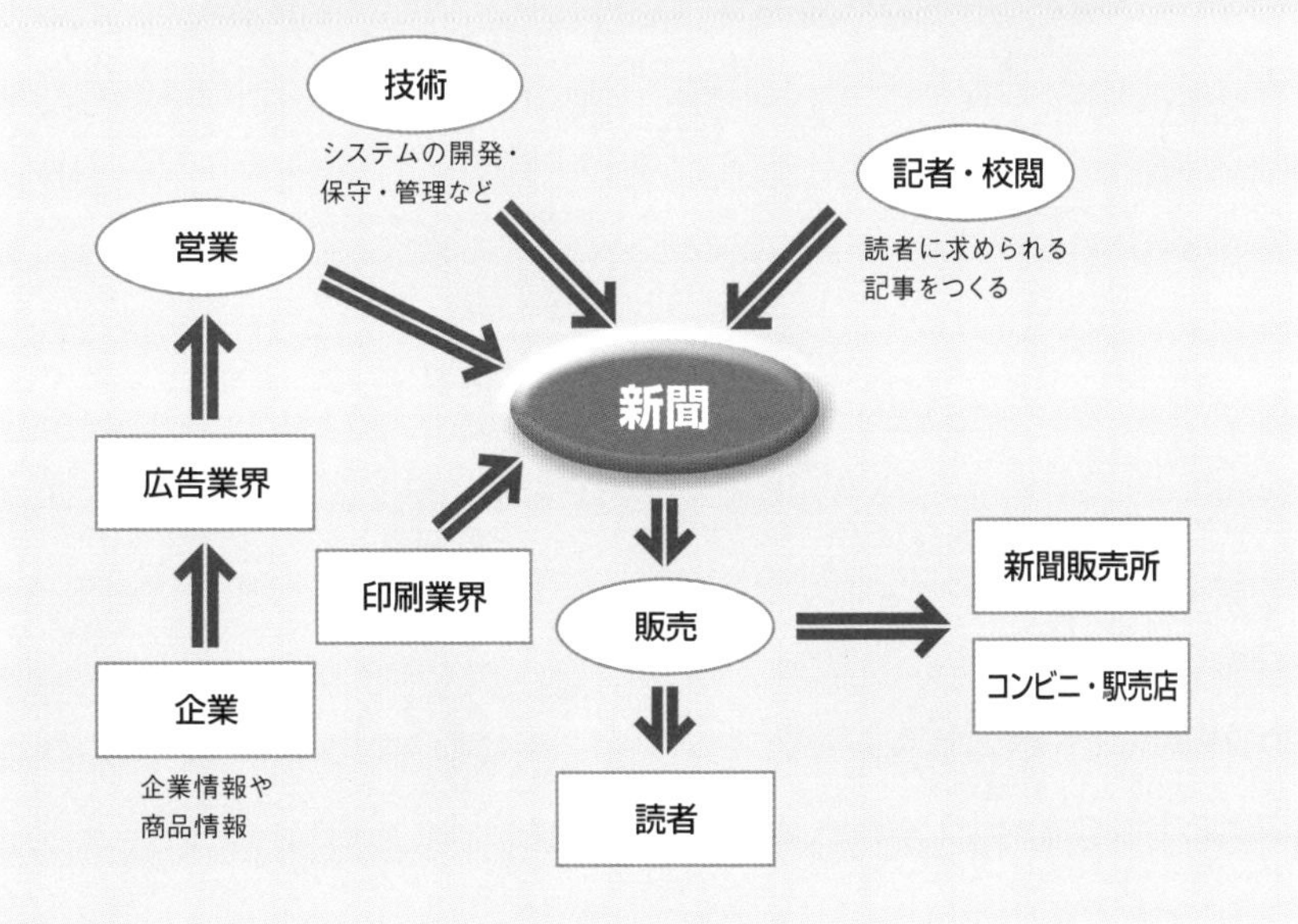
技術
システムの開発・保守・管理など
記者・校閲
読者に求められる記事をつくる
営業
新聞
広告業界
印刷業界
販売
新聞販売所
コンビニ・駅売店
企業
企業情報や商品情報
読者

Television

マスコミ業界

テレビ

放送と通信の新たな融合。デジタル化で新たな収入を生み出す

テレビ放送は、営利を目的とせずに公共福祉のために放送を行なう公共放送と、企業にCM枠を販売するなどして収益を上げる民間放送に分けられます。民間放送には、地上派キー局、地上派ローカル局、衛星放送、ケーブルテレビなどが存在します。2011年の完全デジタル化によって、データ放送が視聴できるようになるなど、テレビの楽しみ方はさらに広がりを見せています。

とはいえ、メディアの多様化の影響で、視聴率や広告収入の両面で苦戦を強いられています。そのような状況下で進んでいるのが、放送と通信の新たな融合です。インターネットを使って視聴者からクイズの回答を募ったり、SNSに投稿されたコメントを紹介したりと、放送局と視聴者の双方向サービスも定着してきました。

主な募集職種

CM営業のほか、イベントの提案、番組宣伝、広告代理店との折衝などを行なう。最近はネットとの連動でウェブ広告も扱う。

視聴率やスポンサーの意向を考慮し、局全体のタイムスケジュールの作成、企画、キャスティング、制作などを手掛ける。

カメラマン、照明、音響効果、映像処理、映像の伝送など放送技術にかかわる専門職種（理工・情報系学生に限定されることも）。

報道番組やスポーツ番組などで、ニュースを伝えるほか、ナレーション、バラエティー番組での司会や番組出演なども行なう。

また、過去に放送した映像コンテンツを、インターネットを通じて無料や有料で提供しているテレビ局も。そのほか、映画制作やテレビ局周辺でのイベント企画などに注力しているところもあります。今後もテレビ業界は、大きく変化していくことが予測されるでしょう。

職種にかかわらず狭き門。番組制作会社なども視野に

職種にかかわらずキー局の採用は、数名の募集に対して数千人の応募がくるという狭き門です。

主な募集職種は、アナウンサー、報道、編成・制作、技術、営業などです。テレビ業界でも分業制が進み、多くの番組制作会社が番組編成を支えています。また、CATV（有線テレビ放送）では地上波や衛星放送の再送信だけでなく、最近はインターネットによる新たなコンテンツも制作しているので、インターネットの知識や技術も必要になってくることが予想されます。テレビ業界で仕事をするには、放送会社への入社のほか、番組制作会社や芸能プロダクション、音響、カメラ、照明などの専門会社に入社する方法もあります。

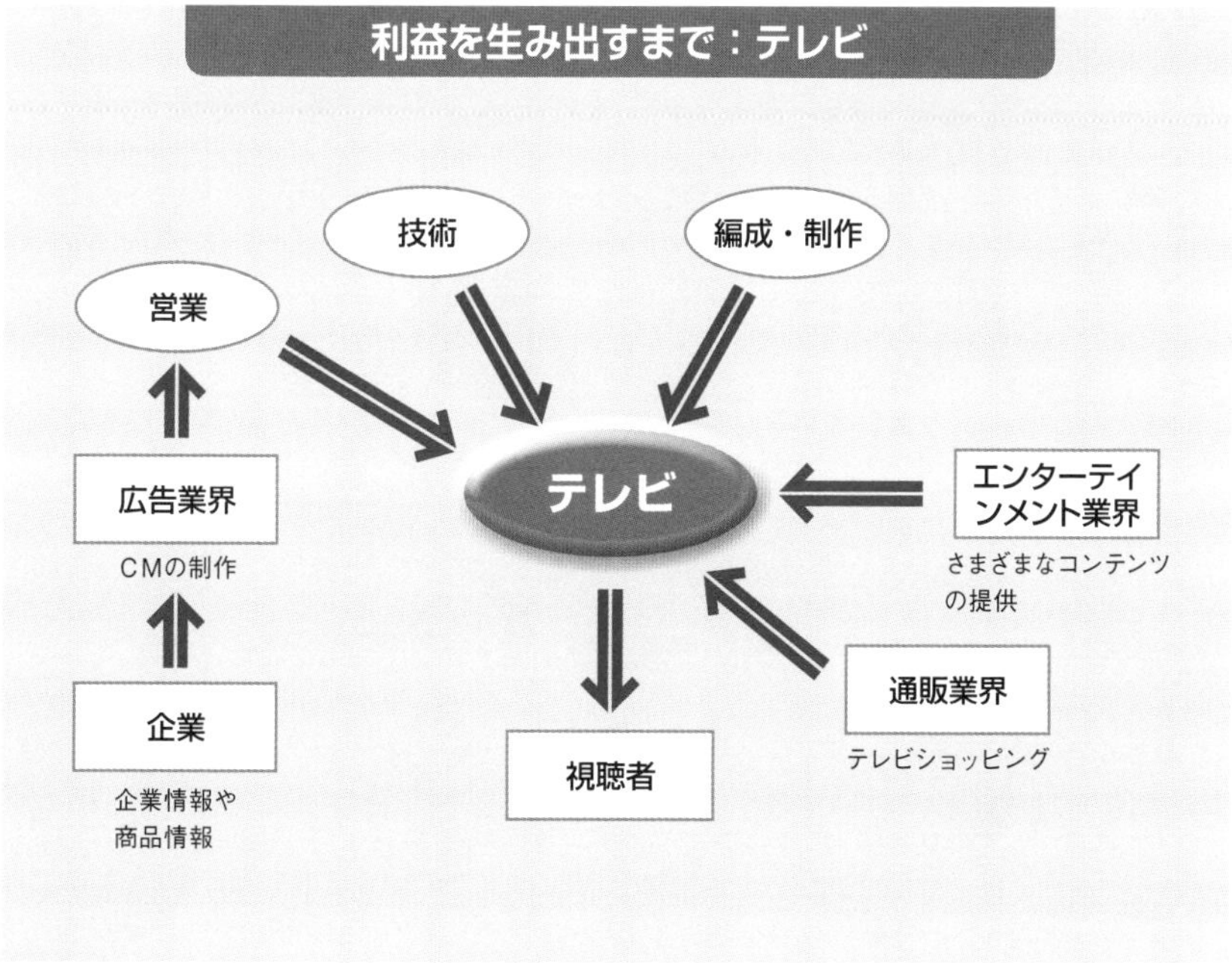
利益を生み出すまで：テレビ
技術
編成・制作
営業
テレビ
広告業界
CMの制作
エンターテインメント業界
さまざまなコンテンツの提供
企業
企業情報や商品情報
視聴者
通販業界
テレビショッピング

インターネットの活用で、もっと便利なラジオに進化

ラジオ放送は、AM、FM、短波放送に分けられます。AMのラジオネットワークとしてはNRNとJRNがあり、FMにも全国に配信するネットワークが存在しています。

2011年の東日本大震災で即時性の高いラジオが再評価されましたが、ラジオ業界の未来は決して明るいものとは言えません。リスナーの減少に伴って、広告収入も下落。そんな中で最近注目されているのが、インターネットによる地上派ラジオ番組の配信サービスです。もともとは電波状況が悪い難聴地域対策としてスタートしたものですが、若者のラジオ離れ対策にも役立つとして、各局が積極的に取り組んでいます。

またインターネットとの融合によって、今までのように聴くだけのラジオから、見えるラジオや参加するラジオへ

主な募集職種

CM営業のほか、イベントの提案、番組販売、広告代理店との折衝などを行なう。インターネットとの連動広告も手掛ける。

テレビと同じく、編成ではスポンサーの意向を考慮し、局全体のタイムテーブルを作成したり、番組全体の構成などを行なう。

パーソナリティーとして番組を進行したり、報道番組などでニュースを伝えたりする。ナレーションを担当することもある。

音響操作、中継、電波の送信など放送技術にかかわる専門的業務のほか、局内の情報システムの管理を行なうことも。

と進化。さらに、インターネット上で配信されている全世界のラジオ放送を聴くことができるサービスも登場するなど、ラジオの楽しみ方は、その幅を広げつつあります。

ラジオ局から発信される情報量は、電波よりインターネットによる配信の方が多いと言われ、社内の組織図の中にもデジタル事業を専門に担当するセクションを置く企業もあります。インターネットとの融合による、新たなビジネスやサービスを模索中のラジオ業界。これからラジオ局への入社を目指すなら、インターネットに関連する幅広い知識やスキルがあると有利でしょう。

番組制作を希望するなら外部の制作会社も

ラジオ業界の採用は、どの局でも十数名～数名ととても少ない募集枠となっています。

主な募集職種は、番組制作、アナウンサー、報道、編成、技術、営業などです。番組制作は大半が自社制作ですが、テレビ業界と同様に外部の制作会社によることもあります。最近は広告収入の伸び悩みから、経営の多角化に取り組む企業も増えてきました。

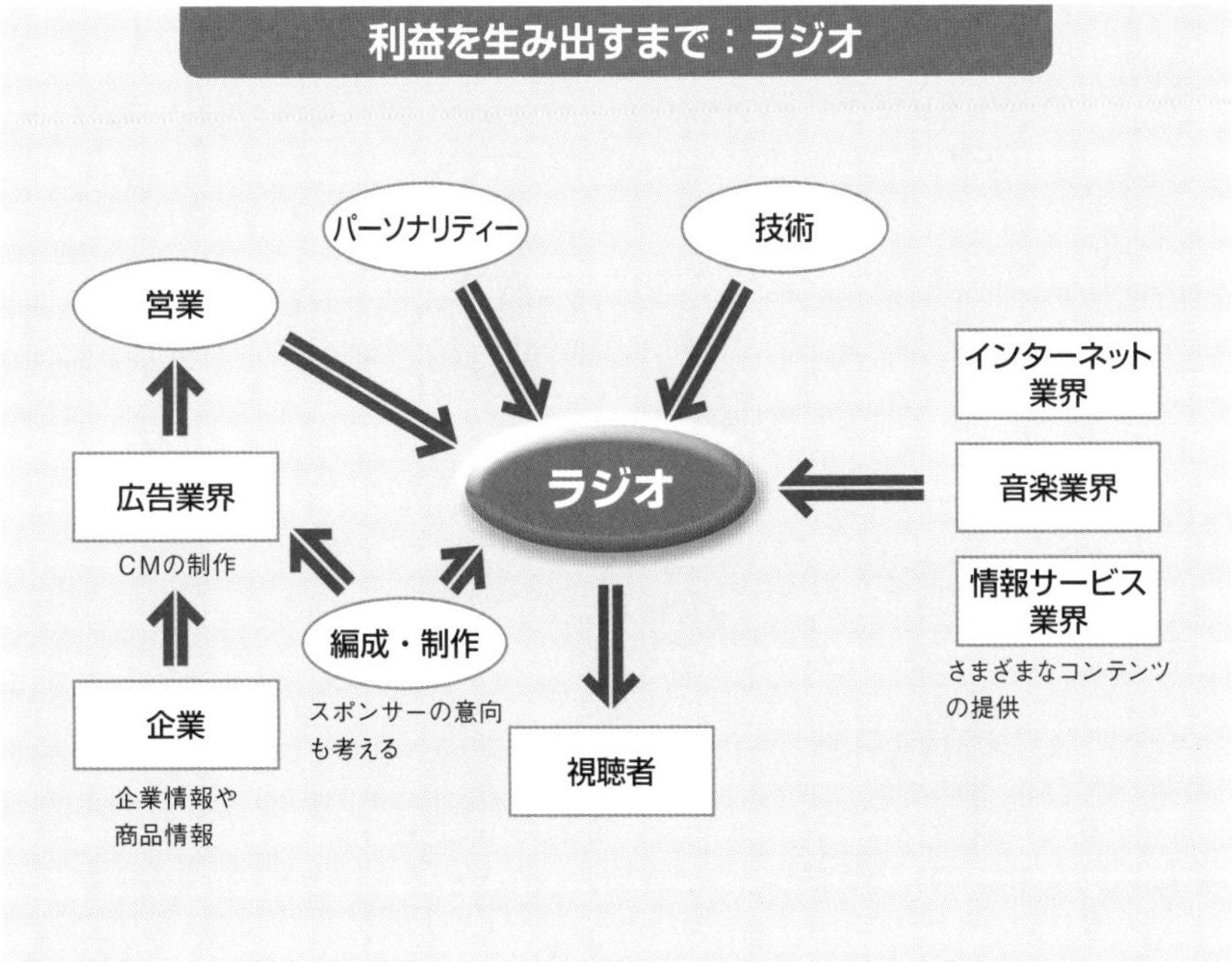
利益を生み出すまで：ラジオ
パーソナリティー
技術
営業
インターネット業界
広告業界
ラジオ
音楽業界
CMの制作
情報サービス業界
編成・制作
さまざまなコンテンツの提供
企業
スポンサーの意向も考える
視聴者
企業情報や商品情報

マスコミ業界 出版

ネットや映像、電子書籍への取り組みに注目

出版社は、書籍や雑誌の出版をはじめ、フリーペーパーの配布、書籍・雑誌の輸入・輸出なども行なっています。

近年、インターネットの普及などで若者を中心に、「活字離れ」が進み、本や雑誌の売上は減少傾向にあります。

そのような状況下、注目されている分野が電子書籍。販売サイトや電子書籍を読むための端末の充実により、広がりを見せています。２０１２年には、電子書籍の普及やインフラ整備を目的とした「出版デジタル機構」も設立。さらに、電子書籍の販売においては、新型コロナウイルス感染症が追い風となり、自宅で電子コミックや電子書籍を購読する人が急増。電子書籍の売上は堅調に推移しています。今後も電子書籍分野は、成長が見込めるでしょう。

雑誌のＷｅｂ版を立ち上げたり、ＤＶＤ付ブックを出版

主な募集職種

企業や広告代理店に、広告枠の販売やタイアップ記事の提案を行なう。主に、雑誌などを出版している出版社で必要となる職種。

書籍や雑誌の企画立案からライターやカメラマンといったスタッフの手配、スケジュール管理など、制作全般を担当する。

世の中に出る前の書籍や雑誌の原稿を隅々までチェック。内容の誤りを正したり、不足な点を補ったりする専門的な作業を行なう。

出版取次会社や書店に対し、自社の書籍や雑誌の営業やプロモーション活動を行なう。中には、自費出版の営業をするところも。

したりするなど、インターネットや映像との融合も加速。電子書籍事業を合わせて、新たなビジネスモデルを目指した戦略を展開している出版社も多数存在しています。

また、近年は休刊する雑誌がある一方、ターゲットを絞り込んだ雑誌が次々と創刊されています。雑誌文化で育った中高年向けの分野などを中心に、まだまだ新しい挑戦ができる可能性は残されているでしょう。

採用人数は減少傾向。編集プロダクションも視野に

出版社の採用人数は少しずつ減少しており、一般的に数十名〜数名程度の募集枠となっています。

主な募集職種は、制作・編集や校閲、営業などで、一括採用や職種別採用などのパターンが存在。一括採用の場合は、本人の希望や適性により、配属先が決められます。

また出版社への就職は、数名の募集に対して数千人の応募があるなど、大変な狭き門となっているのが現状。本づくりに携わりたいのなら、出版社から書籍や雑誌の制作を請け負う編集プロダクションへの就職も、視野に入れておくといいでしょう。

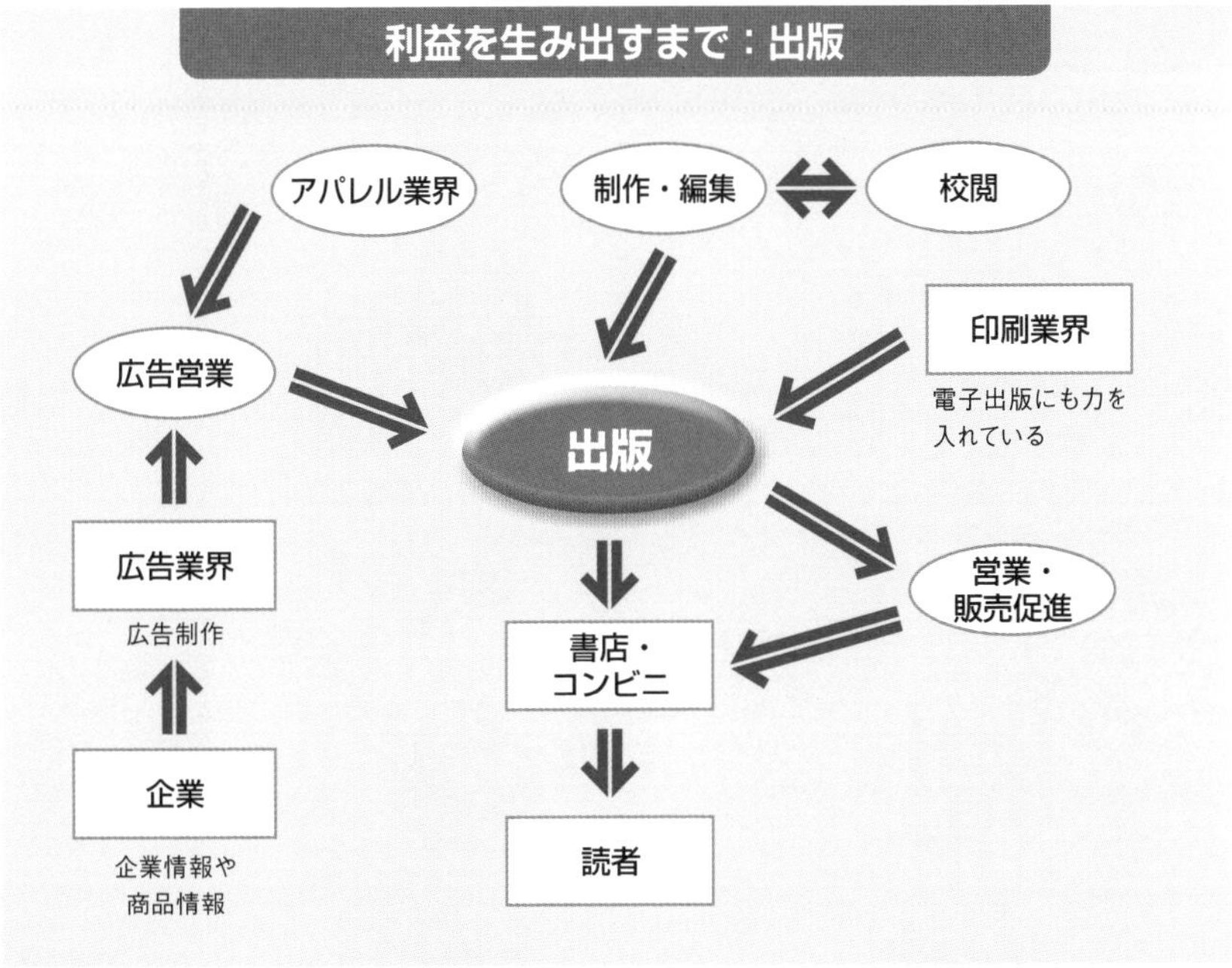
利益を生み出すまで：出版
アパレル業界
制作・編集
校閲
印刷業界
電子出版にも力を入れている
広告営業
出版
広告業界
広告制作
営業・販売促進
書店・コンビニ
企業
企業情報や商品情報
読者

Printing

マスコミ業界

印刷

書店・出版業界を巻き込み再編成中

印刷会社は、大きく書籍や雑誌の印刷を行なう出版印刷と、チラシやカタログの印刷を行なう商業印刷に分けられます。そのほか商品パッケージやラベル、証券など、印刷会社の活躍の場は多彩。ただし、インターネットの普及や出版不況、企業の広告宣伝費の縮小などの影響を受け、全体的に市場規模は縮小傾向にあります。

そのような状況下、印刷にとどまらず幅広い事業を展開しているところもあります。電子書店の取り扱いやIC製造部門への参入などは、ほんの一例にしか過ぎません。

出版業界や書店業界を巻き込んだ、業界再編の動きも加速し、すでにある大手印刷会社が出版社や書店を傘下に収めているように、今後ますます印刷と出版、書店の融合が進んでいくことが予測されます。

主な募集職種

顧客のニーズに応じた印刷サービスを提供。パンフレットやチラシなどの制作物の企画・制作も含めた提案を行なうケースも多い。

デザイナーが制作したデザインをもとに、文字や写真、イラストなどを正確に配置。印刷用のデータ作成を担う専門職である。

オフセット輪転機のような大型の機械からオンデマンド対応の機械まで、多種多様な機械のオペレートを担当する要職。

印刷技術の向上を目指す開発のほか、印刷の技術を生かしてエレクトロニクスや電子書店といった新分野の開発も行なう。

一方、名刺やチラシ、小冊子などを、インターネット経由で全国から24時間受発注する印刷通販や印刷ポータルサイトなども登場してきました。小ロットで印刷できるオンデマンド印刷機の普及やＤＴＰによる制作などにより、店頭で印刷物の受注や納品ができるプリントショップも登場。いずれも制作コストの大幅な削減や、「営業レス」による経費削減によって、格安印刷を売り物にしています。

ＤＴＰの普及による仕事の省力化

かつての印刷の現場では、いろいろな印刷工程があり、それぞれの工程に専門的技術者がいて、企業全体が高度な技術を持つ職人の集団でした。

しかし最近は、ＤＴＰ（Desktop publishing）の普及によって、印刷前までの工程を1人の作業者が処理することも可能になり、仕事の流れが大きく変化。印刷工程も小ロット印刷を可能にしたオンデマンド機の出現などによって、かなり省力化が図られるようになりました。

主な募集職種は、事務系では営業・企画、品質管理、技術系では、技術開発、印刷技術、研究などです。

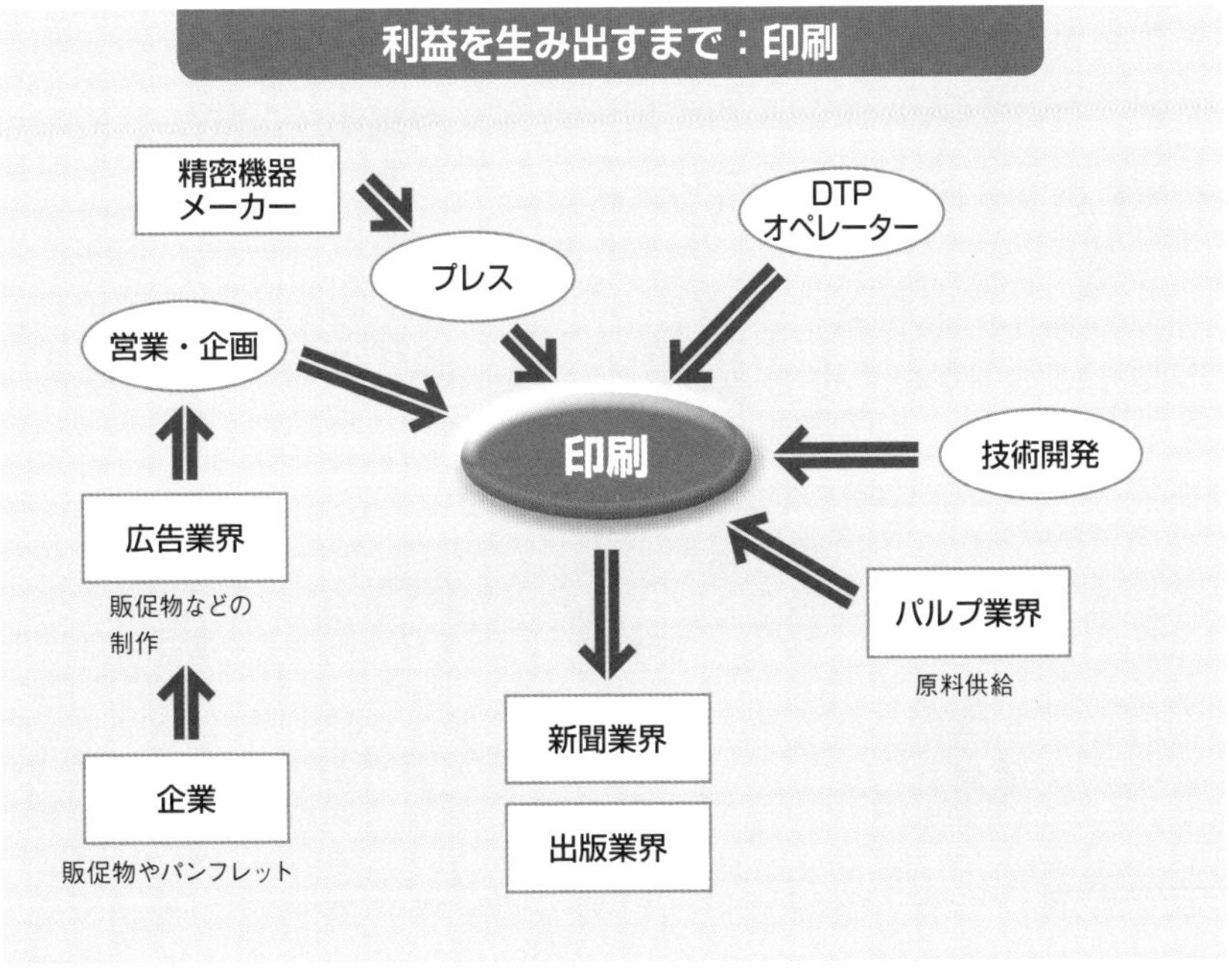
利益を生み出すまで：印刷
精密機器メーカー
プレス
DTPオペレーター
営業・企画
印刷
技術開発
広告業界
販促物などの制作
パルプ業界
原料供給
新聞業界
出版業界
企業
販促物やパンフレット

SALE

Advertising

マスコミ業界

広告

ネット広告の出現によるシェアの変化

広告業界には、テレビ、新聞、雑誌、ラジオなどの媒体を使った顧客のプロモーション戦略に適した広告手法の提案や、広告枠の取次をして手数料を得る広告代理店などがあります。かつては、前述したマスコミ４媒体が上位を占めていましたが、インターネット広告が急速に売上を伸ばし、シェアが大きく変化しています。インターネット広告の種類は実にさまざまです。検索エンジンの検索結果ページに表示されるリスティング広告から、成功報酬型のアフィリエイト広告、テレビＣＭのような動画広告まで、幅広い手法が存在しています。

また、スマートフォンの普及によって、モバイル対応型広告の注目度もアップ。ゲームをはじめとするソーシャルネットワーク関連の広告出稿も好調に推移しています。

主な募集職種

広告主に対してマーケティング戦略やコミュニケーション戦略を提案して実施する、総合プロデューサーとしての役割を担う。

クライアントの商品・サービスに関する市場調査などを行ない、マーケティング、コミュニケーションの戦略を立案し、提案する。

テレビ・雑誌・新聞などの媒体に沿った広告を担当する仕事で、デザイナー・コピーライター・ＣＭプランナーなどの職種が存在。

総務・人事・経理・法務など、会社経営の管理を受け持つ一方で、グローバル化への対応など、経営戦略の立案などを担当する。

さらに、ビッグデータやAIなどを活用したシステムの開発、デジタルとリアルを融合させたPR手法など、これまでにない広告モデルの構築に力を入れています。

斬新な企画提案とグローバル化への対応が必要

広告代理店の主な募集職種は、事務系では、営業、サービス企画、プランナー、マーケティングリサーチ、技術系では、制作、研究・開発、技術などです。近年では、プランニング、デザイン、コピーライティング、写真撮影など、制作面での分業化が進行。広告代理店の仕事は、媒体と予算の管理が中心になりつつあります。

国内企業の総広告費は減少傾向にあり、採用枠も減少しています。また、グローバル化に沿って、海外の広告代理店との提携や買収、合弁会社設立などが積極的に行なわれ、コンビニや携帯電話会社と提携した新たな広告展開や、広告会社同士の統合なども活発化。今、広告業界で求められている人材は、グローバル化に対応できるスキルを持った人材と、広告提案にとどまらず、クライアントが求めている斬新な企画を提案できる人材かもしれません。

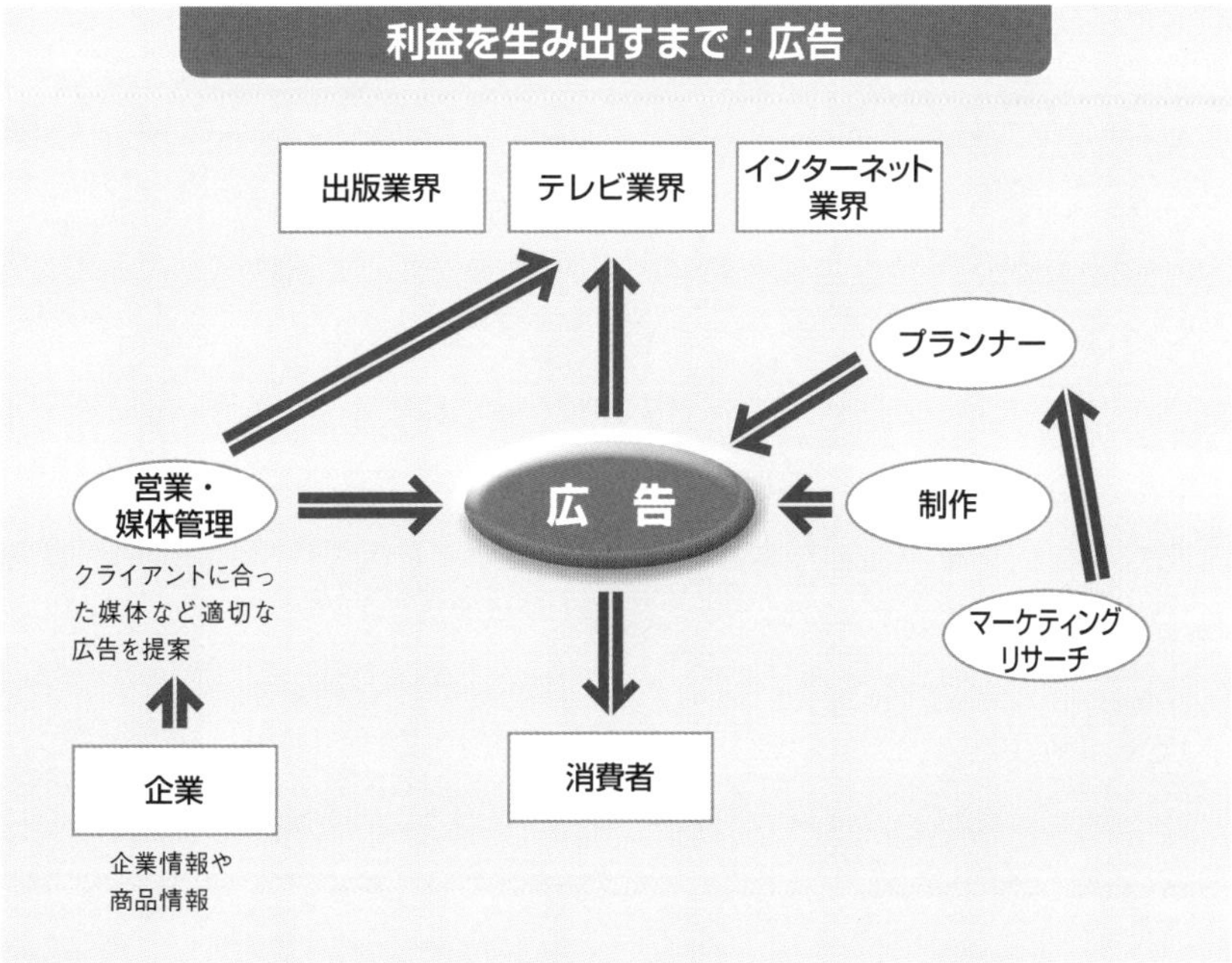

通信・情報サービス業界

通信・情報サービス業界とは?

通信・情報サービス業界には、固定電話に加え、通信ツールを開発・提供する「通信」、企業経営にかかわる悩みや課題を解決するシステムなどを開発・販売する「ソフトウエア」、プロバイダーやニュース情報などを配信するポータルサイトのサービスを提供する「インターネット」、さまざまな情報を紙媒体やインターネットで提供する「情報サービス」、課題や問題点を見つけ、解決策を提案する「コンサルティング」があります。

これらは、いわゆる内需依存型産業がほとんどで、円高の影響はあまり受けていません。けれども顧客となる企業の低迷や市場の飽和で、今後も順風満帆とはいかないでしょう。そこで各社は、スマートフォンとクラウドコンピューティング関連によるビジネスでの世界進出に力を入れています。

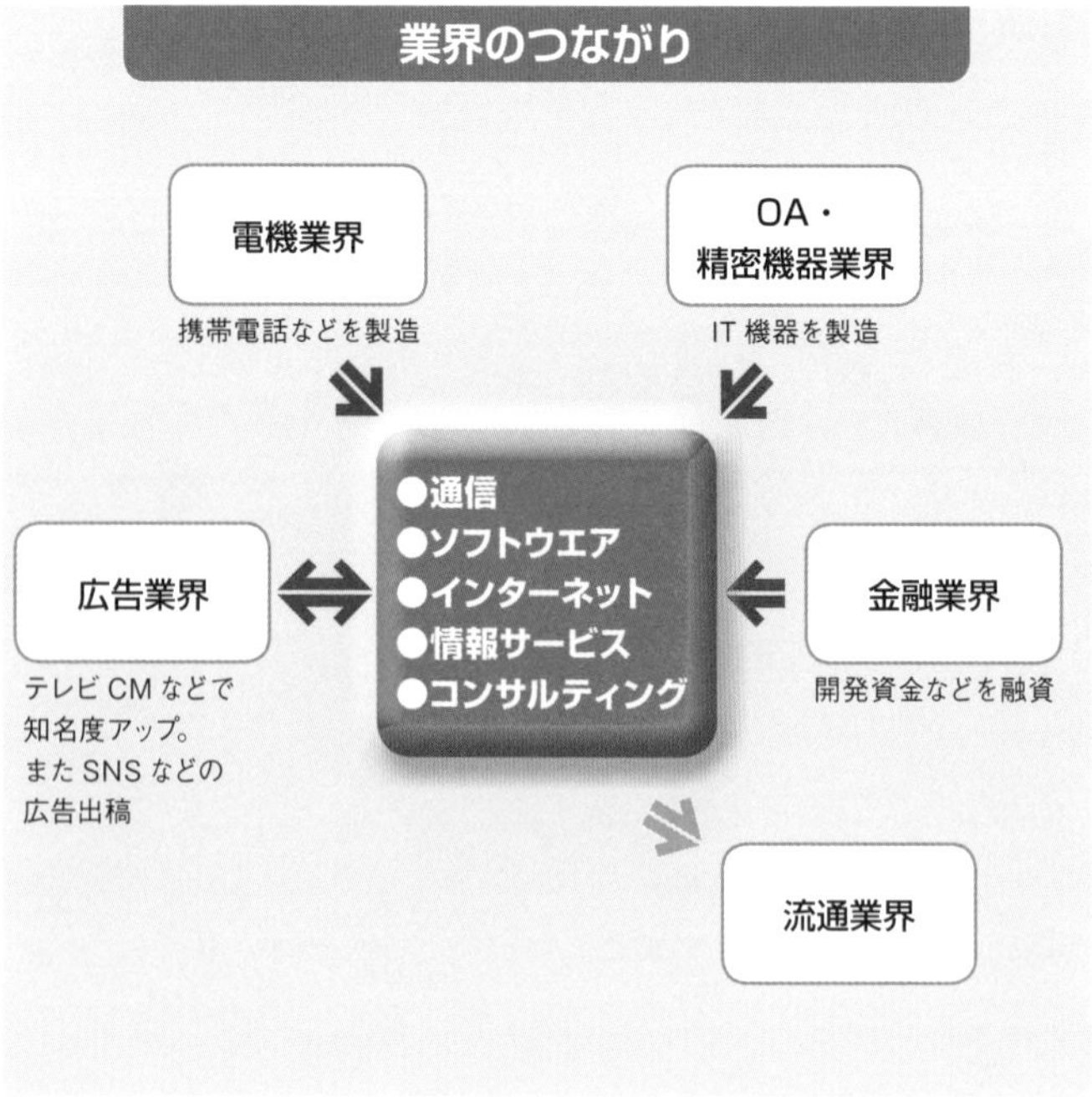
業界のつながり
電機業界
携帯電話などを製造
OA・精密機器業界
IT機器を製造
●通信
●ソフトウエア
●インターネット
●情報サービス
●コンサルティング
広告業界
テレビCMなどで知名度アップ。またSNSなどの広告出稿
金融業界
開発資金などを融資
流通業界

各業界の概要

通　信

販売店舗はフランチャイズが多い

通信インフラによって「固定」「携帯」、両方を取り扱う「総合」などに分類される。携帯は、「携帯キャリア」と呼ばれ、主に通信サービスの開発・提供を行なう。窓口となる店舗はフランチャイズ加盟店が多い。

業界リンク
●電機業界
魅力的な携帯電話をいかに早く発売するかが他社にリードするカギ P.28

ソフトウエア

販売先は分類によってさまざまに異なる

ソフトウエア業界は、一般向け用ソフトを開発して家電量販店などに販売する「パーソナル」、企業のソフト開発や設計・運用を担い、販売する「ビジネス」、両方を取り扱う「総合」などに分類できる。

業界リンク
●情報サービス業界
ストレージサービスなどの提供で情報サービス業界とかかわる P.182

インターネット

利用料や広告料が主な収益

インターネット業界には、インターネット接続サービスを提供する「プロバイダー」や、検索エンジンやニュースなど多種多様な情報を提供する「ポータルサイト」などがあるが、近年は両方を手掛ける企業が増加。

業界リンク
●情報サービス業界
情報を提供するポータルサイトにとって情報サービス会社との提携は必須 P.182

情報サービス

情報提供元からの掲載料と広告料が収益

情報サービス業界が扱う主なメディアは、雑誌などの「紙媒体」とSNS（交流サイト）などの「インターネット」がある。「紙媒体」を扱う企業のほとんどは、同時に「インターネット」でも情報提供している。

業界リンク
●広告業界
情報サービス業界にとって広告は主要な収入源 P.172

コンサルティング

問題点を見つけ、解決することが業務

コンサルティング会社は、企業が抱える経営課題を発見・分析し、解決に向けて支援を行なう。解決する経営課題によって「戦略」「組織」「教育」「IT」、そしてそれら複数に対応する「総合」などに分類できる。

業界リンク
●OA・精密機器業界
ITコンサルティングにとってOA・精密機器はなくてはならない P.32

近年はITの事業基盤として、インドやバングラデシュ、カンボジアなどが注目されています。アジアに拠点を置く企業も多く、この業界は特にボーダーレス化が進んでいます。

Telecommunication

通信・情報サービス業界

通信

円高の影響を受けにくい内需型の産業

通信業界の企業は、電話やＡＤＳＬ、光ファイバーなどの回線をユーザーに提供したり、プロバイダーに卸売りしたりするほか、携帯電話とＰＨＳに関連する各種通信サービスを提供しています。

業態は、通信インフラによって「固定系」「携帯系」「総合系」に分類されます。売上も好調で、円高の影響を受けにくい内需型の産業であることと、飛躍的に伸びたスマートフォンの普及が要因だと考えられます。大手３社によって、ほぼ独占されていた市場ですが、割安なプランを提供するＭＶＮＯ（仮想移動体通信事業者）が参入、さらに法改正により通信と端末料金の完全分離が決定、料金の値下げ要請を受け各社が新料金プランを発表するなど、新たな競争環境に置かれています。

主な募集職種

担当する携帯ショップや家電量販店を回って、最新の通信端末やサービスを紹介。またPOPなどを利用した販促案も提案する。

ユーザーからの問い合わせに電話で対応する。顧客満足度の向上に直結する仕事だけに、丁寧かつ適切な対応が求められる。

近未来を視野に入れ、通信技術を研究する。携帯電話が通話の道具から携帯情報端末に進化したように、斬新な発想が必要。

年々高速化する通信に対応したネットワークを設計・構築する。「突然通話が切れる」といった不具合がないよう信頼性も重要。

また、各社とも新しい高速通信サービスをスタートさせています。例えば、高速通信規格の1つ「LTE」（ロング・ターム・エボリューションの略）は、最大毎秒37・5メガビットと従来の5倍以上の通信速度を実現。さらに「超高速化」「超多数同時接続」「超低遅延」が実現できる「5G」のサービスも開始しています。

高速通信サービスへの関心がさらに高まる中、今後は各社がどのようなサービスで差別化を図るかが注目されています。

技術職の採用を大幅に増やす可能性も

主な募集職種は、事務系では営業、カスタマーサポート、サービス企画、広報などがあり、技術系では研究、技術開発、設備建設・保守などがあります。

今後は、スマートフォンやクラウドサービスの普及に対応するため、各社とも技術職を中心に大幅に採用を増やす可能性があります。特に研究職は常に近未来を視野に入れ、世の中の人々のニーズを汲み取り実現していく斬新な発想の持ち主が求められています。

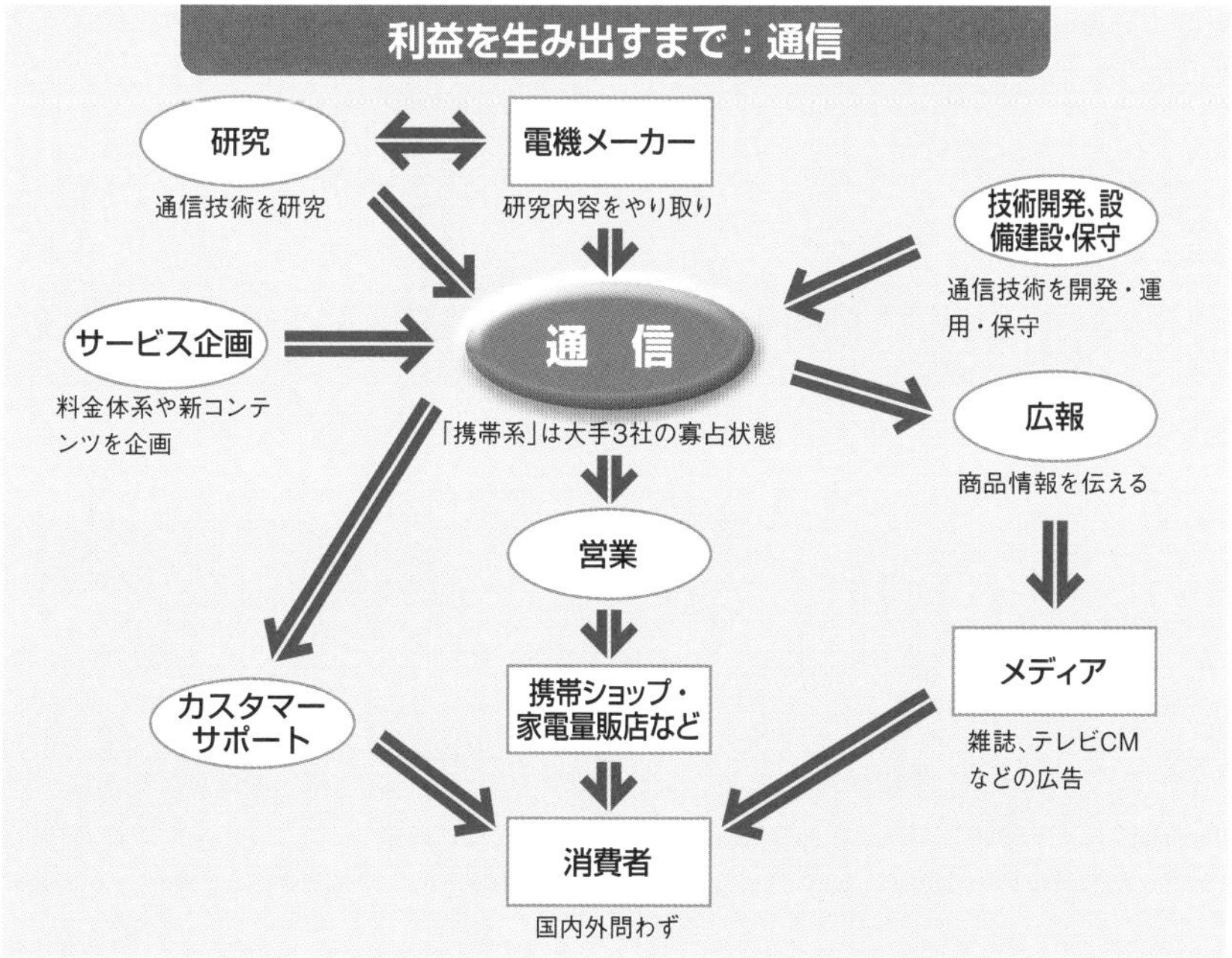
利益を生み出すまで：通信
研究
通信技術を研究
電機メーカー
研究内容をやり取り
技術開発、設備建設・保守
通信技術を開発・運用・保守
サービス企画
料金体系や新コンテンツを企画
通信
「携帯系」は大手3社の寡占状態
広報
商品情報を伝える
営業
メディア
雑誌、テレビCMなどの広告
カスタマーサポート
携帯ショップ・家電量販店など
消費者
国内外問わず

Software

通信・情報サービス業界
ソフトウエア

「クラウドサービス」、「ビッグデータ」関連分野に注目

ソフトウエア業界の企業は、コンピューターの基本ソフトウエア（オペレーションシステム＝OS）や、さまざまなアプリケーションソフトの企画・設計・開発などを行ないます。業態はセキュリティーやワープロなど一般向けソフトを開発・販売する「パーソナル系」、企業のソフト開発からシステム設計・運用までを手掛ける「ビジネス系」、その両方を取り扱う「総合系」などに分類できます。この業界の大手は、外資系企業が多くを占めています。

インターネットなどを通じてサーバー上のソフトウエアやデータが利用できる「クラウドサービス」の普及により、ソフトウエア業界は変革期を迎えています。また、各企業が所有している顧客情報をはじめとした膨大なデータである「ビッグデータ」を扱うビジネスも活発化。ビッグ

主な募集職種

新規顧客に対してはイベントや広告などを通じて受注につなげる。既存客に対してはシステム改善による業務の効率化などを提案。

顧客の業務分析を行ない、経営課題を発見。その対策となるシステムを完成させるため、ソフト・技術・工程などを定義していく。

システム設計担当者が作成した仕様書に沿ってプログラムを構築。専門知識が必要な技術職だが、文系学部出身者も多い。

システム導入後の問題点を解決する。顧客企業の運用担当者に対して、教育やトレーニングを担当する場合もある。

データ活用を支えるソフトウエアの開発なども進められています。変化が激しい業界だけに、常に最先端の知識やスキルを追い求める姿勢が必要だと言えるでしょう。

データベース管理ソフトの構築技能が大事

主な募集職種は事務系では営業、カスタマーサポート、技術系ではプログラマー、システム設計・運用・保守などがあります。

技術系の場合、多くがプログラマーとして採用され、その後、適性に応じてシステムエンジニアなどほかの職種に配属されます。なお、プログラマーと聞くと、理系のイメージが強い専門職ですが、文系出身者も大勢います。

また、ソフトウエア会社の主力商品としてデータベース管理ソフトがありますが、この構築技能を測る基準の1つに「データベース技能認定制度」があります。これは複数の大手ソフトウエア会社が独自に認定するもので、パソコンとデータベースの基礎から始まり、指導者レベルまで段階的に認定する資格。採用の条件になることはありませんが、入社後に取得を奨励されることがあります。

利益を生み出すまで：ソフトウエア

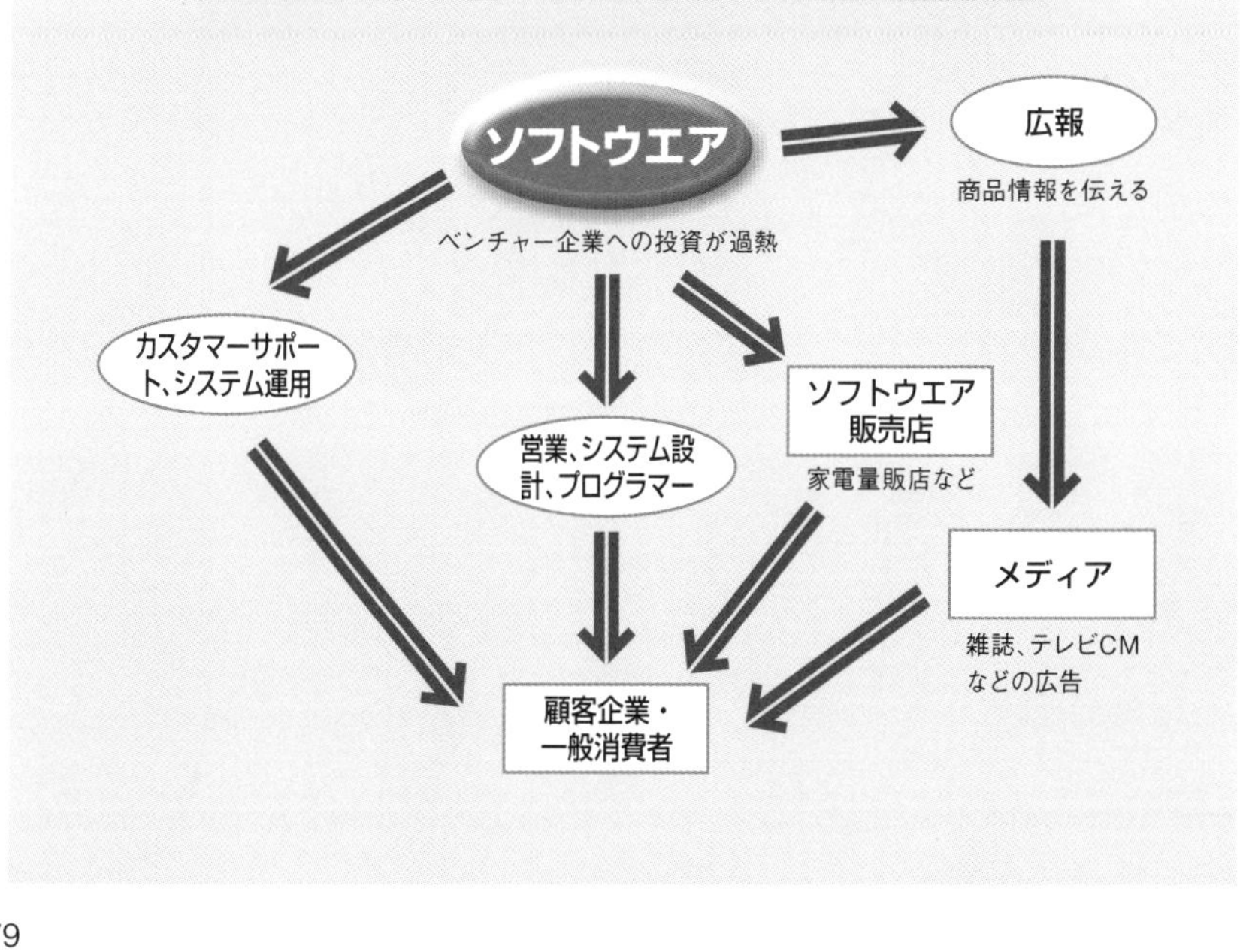
ソフトウエア
ベンチャー企業への投資が過熱
広報
商品情報を伝える
カスタマーサポート、システム運用
営業、システム設計、プログラマー
ソフトウエア販売店
家電量販店など
メディア
雑誌、テレビCM
などの広告
顧客企業・一般消費者

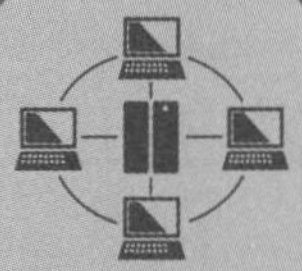

通信・情報サービス業界

インターネット

スマホの普及で業績アップ。海外進出も活発化

インターネット業界には、インターネット接続サービスを提供する「プロバイダー」や、検索エンジンやニュースなどの情報を提供する「ポータルサイト」があります。近年の主要プロバイダーは、ポータルサイト（WWWにアクセスするときの入り口になるサイト。ニュースや天気予報、乗換案内、ゲームなどさまざまな情報が手軽に、しかもほとんど無料で入手できる）も運営しているので、その境界線は曖昧になっています。

スマートフォンの急速な普及により、各社とも業績は向上。これを受けて、今後は大手各社でスマートフォン用のゲームやSNS（ソーシャルネットワーキングサービス）関連の技術者の採用が増加傾向にあります。また、海外への進出も活発化していくことが予想されるでしょう。

主な募集職種

営業

プロバイダーなら利用者獲得のために代理店などへ営業。ポータルサイトならネット広告の拡販やネット通販業者の獲得に動く。

ウエブ設計

どのようなコンテンツをつくれば閲覧者数がアップするかを検討し、ウェブを設計していく。仮説・実行・検証を繰り返すことが重要。

データベース管理

インターネット関連企業には、さまざまな種類の膨大なデータが集まる。その情報を効率的に管理して「進化するサイト」を作る。

デザイナー

どのようなデザインなら好感度がアップするか、どのようなバナーならクリックしてもらえるか、などを考えてデザインしていく。

また、各社が運営するポータルサイトでの主な収入源は広告料です。大手ポータルサイトは週間のページビュー（PV）が100億以上にも昇るため、その広告効果は非常に高いと言えます。またエリアや性別、年代などを絞り、ピンポイントで広告を配信することも可能であることから、新しいメディアとして今後ますます改良・発展していくことが予想されます。

データを効率的に管理・運用するスキルが必要

今後は、スマートフォン関連の技術者を中心に採用を活発に行なう企業が増えそうです。

主な募集職種は、事務系で営業、カスタマーサポート、技術系でウェブ設計、データベース管理、セキュリティーなどのエンジニア、クリエーティブ系でデザイナーなどがあります。

ウェブ設計者はどのようなコンテンツ（情報内容）をつくれば閲覧者が増えるのか、常に仮説・実行・検証を繰り返します。また、データベース管理者は集まってくる膨大なデータを効率よく管理して商品に反映させます。

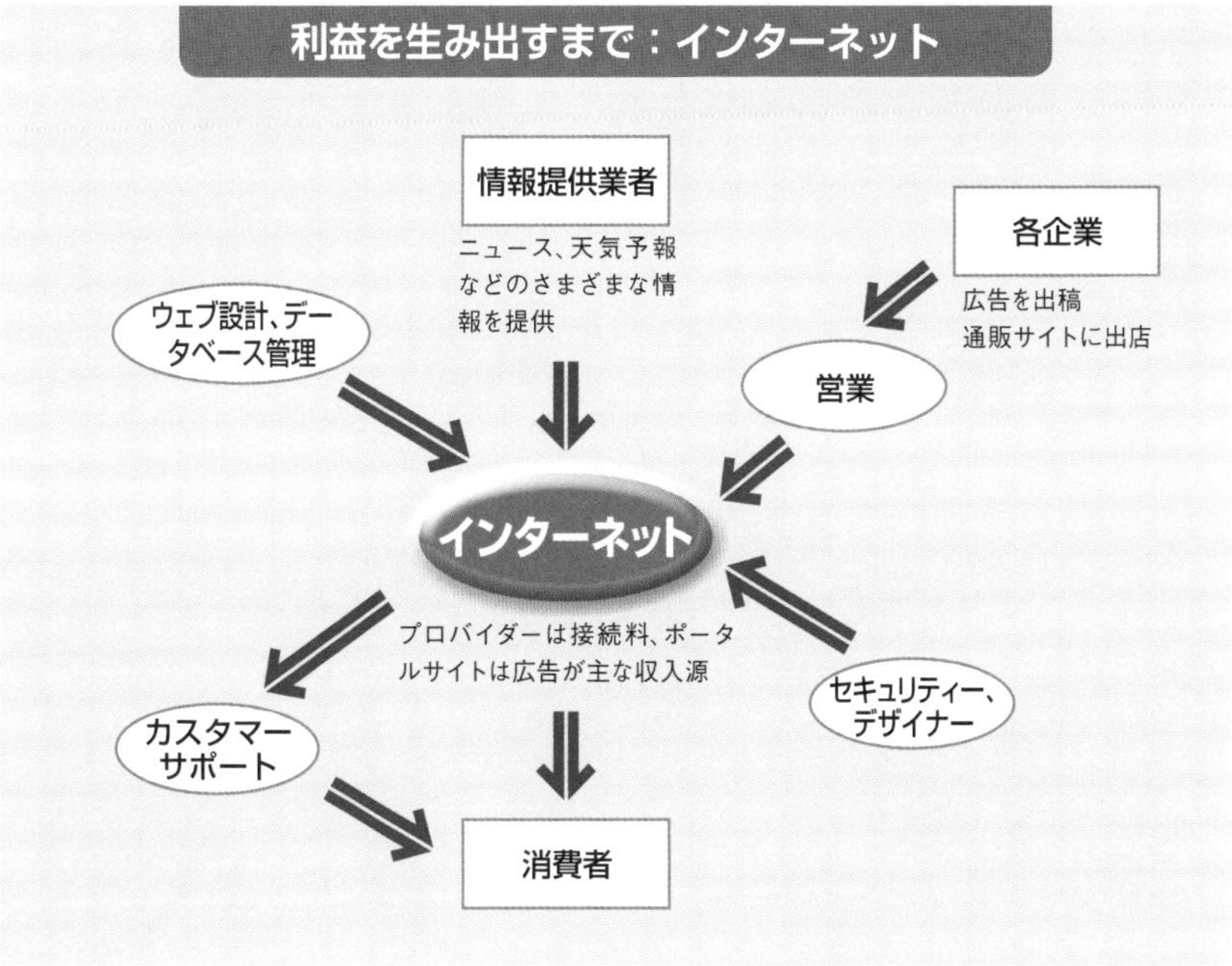
利益を生み出すまで：インターネット
情報提供業者
ニュース、天気予報などのさまざまな情報を提供
各企業
広告を出稿
通販サイトに出店
ウェブ設計、データベース管理
営業
インターネット
プロバイダーは接続料、ポータルサイトは広告が主な収入源
セキュリティー、デザイナー
カスタマーサポート
消費者

Information service

通信・情報サービス業界

情報サービス

紙媒体は低迷。SNS関連は急成長

情報サービス業界の企業は、さまざまな情報を個人や企業に提供する業務を行なっています。扱う主なメディアには、雑誌などの「紙媒体」とSNS（交流サイト）などの「インターネット」があり、「紙媒体」を扱う企業のほとんどは、「インターネット」でも情報提供をしています。

業態は提供する情報のジャンルによって「求人」、「レジャー」、「住宅」、「グルメ」、「生活情報」、そしてそれらの複数を扱う「総合」などに分類できます。

さらに最近は、業務にオンラインストレージなどの「クラウドコンピューティング」も加わってきました。これは作業を行なう際にパソコンや各企業のサーバー上にあるソフトやデータを利用するのではなく、ネットワーク上のサーバーを利用するサービスです。身近なものではウェブ

主な募集職種

情報サービス会社が扱うメディアに情報提供をする企業や店舗の新規開拓を担当。既存顧客への効果的な広告提案も行なう。

雑誌の記事やウェブのコンテンツを企画して制作していく。ライターなど外部スタッフの手配や進行管理も仕事の1つ。

最新のマーケティング手法とウェブ情報の知識を用いて、さまざまなデータを分析。費用対効果の高いメディア戦略を構築する。

より軽く快適に閲覧できるサイトの設計や、スマートフォン専用サイトの開発などを担当。ユーザーの意見をまとめて反映する。

メールやオンラインストレージ（サーバーマシンのディスクスペースをユーザーに貸し出すサービス。有料と無料がある）があります。

このサービスによって設備投資や維持費が削減でき、小さな企業であっても大型サーバー導入と同等のことが実現できるようになりました。

雑誌などの紙媒体は広告の出稿量・単価が共に減少し苦戦する一方で、ネット関連は活況を呈しています。

魅力的なコンテンツを提供し広告収入アップを目指す

主な募集職種は、事務系で営業、企画・制作、マーケティング、技術系ではシステム開発・保守、クリエーティブ系でデザイナーなどがあります。

営業担当者の主な仕事は、情報提供をする企業や店舗の新規開拓を行なったり、既存の顧客に対してより効果的な広告を提案したりすること。また、企画・制作担当者はより多くの読者を獲得し、広告を出稿してもらえるよう、魅力的な記事やコンテンツを企画立案し、外注への手配や進行管理を行ないます。

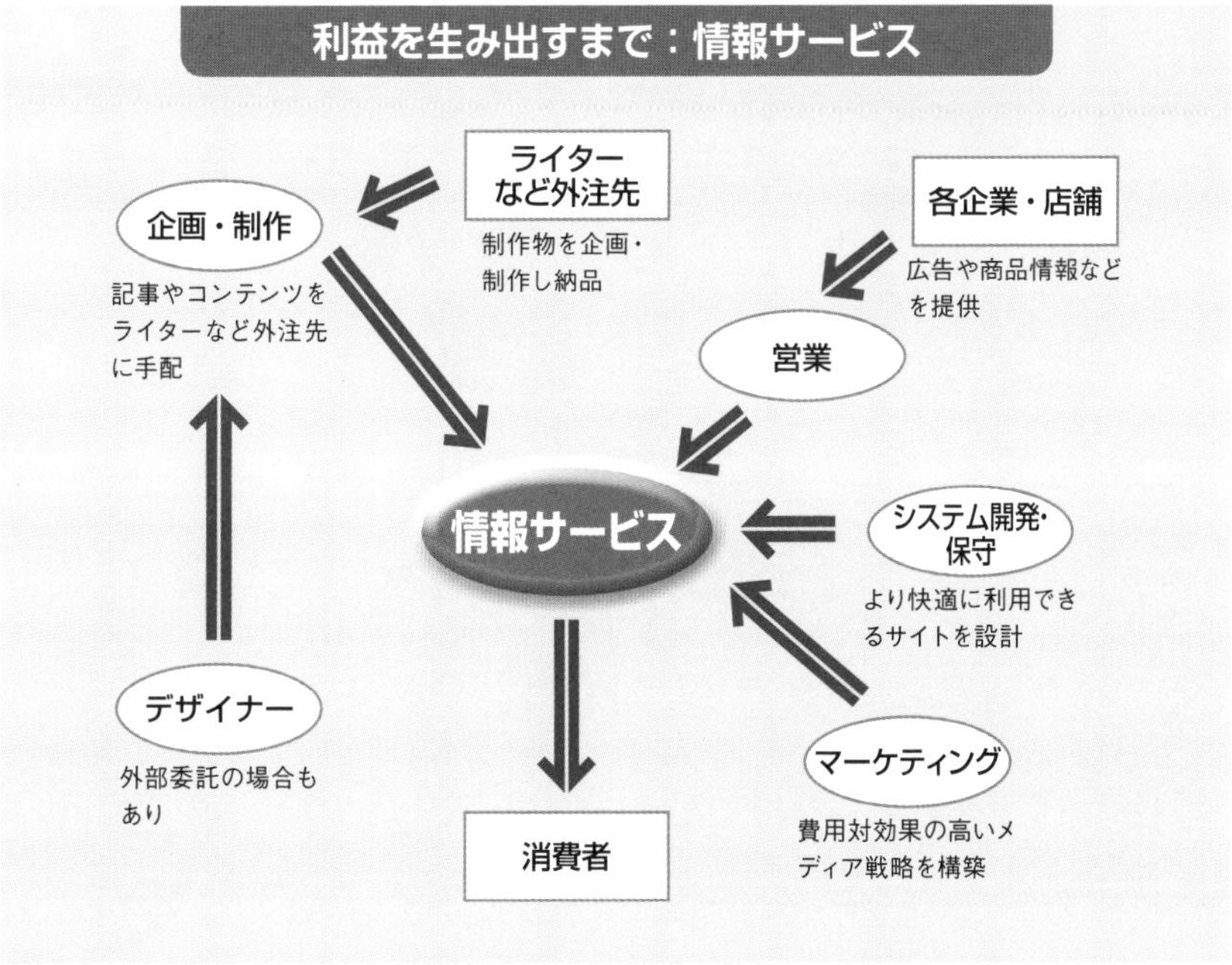
利益を生み出すまで：情報サービス
ライターなど外注先
制作物を企画・制作し納品
企画・制作
記事やコンテンツをライターなど外注先に手配
各企業・店舗
広告や商品情報などを提供
営業
情報サービス
システム開発・保守
より快適に利用できるサイトを設計
デザイナー
外部委託の場合もあり
マーケティング
費用対効果の高いメディア戦略を構築
消費者

Consulting

通信・情報サービス業界

コンサルティング

外部の視点から企業の問題点を解決

コンサルティングとは、外部から客観的に企業を観察することで問題点を探し出し、原因を分析して対案を提示するなどの業務を言います。

コンサルティング業界の業態は、解決する経営課題によって「戦略系」、「組織系」、「教育系」、「ＩＴ系」、それら複数に対応する「総合系」などに分類できます。最大手を除くと、上位の半分以上が外資系の企業というのも、この業界の特徴です。一方、コンピューターやデータ通信を利用して課題を解決する「ＩＴ系」に関しては、コンサルティング業務の担い手として、電機関連や通信関連の企業が多くを占めています。

従来型の「戦略」や「教育」などを扱うコンサルティングは頭打ち状態です。一方で、ＩＴコンサルティングは製

主な募集職種

コンサルタント

企業が抱える経営課題を発見・分析し、解決案を提示する。提案が受け入れられればその実現に向け、実行支援を行なう。

エコノミスト

国内外を問わず現状の経済を分析し、今後の動向を予測する。予測した内容はレポートにまとめ、社会に向けて発信する。

本社スタッフ

企画・総務・人事・経理・財務・広報など、会社組織を作る業務に携わる。それぞれの専門知識を究めていくことが必要。

システムエンジニア

コンサルタントとチームを組み、顧客企業の課題や将来像を理解。目標を達成するためのシステムの設計や開発を手掛ける。

造業や金融関連を中心に上向きになりつつあります。また、特定の業界に特化したり、日系企業へのコンサルティングに注力したりする企業も登場。まだまだ日本では市場が大きくないこともあり、多くの可能性があります。

顧客企業の業務または業種に関する専門的な知識が必要

主な募集職種は、事務系ではコンサルタント、エコノミスト、本社スタッフなど、技術系ではシステムエンジニアなどがあります。

コンサルタントは、企業の抱える経営課題を発見・分析して解決策を提示するわけですから、顧客企業の業務または業種に関する専門的な知識が必要になります。また、システムエンジニアはコンサルタントとチームを組み、顧客企業の問題点や将来像を分析して、それを実現するためのシステムを設計・開発します。

経営コンサルタントになるために特に資格は必要ありませんが、役立つものとして「中小企業診断士」があります。この資格は中小企業の経営課題に対応するための診断や助言を行なう専門家に対する国家資格です。

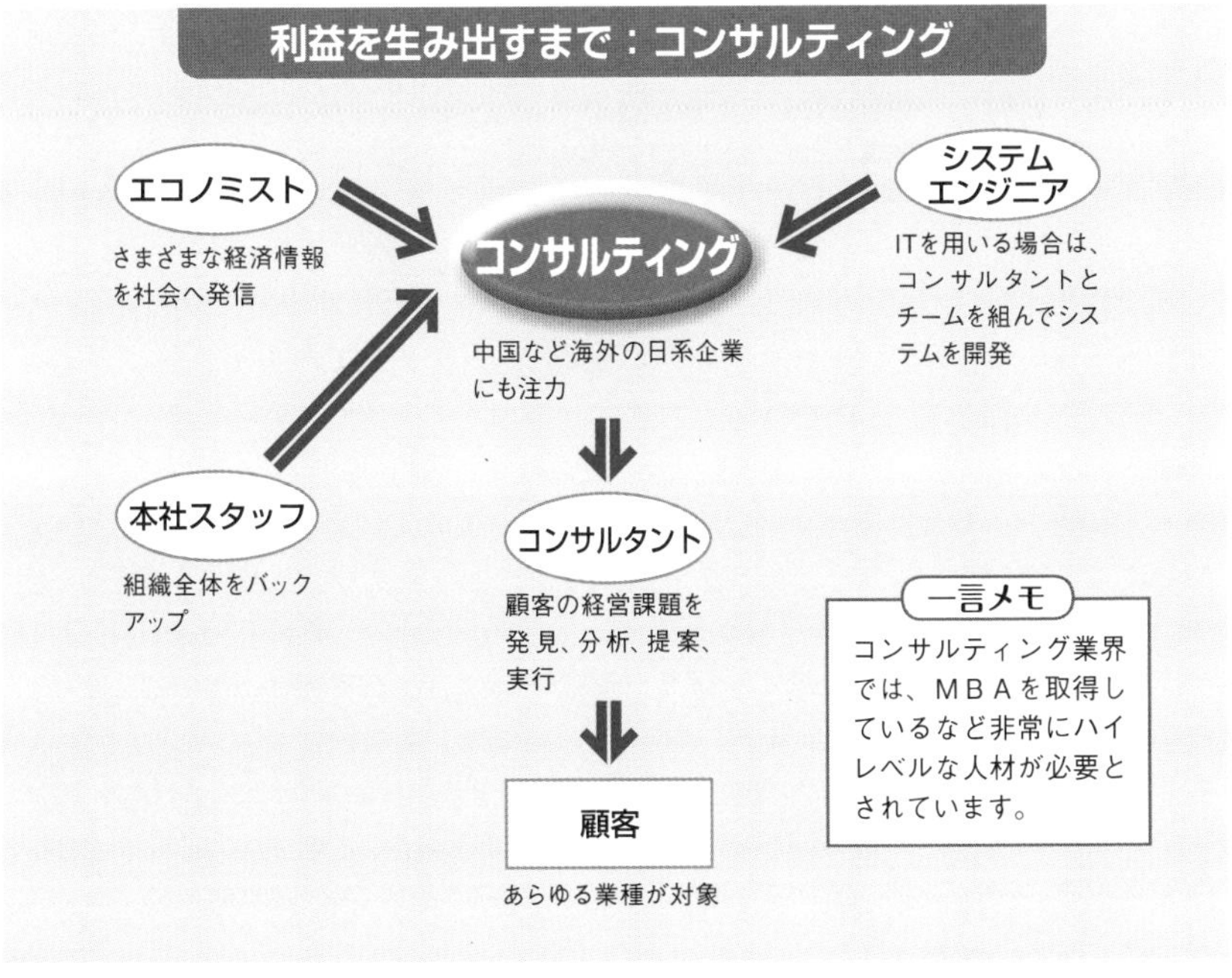

なぜ、「業界研究」が大事なのか

1日は24時間、睡眠が8時間だとすると残りは16時間です。働く時間が8時間だとすると、就職してからの人生の半分は仕事に費やすことになります。つまり、満足できる仕事をしていないと、人生そのものがつまらなくなる可能性が高いということです。

では、満足できる仕事はどうすれば見つかるのでしょうか。その答えは皆さん自身の中にしかありません。まず何が「好きか」「ワクワクするか」、反対に何が「嫌いか」「興味がないか」といったことを理解することです。それが分かれば「残業が多くても達成感が大きい方がいい」といった仕事への価値観がはっきりしてくるでしょう。

価値観が分かれば、次は業界研究です。例えば、車が好きだとします。そこで業界研究をすることで、車関連には「自動車メーカー」「自動車部品メーカー」「ディーラー」「カー用品」などさまざまな業種があることを知ります。さらに業界によって異なる傾向がある社風や待遇に対して、どこが自分に合っているかが予想できれば自己PRはスムーズにできるはずです。

中には「そんなことより採用してくれる企業を選ぶ方が先」という人もいるかもしれません。しかし、いくら倍率が低い企業を見つけたところで、役に立ちそうもない人は採用されないでしょう。役に立つということをPRするには、価値観に合った業界を知ることが必須なのです。

第2章

優良企業の見つけ方

「優良企業」ってどんな企業？

「優良企業」の条件とは？

就職活動は、あなたの今後の人生を左右するとても大切な選択の機会です。業界研究や企業研究を幅広く行ない、少しでも多くの企業を見る必要があります。

しかし、世の中のすべての企業をチェックすることはできません。自分が研究対象にした志望業界の中から、より理想に近い、優良な企業を選ぶことが大切です。

では、そもそも「優良企業」とは、どんな企業なのでしょうか。人によってその定義は異なりますが、一般的には「業績が良い」「経営が堅実」「競争力や成長性がある」「社会的信用が高い」などの条件が挙げられます。

まずは、これらのポイントをチェックしながら多くの企業を比較・検討して、研究を進めていきましょう。

「大企業」と「中小企業」の違い

企業研究を進める際に注意したいのは、誰もが知っている「大企業」の研究ばかりに偏らないこと。数字やデータの面から比較すると、「中小企業」より「大企業」の方が優良企業の条件に多く当てはまります。

しかし大企業と呼ばれる企業の数は、日本のすべての企業のわずか1％未満、そこで働く人の数は日本の全従業員数の約31％です。最初からあきらめる必要はありませんが、「大企業は狭き門である」という認識は必要でしょう。

事業の規模にこだわらず多くの企業を研究し、将来有望な「自分にとっての優良企業」を見つけることが現実的な企業選択です。知らない企業の中から、いかに有望なところを見つけ出すか。それが就活を成功させる秘訣です。

「優良企業」ってどんな企業？

大企業と中小企業の割合と雇用形態

［企業数：約 386 万社］

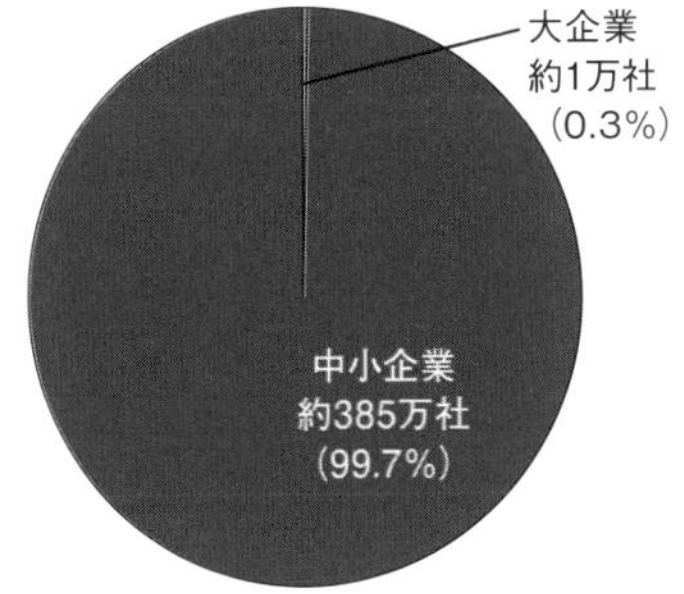
大企業
約1万社
（0.3%）
中小企業
約385万社
（99.7%）

［役員を除く雇用者：5284 万人］

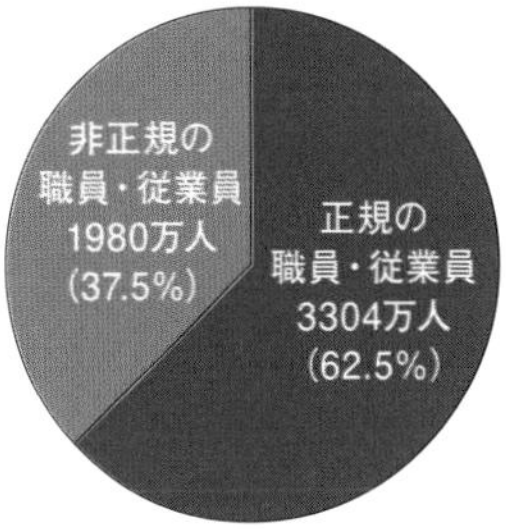
非正規の
職員・従業員
1980万人
（37.5%）
正規の
職員・従業員
3304万人
（62.5%）

●中小企業の定義

製造業：資本金3億円以下または従業員数300人以下

卸売業：資本金1億円以下または従業員数100人以下

小売業：資本金5千万円以下または従業員数50人以下

サービス業：資本金5千万円以下または従業員数100人以下

日本にある企業約386万社のうち、大企業の割合はわずか0.3%。99.7%を中小企業が占めています。とりわけ小規模企業（製造業・その他の従業員20人以下、商業・サービス業の従業員５人以下の企業）の割合は、全企業数の86.5%。規模の大きな企業が、いかに少ないかが分かります。

●正規雇用・非正規雇用とは？

正規雇用：一般的に、企業内で正社員と呼ばれ、期間の定めのない雇用契約で働いている社員を指す場合が多い。

非正規雇用：一般的に、契約社員やパートタイマー、アルバイト、派遣社員のように期間を定めた雇用契約により、正規社員と比べて短い時間で働く社員を指す場合が多い。

2015年平均の役員を除く雇用者5284万人のうち、正規の職員・従業員は3304万人と、前年に比べ26万人増加。非正規の職員・従業員は1980万人と、18万人増加しています。

参考：経済産業省「中小企業白書（2015年版）」、総務省統計局「労働力調査（詳細集計）」（2015年）

ワンポイント アドバイス

企業などに雇用されている人の形態には、「正規の職員・従業員」「パート」「アルバイト」「派遣社員」などがあり、大きくは「正規の職員・従業員」（以降、「正規」）と、それ以外の「非正規職員・従業員」（以降、「非正規」）の2つに分けられます。

2015年は8年ぶりに「正規」は増加に転じましたが、そうでない「非正規」も増加する傾向が続いています。就活で「正規」として入社できるチャンスは貴重であり、また、入社数年で辞めてしまうのは、もったいないと言えます。

企業の優位性を知る

上場企業は優良企業の可能性が高い

上場とは、証券取引所などで株式を公開すること。上場企業かどうかは、優良企業を判断する大きな目安になります。なぜかというと、上場が認められた企業は、証券取引所が定めた細かい基準をクリアしているからです。

企業にとって上場することは、社会的な評価を得るための重要な要素。あえて上場していない大企業もありますが、一流企業や有名企業と呼ばれるところは、ほとんどが上場企業だと考えていいでしょう。

上場企業の数は約3600社。そのすべてが優良企業とは限りませんが、公の審査で認められた優良性の高い企業であるとは言えるでしょう。企業の動向や実情を把握しやすい＝透明性が高いのも、優良企業の大きなポイントです。

株式市場で上場企業をチェック

上場企業の情報は、株式市場でチェックすることができます。代表的な上場市場には、東証（東京証券取引所）、JASDAQ（ジャスダック）、名証（名古屋証券取引所）、札証（札幌証券取引所）、福証（福岡証券取引所）などがあり、東証1部・2部といったように銘柄の格によっても市場が分かれています。

また、東証マザーズやJASDAQグロースのような新興企業向けの株式市場もあります。有名な大企業は東証1部、堅実な中小企業は東証2部、これから伸びる可能性のある企業は東証マザーズなど、市場によって所属する企業の規模も異なります。それぞれの株式市場の特色を学んで、業界研究や企業研究に生かしましょう。

企業の優位性を知る

主な上場市場とその特色

＜大企業向けの市場＞
- 東証１部
- 名証１部

一流企業や有名企業が数多く上場している。
上場審査の厳しさ　★★★★★

＜中小企業向けの市場＞
- 東証２部
- 名証２部
- 札証
- 福証

中小企業や地方の企業が数多く上場している。
上場審査の厳しさ　★★★★☆

＜ベンチャー企業向けの市場＞
- 東証マザーズ
- JASDAQスタンダード
- JASDAQグロース
- 名証セントレックス
- 札証アンビシャス
- 福証Q-Board

創業したばかりのベンチャー企業でも上場可能。 上場審査の厳しさ　★★★☆☆

上場しているかどうかは目安として考えよう。

東証・名証という２つの大きな市場がありますが、優良企業の多くは東証に一極集中しています。有名企業が多く上場している1部、中小企業中心の２部や地方市場。そして、将来性が期待されているベンチャー企業向けの市場。日本の株式市場は、主にこのように分類されています。

ワンポイント アドバイス

不特定多数の投資家によって株が自由に売買される上場企業は、誰もが情報を把握できるように企業の情報が開示されています。ということは、就活生にとっても企業の実情をつかみやすいということです。

安定性重視の人は東証１部や２部などの市場、大きく化ける可能性があるベンチャー企業を見つけるなら東証マザーズやJASDAQなど、自分の志向に合わせて株式市場をチェックするといいでしょう。

上場・非上場は、優良企業を判断する絶対的な基準ではありませんが、社会的評価の高い企業を見つける有効な手段の１つです。

優良企業を見つけるための基礎知識③

優良企業の探し方

公的機関のホームページから探す

優良企業は、有名企業や大企業だけではありません。知名度は低くても、世界に通用する技術やサービスを持った「隠れた優良企業」が日本には数多くあります。

例えば、顕微鏡レンズで世界市場を押さえている企業、液晶画面の素材で世界一のシェアを誇る企業。そういった企業は一般的には知られていませんが、実は世界的に認められている「隠れた優良企業」と言えるでしょう。

このような企業を探すには、経済産業省の外局「中小企業庁」のホームページがお勧めです。『元気なモノ作り中小企業300社』と題して、高度な技術で革新的な製品を供給している企業や、国民生活や産業活動に大きな影響を与えている企業などを数多く紹介しています。

地元の企業に就職したい人は、県庁や市区町村のホームページも参考になります。多くの自治体では、地元の企業を育てるために有望な企業には助成や支援を行ない、それらをホームページで紹介しています。

公的機関のバックアップを受けられるのは、技術やサービス、成長性などが評価されている証。「隠れた優良企業」の可能性が高いと考えていいでしょう。

大手企業の取引先一覧から探す

また、大手企業の取引先一覧をチェックするのも、有効な探し方です。技術力はもちろん、ある程度の実績や信頼、財務基盤がなければ、大手企業は取引を行ないません。同業他社の取引先一覧にも同じ企業名があれば、その企業は業界内で高いシェアを持っていると考えられます。

優良企業の探し方

公的機関のホームページ

「元気なモノ作り中小企業300社」
http://www.chusho.meti.go.jp/keiei/sapoin/mono2009/index.html

中小企業庁の「元気なモノ作り中小企業300社」では「日本のイノベーションを支えるモノ作り中小企業」「キラリと光るモノ作り小規模企業」と題して、それぞれ約150社を選定。日本全国の地域経済に貢献している企業、社会的課題に対応して新規分野を開拓している企業を紹介しています。

「大阪ものづくり優良企業賞」
http://www.pref.osaka.lg.jp/keizaikoryu/yuryokigyosho/

大阪府ではオンリーワンの技術や熟練の技、高度な技術を持った企業、環境・エネルギーやライフサイエンス分野などで成長を続ける企業などを、学識経験者などで構成された審査委員会が「大阪ものづくり優良企業賞」として選定。過去の受賞企業一覧が掲載されています。

ワンポイント アドバイス

優良企業を探すためには、さまざまな情報源に自らアプローチすることが大切です。例えばメーカー志望の人は、完成品ばかりに目を向けるのではなく、部品メーカーにも目を向けてみましょう。

カメラが好きだったら、有名な大手メーカーの研究だけではなく、各メーカーの取引先一覧をチェック。レンズや部品などを製造している企業を調べて、比較・検討してみてください。やりたいことが漠然としている人は、市区町村の助成を受けている中小企業から研究を始めてみるのもいいでしょう。業界・企業研究にはさまざまな方法があります。

外部情報で判断する優良ポイント①

情報を分析する方法

企業情報のデータを読み解く

優良企業かどうかを判断するには、その企業のデータを読み解く必要があります。会社概要には、資本金、社員数、売上高などの数字が載っています。これらの数字をただ見るだけではなく、自分なりに分析するのです。

例えば、経営が堅実かどうかの判断材料となるのは、資本金と債務の額。資本金が多くても債務がそれを上回っていたら、堅実性は低いと判断できます。

売上高を社員数で割れば、社員1人当たりの売上高が分かります。その数値が大きい企業は、効率的でダイナミックな経営を行なっている可能性が高いでしょう。

このようにしてデータを分析していくと、各企業の特徴や優位性が明確になり、判断する目安になります。

利益率は特に重要なポイント

データの中でも特に注目してほしいのは、利益率です。営業利益を売上高で割ると、利益率が算出できます。利益率の高さは優良企業の重要な条件の1つ。

同じ100円の商品を売っても、利益幅が大きければ、それだけ付加価値が高いということ。利益率の数値が高ければ高いほど、競合他社との競争力や、商品やサービスの付加価値が高い企業ということになるでしょう。

企業研究は1社のデータだけを見ても判断材料にはなりません。同業他社と比較することで、業界内での各企業の位置づけや、数字だけでは分からない実情が見えてきます。自分が集めた企業情報は、比較・検討しやすいように、表計算ソフトに入力して管理するといいでしょう。

情報を分析する方法

集めた企業情報は表計算ソフトで管理

入力					自動計算		
社名	売上高（単位:億円）	営業利益（単位:億円）	社員数（単位:人）	3年前の売上高（単位:億円）	売上高営業利益率	社員一人当たりの売上高（単位:百万円）	3年間の売上伸び率
A社	100	12	1200	85	12.0%	8.3	117.6%
B社	80	8	950	75	10.0%	8.4	106.7%
C社	64	9.2	400	30	14.4%	16.0	213.3%
D社	70	9	500	50	12.9%	14.0	140.0%
E社	200	20	2000	150	10.0%	10.0	133.3%

集めた企業の情報は、パソコンの表計算ソフトを使って一覧表にしておきましょう。説明会やセミナーで得た情報も忘れずに入力しましょう。「売上高」「営業利益率」「社員1人当たりの売上高」などの項目を設定しておけば、気になる項目ごとに並び替えができるので、自分の志向にマッチした企業を見つけやすくなります。

ワンポイント アドバイス

企業研究をするときは、数字を読み解くだけではなく、企業説明の文章を読み込むことも大切。A社とB社とC社で似たようなことが書かれている部分と、A社にしか書かれていないことがあるはずです。どの企業にも共通している話があれば、それは業界全体にかかわること。

逆にA社にしか出てこない話は、その企業の特徴的な部分です。どんどん線を引いて、各社の個性を把握することが大切です。業界全体の情報と個別の企業情報を分類しながら、企業研究を深めていきましょう。

外部情報で判断する優良ポイント②

売上高と事業内容を押さえる

売上高の伸び率は要チェック

売上高の推移も、会社情報の大事なチェックポイント。過去5年間の売上の伸び率が右肩上がりであれば、成長性のある優良企業である可能性が高いと言えます。

ただし、為替や世界的な景気変動の影響で売上が下がってしまうこともあります。そういった外的要因は考慮する必要がありますが、「売上は全体的に見て右肩上がりか？」「出店数は伸ばしているか？」といった成長性に関するデータは、基本として押さえておくべきでしょう。

外的要因に揺らがず、成長性を維持している企業には、特に注目する必要があります。その理由を調べてみると、さらに業界や企業に対する理解を深められるでしょう。

自分の志向にマッチした事業内容か？

事業内容を詳しく調べることも、企業選びの大きな判断材料になります。同じ飲料メーカーでも、清涼飲料水の製造販売のみに特化している企業と、清涼飲料水やアルコール類の製造販売、外食事業、スポーツや文化事業など、幅広い事業を展開している企業があります。

どちらの企業が優良性が高いかは、一概には言えません。自分の方向性がはっきりしている人は、専業の企業の方が向いているかもしれませんし、方向性が漠然としている人は、他分野の事業にも積極的な企業に入って自分の可能性を試してみるのもいいでしょう。

いかに自分の志向にマッチした企業を見つけることができるかが、企業選びのとても大事なポイントです。

売上高と事業内容を押さえる

飲料メーカー２社の事業内容比較

A 社

［事業内容：
清涼飲料水の製造販売］

B 社

［事業内容：
食品・酒類・健康食品などの
研究開発および製造販売］

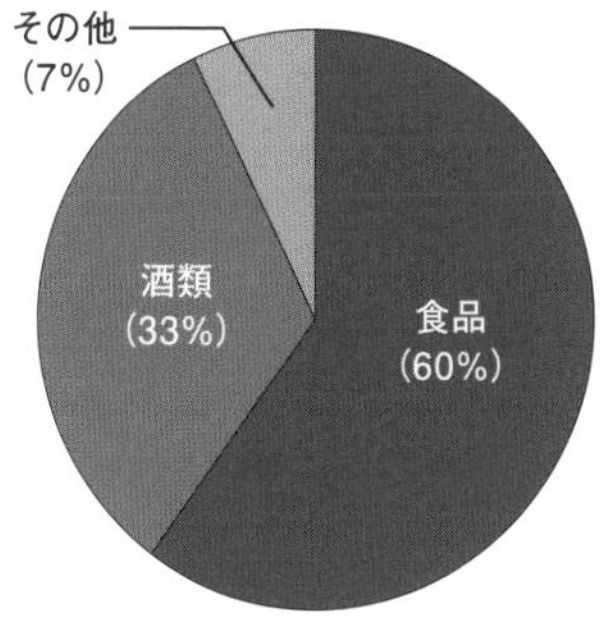

２つの円グラフは、代表的な飲料メーカー２社をモデルに事業内容を比較したものです。A社は、清涼飲料水の製造販売のみに特化しています。一方、B社は飲料、食品、酒類の製造販売以外にも、レストラン、ファストフードなどの外食事業、スポーツジムなどを展開。どちらの企業がいいかは、自分の方向性次第です。自分にマッチした企業選びが成功の秘訣です。

ワンポイント アドバイス

上の図を見れば分かるように、同じ飲料メーカーでも企業によって事業内容は大きく異なります。これはどんな業界でも同じこと。その人が志向する方向性によって、優良企業の定義は変わってきます。

特化型の企業よりさまざまな事業を行なっている企業の方が規模は大きいかもしれませんが、自分が希望する部門に配属されるとは限りません。勤務先が地方や海外になる可能性も考慮した方がいいでしょう。

自分にとっての優良企業を見つけるためには、業界研究・企業研究とともに「自己分析」を行ない、目指す方向性を明確にすることが大切です。

外部情報で判断する優良ポイント③

会社制度と社会貢献をチェック

納得できる会社制度はあるか？

優良企業の条件として、会社制度は重要です。以前は社員の評価を企業側が一方的に決めることが大半でしたが、最近は本人が関与できる評価制度が大前提。上司と話し合って目標設定をしたり、顧客の評価も反映するなど、オープンな人事評価を行なう企業が大多数となっています。

教育制度、育児制度、資格取得支援制度、社内公募、ＦＡ制度（※）、通常のボーナスとは別に業績賞与がある評価制度など、各企業ごとにさまざまな社内制度があります。

社内制度に力を入れている企業は、会社説明会でも強くアピールしています。納得できる制度のある企業を選ぶことは、企業研究の大事なポイントと言えるでしょう。

※ＦＡ制度＝社員が自ら希望するポジションへ応募する人事制度。社内転職とも呼ばれる。

社会貢献活動にも注目

社会的な信用を高める努力をしている企業も、優良企業の可能性が高いと言えます。ＩＳＯ（国際標準化機構）やＩＥＣ（国際電気標準会議）などの公の審査を受けて品質管理をしている企業や、エネルギーの節約、廃棄物の削減、環境保護への取り組みを積極的に行なっている企業、フェアトレードやソーシャル・ビジネスなど、国際的な社会貢献活動に取り組む企業も増えています。

利潤を追求するだけでなく、社会的責任を果たしている企業に目を向けることも企業選びの大事な要素です。

納得できる制度や共感できる活動を行なっている企業は、自分にとっての優良企業の可能性が大。業績や利益率などの数値面ももちろん重要ですが、共感できる企業を見つけることは、企業選びの最も大切な指標かもしれません。

会社制度と社会貢献をチェック

ユニークな社内制度の実例

- 年に2回の社長直行アンケート
- 9日間の秋休み
- パートタイマーも対象にした感謝・表彰制度
- 金曜日はカジュアルデー
- 社長から褒賞を受けるMVP制度
- 社員全員が経営に参加する共同体制度
- 社内ワークショップ
- 営業所ごとに売上結果を競い、表彰するパーティー
- 社内部活制度
- 提案すると1件100円ゲット
- ダイエットに成功したら3万円のボーナス
- 毎週水曜日は子どものために早めに帰宅
- 誕生日休暇＆誕生日プレゼント
- 社内交流を深める宿泊パーティー
- 一度退職しても正社員に復帰できる制度
- 禁煙手当
- 会社のガーデンスペースでバーベキューOK
- ラスベガス研修
- 社内ベンチャー制度
- 資格を取得したら100万円の報奨金支給

教育制度や育児制度などの一般的な社内制度以外にも、ユニークな社内制度のある企業は数多くあります。上の参考例は企業が実際に行なっているものばかり。仕事の意欲が増す制度、社員の交流を深める制度、家族を大切にする制度など、どれも工夫されています。社内制度にも注目しましょう。

ワンポイント アドバイス

企業のホームページや就職情報サイトには、社員をインタビューした記事が掲載されています。企業情報を見る際に最も読んでほしいのは、このような社員紹介のコンテンツです。

これらの記事では、社員の言葉や取り組みを通して、仕事内容や社風、その企業の良い点などが分かりやすく紹介されています。数値や制度をチェックするだけでは、企業の本当の姿は見えてきません。

会社案内のパンフレットだけではなく、ホームページもチェックして、自分が共感できる企業、ここで働きたいと思う企業を探しましょう。

社長・社員の話と企業の未来像を知る

社長や社員の話を積極的に聞く

　自分にとっての優良企業を探すには、データをチェックするだけでは不十分です。企業情報の数値面からある程度は読み解くことは可能ですが、それ以上は、実際に自分の目で、耳で、肌で感じて、判断しましょう。

　その絶好の機会となるのが、会社説明会です。最近は社長自ら説明会に参加して、学生に語りかける企業が増えています。企業のトップが自らの目で判断しようと採用に積極的で直に学生と触れ合おうとする企業は、優良企業の可能性が高いかもしれません。社員との座談会、社内案内ツアーなどで、社員と触れ合う機会を積極的に用意している企業も同様です。オープンな姿勢があるかないかは、企業選びの重要な判断基準になります。

「中長期の展望」は大事な指標

　会社説明会やセミナーで最も大切なのは、社員と話をすること。人事担当者や社員と直接話ができる機会は、滅多にありません。説明会やセミナーに参加する一番の目的は、彼らと話をすることだと考えてください。

　そのときに必ず聞いてほしいのは、「中長期の事業計画において、どんな展望を持っているか」。

　その企業がどんな経営ビジョンを持っているのかを知ることは、企業選びの大事なポイント。積極的に海外に進出しようとしている企業と、そうでない企業では、見えてくる自分の将来像も違うはず。企業の将来と自分の将来は、密接に関係してきます。「自分は将来どんな生き方をしていたいのか？」を念頭において質問してみましょう。

コンビニ２社の出店計画比較

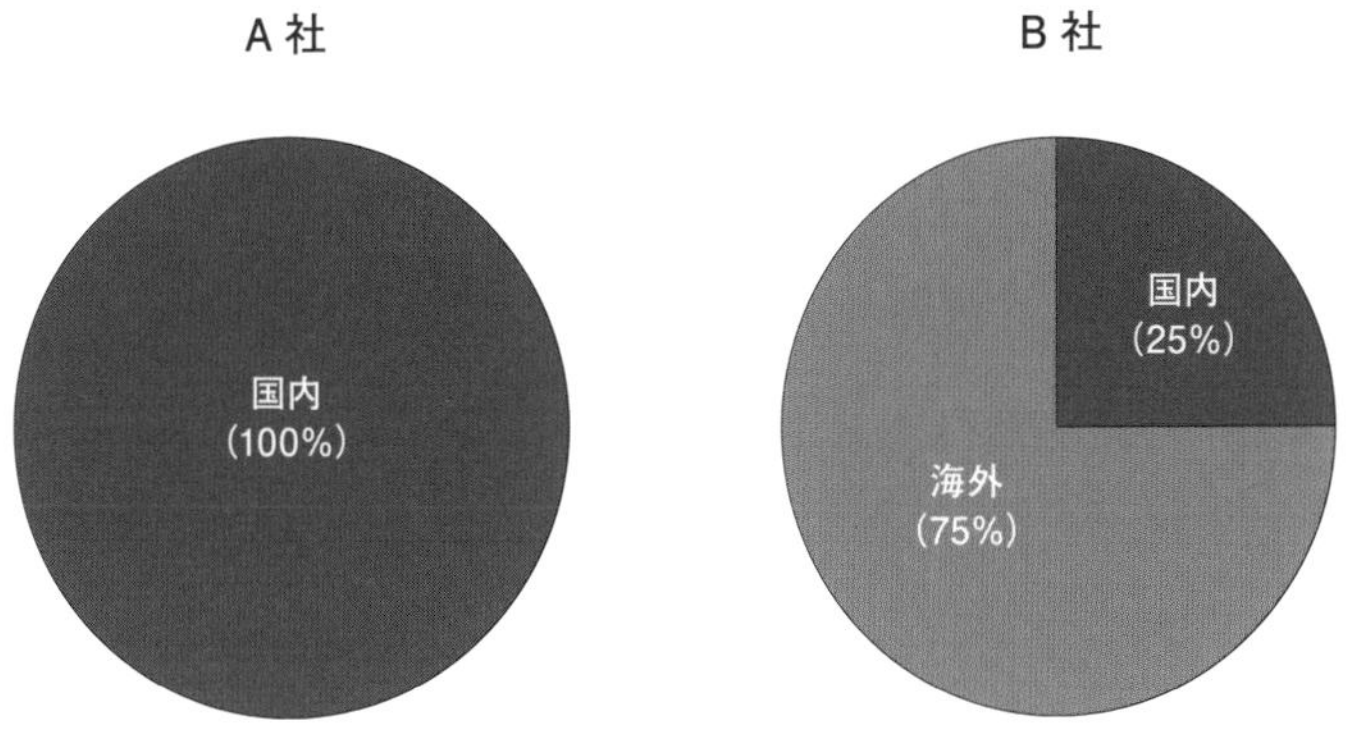

これは戦略の異なるコンビニ２社の出店計画例です。A社は100%が国内、B社は75%が海外です。A社は、将来的には海外事業へ進出する可能性もあるかもしれませんが、現状では国内での勤務のみです。B社は、海外勤務の可能性が大いにあります。あなたはどちらを選びますか? どちらの企業を選ぶかで、自分の将来は大きく変わるはずです。企業選びは、自分の志向、思い描く将来像、時代の流れなどを考慮して慎重に検討しましょう。

ワンポイント アドバイス

合同説明会やセミナーに参加するときは、何百人も聴講者がいる大手企業のブースよりも、中小企業の小さめのブースで会社説明を聞いて、その後に社員に話し掛けた方が、有意義な経験ができます。

とはいえ、いきなり自分から話し掛けるのは、なかなか難しいので「自作の名刺」を持っていくのがお勧め。顔写真、連絡先、座右の銘、自分の長所をアピールするキャッチフレーズなどを盛り込んだ名刺を持参しましょう。とにかく多くの人に声を掛けて、企業の方と話すことに慣れていけば、面接で受け答えをする能力も磨かれるはずです。

自分の目で判断する優良ポイント②

聞きたいこと・気になることを聞く

平均給与・平均年齢・男女比率

すべてのデータが会社概要などに載っているわけではありません。気になることがあったら、自分で質問して確かめることが大切です。例えば、平均給与や平均年齢。上場企業はデータを公表していますが、非上場の企業でも説明会などで質問すれば教えてくれるはずです。

同業他社と比較して、利益率の高さに比べて平均給与が極端に低い企業は要注意。社員の給料を低くすることで、利益率を高めている可能性があります。

社員の男女比率も確認しておきたいチェックポイント。女性管理職がいる企業、育児後に復帰できる企業など、女性社員の比率が高く、その力を最大限に活用している企業は、人を生かせるよい企業の可能性が高いでしょう。

定着率も企業選びの判断材料

社員の定着率も企業選びの目安になります。辞める人が少ない企業の方が、優良企業である可能性が大。定着率や離職率を公表している企業は少ないので、説明会や会社訪問で聞いてみましょう。

ただし、定着率も絶対的な目安ではありません。成果主義や実力主義を徹底している企業は離職率が高い傾向にありますが、独立心の強い人や、短期間に集中的にお金を稼ぎたい人にとっては、むしろ向いているかもしれません。

数字や一般論は、あくまでも客観的な目安に過ぎません。優良企業の定義は人によって異なります。自分の志向や目的にマッチした企業が、その人にとっての優良企業。だからこそ、自分自身で判断することが必要なのです。

聞きたいこと・気になることを聞く

運送業界２社の定着率比較

●A社
- 定着率99%
- 25歳男性の平均年収＝300万円

●B社
- 定着率60%
- 25歳男性の平均年収＝700万円

これは社風や報酬体系の異なる運送会社2社の参考例です。年収は平均レベルですが、穏やかな社風で定着率が非常に高いA社。一方、基本給＋成功報酬の成果主義で平均年収は高いものの、仕事がハードで離職率の高いB社。どちらがよい企業かは、あなたの価値観によって変わってきます。

ワンポイント アドバイス

企業選びに、絶対的な判断基準はありません。客観的なデータと、主観的な価値観を総合的に考えて、自分で判断するしかありません。

ただし、どんな企業を選んでも、重要なのは自分自身のスタンスです。企業というのは、自己実現を果たすための１つの道具に過ぎません。その道具をどう生かしていくかは、あなた次第。仕事に対して積極的な姿勢がなければ、優良企業に入っても何も得られません。

逆にどんなに小さな企業でも、あなたの頑張り次第で大きく発展させることは可能。企業の良し悪しを決めるのは、最終的にはあなた自身なのです。

CHECK!

優良企業チェックリスト

優良企業の見つけ方や、会社説明会の重要なチェックポイントを知っておきましょう。

01

□ そもそも「優良企業」とは?

一般的には「業績が良い」「経営が堅実」「競争力や成長性がある」「社会的信用が高い」などの条件が挙げられます。これらのポイントに留意して企業研究を進めましょう。

02

□ 「大企業」は狭き門

「大企業」と呼ばれる企業の割合は、日本のすべての企業の中でわずか0・3%。優良企業の条件に当てはまる企業が多いのは確かですが、狭き門であるという認識を持っておきましょう。

03

□ 知らない中小企業の研究から始める

企業研究で重要なのは、誰もが知っている大企業の研究ばかりに偏らないことです。知らない中小企業も研究し、有望な企業を見つけることが就活を成功させる秘訣です。

04

□ 上場企業は優良企業の可能性高し

株式公開は、企業が社会的評価を得るための重要な要素。一流企業や有名企業は、ほとんどが上場企業です。上場しているかどうかは、優良企業を判断する大きな目安になります。

05

□ **株式市場の特色を把握する**

上場企業の動向は、株式市場でチェック可能。多くの優良企業が上場する株式市場は、企業規模・成長性などで分かれています。それぞれの市場の特徴を業界・企業研究に生かしましょう。

06

□ **公的機関のホームページから探す**

国や自治体のホームページの中には、世界に通用する技術やサービスを持った中小企業が紹介されていることも。さまざまな情報源にアプローチして、「隠れた優良企業」を見つけましょう。

07

□ **大手企業の取引先一覧から探す**

大手企業の取引先一覧をチェックするのも、「隠れた優良企業」の有効な探し方。大手と取引があるのは、実績や信頼の証とも言えます。業界研究を深めることにも役立ちます。

08

□ **企業情報を読み解く**

企業研究で大事なのは、企業情報を自分なりに読み解くこと。数字やデータを分析したり、企業説明の文章をしっかりと読み込めば、各企業の特徴や優位性が明確になってきます。

09

□ **企業情報の注目ポイント①「利益率」**

企業情報のデータを分析する際には、利益率を算出することが重要です。算出方法は、「営業利益÷売上高」。利益率の数値が高い企業ほど、優良企業の可能性が高いと言えるでしょう。

10

□ **企業情報の注目ポイント②「売上伸び率」**

売上高の推移も大事なポイントです。過去5年間の売上高が右肩上がりであれば、成長性の高い優良企業の可能性が大。その理由も調べると、業界や企業について理解が深まります。

11

□企業情報の注目ポイント③「事業内容」

同じ業界の企業でも、事業内容は企業によって大きく異なります。事業内容を詳しく調べて、より自分の志向にマッチした企業を見つけることが企業選びの大事なポイントです。

12

□企業情報の注目ポイント④「定着率」

社員の定着率も気になるポイント。一概には言えませんが、定着率の高い企業は優良企業の可能性が大。ただし、定着率は、同業界・同規模の企業同士で比較しましょう。

13

□企業情報の注目ポイント⑤「社会貢献」

社会貢献活動も注目したいポイント。環境保護への取り組みなど、利潤を追求するだけでなく、社会的な信用を高める努力をしている企業も、優良企業の可能性が高いと言えます。

14

□企業情報は表計算ソフトで管理

企業研究のために集めた情報は、パソコンの表計算ソフトで管理しましょう。気になる項目ごとに並び替えができるので、自分の志向にマッチした企業を見つけやすくなります。

15

□説明会の目的は、社員と積極的に話すこと

企業研究はデータだけでは不十分。実際に企業の方と触れ合って、自分の目で確かめることが大切です。会社説明会やセミナーに参加して、社員と積極的に話しましょう。

16

□合同説明会では、大手企業より中小企業のブースに

企業の方と直接話せる機会は滅多にありません。合同説明会では、何百人もの聴講者がいる大手企業のブースよりも、中小企業の小さめのブースの方が話せる機会が多いでしょう。

17

□ **説明会の質問のポイント①「中長期の展望」**

社員と話すときに必ず聞いておきたいのは、中長期の事業計画です。その企業が、どんなビジョンを持っているかを知ることは、企業選びの重要なポイントになります。

18

□ **説明会の質問のポイント②「平均給与や平均年齢」**

企業のあらゆる情報が、入社案内パンフレットやホームページに載っているわけではありません。平均給与や平均年齢など、知りたいことは説明会などで直接質問してみましょう。

19

□ **説明会の質問のポイント③「男女比率」**

社員の男女比率も知っておきたい大切なポイント。女性管理職のいる企業や育児休暇の取得率の高い企業など、女性の力を最大限に活用している企業も優良企業の可能性が高いです。

20

□ **説明会の質問のポイント④「会社制度」**

会社制度とは、実際にその企業で働くうえでとても大事なもの。どの企業にもそれぞれ独自の会社制度があります。事前に調べて、納得できる制度のある企業を選びましょう。

このチェックリストを念頭に置いて企業研究すれば、自分にピッタリな企業がきっと見つかるはず！

編　集　有限会社ヴュー企画
カバーデザイン　掛川竜
本文デザイン　有限会社プッシュ
執筆協力　椎名前太／中村恵二／岡林秀明／谷田俊太郎／佐野勝大／神田賢人
イラスト　門川洋子／上田惣子（P.2～7）

内定獲得のメソッド
業界&職種研究ガイド

編　著　マイナビ出版編集部
監　修　岡茂信（第2章）
発行者　滝口直樹
発行所　株式会社マイナビ出版
〒101-0003
東京都千代田区一ツ橋2-6-3 一ツ橋ビル 2F
電話　0480-38-6872（注文専用ダイヤル）
03-3556-2731（販売部）
03-3556-2735（編集部）
http://book.mynavi.jp

印刷・製本　大日本印刷株式会社